한반도 소나타

한반도 소나타

우호태 지음

국학자료원

흐르는 강물처럼―'한반도소나타'의 멋

전저『화성소나타』에 이어 이 책『한반도소나타』의 지은이는 토착 화성 출신이다. 그는 일찍이 서울 명문대와 대학원에서 정치학을 전공하고 대기업의 회사원 생활을 하며 30대 초 부터 군의원, 도의원에 선출되었고, 초대와 제2대 화성시장을 역임하면서 엘리트 지자체장으로 명성이 드높았다. 격랑과도 같은 부조리한 사회현실의 드센 회오리바람에 휩싸여 그는 자리에서 물러난 뒤에도 대학원 박사과정을 수료하고 여러 대학에서 교수로 강의를 진행하는 틈틈이 현장 답사를 통해 시인, 기행수필가로서 삶과 사색을 다양하게 모색하는 등 뜻깊은 나날을 보내고 있다.

그는 이 책 첫머리에 한반도 고지도와 모차르트 소나타1 악보와 역동적인 지휘자의 힘찬 몸짓을 소개하면서 고조선에서 현 대한민국에 이르기까지 유구한 역사의 맥박과 "백두대간의 푸른 정기와 한라의 기상"에 대한 시공간에 대한 절대적인 인식에 기초하고 있음을 밝히고 있다. 그는 이 리드미컬한 기행문을 자신의 향촌인 화성에 대한 애정에서 한반도 전체에 대한 역사와 공간적 지리 인식으로 그 관심을 확대하면서 "보고자 하니 보이고 듣자 하니 들리지 않는가 이 땅의 선인들이 내 나라 팔도강산을 유람하여 그 이름 '한반도소나타'라고 부르리"라고 그 집필 의도를 밝히고 있다. 따라서 저자는 30만년 전 한탄강 유역 아슐리안 돌도끼가 출토된 전곡리 선사유적지에서 여의도, 인왕산, 광화문, 강남, 한강, 그리고 자유로, 파주출판단지, 율곡의 혼이 깃든 화석정, 양주 별산대놀이관, 가평 자라섬 등지를 경유 인천항과 강화도의 경기 서북부지역의 풍광을 신바람나게 기행하고 있다.

경기남부편에서는 오산 독산성, 맞춤랜드 안성, 남한산성, 용인 에버랜드, 광주, 이천의 도자기고을, 성남, 판교, 분당을 지나 의왕 철도박물관, 시화호 방조제, 안산 대부도, 평택항, 화성 삼성반도체, 화성 서봉산 해맞이 등에 이르기까지 역사의 숨결과 함께 새로운 변화를 거듭하고 있는 경기지역의 현재의 모습과 자연경관을 속도감 있는 문장으로 경쾌하고 운치있게 묘사하고 있는 것이 인상적이다. 지역을 묘사할 때는 격몽요결―파주 화석정, 별주부전―가평 자라섬, 환상의 나라―용인 에버랜드, 삼배구고두례―남한산성 등 지역을 상징하는 명칭과 고사를 인용하여 그때그때 표제어로 능란하고 유머러스하게 내세우고 있다.

산 따라 물 따라 강원도 편에서는 태백산, 강릉 경포―거울아 거울아, 정동진―해야 솟아라, 정선―아리랑고개, 영월―죽장에 삿갓 쓰고(김입) 등이 고장의 맑은 공기와 아름다운 자연환경을 마치 살아있는 것처럼 싱그러운 붓끝으로 입체감 있게 묘사했다.

양반 동네 충청도 편에서는 추풍령―가을 바람고개, 정지용 생가―향수의 시인, 천안 독립기념관, 부여 정림사지, 공주 무령왕릉, 충주, 단양―중원의 쌍무지개, 특히 다른 지역 명칭에서도 그랬듯이 대전, 세종―대전 부르스에에서처럼 때로는 대중가요나 클래식한 가곡의 가사를 제명으로 멋스럽게 차용하는 것 또한 이 기행문의 경쾌한 리듬을 더 실감나게 한다.

영남 편에서는 울릉도―울렁울렁 처녀 가슴, 문경새재, 울진 금강송단지―솔바람 소리, 안동―정신문화의 수도, 합천 해인사―산정불심, 대구 청라언덕―봄의 교향악, 경주―천년의 세월이 담겼어라, 경주박물관―타임캡슐센터, 포항―영일만 친구, 울산―울산 큰 애기, 가야박물관―거북아 거북아, 부산 해운대, 용두산공원―해운대의 사랑이여, 자갈치시장, 국제시장―오이소 보이소!, 거제, 통영―한려수도 그림 같구나 등. 여기에서 우리는 마치 휘파람으로 대중가요를 흥겹게 읊조리며 영남의 혼과 풍물, 문화의 향기가 깃든 장소를 답사하는 지은이의 모습이 정겹게 다가온다.

호남 편에서는 군산—고군산도, 선화공주와 서동의 로맨스가 깃든 익산 서동공원, 전주—양반 동네 맞는 갑소, 남원 광한루, 빛고을 광주, 나주 천연염색관—청출어람 청어람, 목포—목포는 항구다, 해양문화재연구소, 순천—꿈꾸는 마을, 구례 지리산—지혜를 얻다 등 때로는 가요를 읊조리며 신바람 난 지은이의 거침없는 발걸음은 계속 된다. 관광 보고인 제주 편에서는 탐라국—혼자 옵소예, 한라산—흰 사슴 놀이터, 해양국—대양이 부른다 에서 보듯이 햇빛과 푸른 바닷물이 넘실대는 이 고장의 매혹적인 모습을 소개하고 있다.

한편, 지은이의 기행 대상은 한반도 남한에 국한되지 않고 중앙의 철책선 넘어 상상의 북한지역으로 확대된다. 비록 행동이 생략된 관념적 답사지만 임진각, 개성—고려 왕도, 황해도—장산곶마루에 북소리, 평양, 압록강 위화도, 백두산 천지, 두만강—눈물 젖은 두만강 푸른 물, 함흥, 원산—신고산이 우르르, 금강산—누구의 주제런가, 동해바다 등 지은이의 멈출 수 없는 끝없는 호기심으로 거침없이 이어진다. 대중 시인이자 기행수필가의 신바람 난 발걸음, 때로는 클래식, 때로는 대중가요풍의 멜로디와 리듬, 가사가 자동으로 재생되는 이 '한반도소나타'는 매력이 넘치는 책이다. 바라건대 마치 우리 산하의 아름다운 자연경관과 음률이 적절히 조화를 이룬 가운데 지은이의 가볍고 유머스러운 문장이 매력의 끈으로 독자들을 계속 사로잡기를 염원한다.

또한 이 책은 지은이가 말하듯이 "문을 열고 나니 새로운 세상이다. 풍경이 한 폭의 그림 같다. "휴양삼아 늘 가고픈 유람길에 오른다"라고 썼지만, 결코 단순히 팔도강산을 노래하는 '한반도소나타 연주회'로 그치지 않는다. 1~2년 전에 집필된 <단상>을 통해 「대한민국 혁신 아직」, 「마라톤과 힐링」, 「농사는 아무나 짓나」, 「행주산성과 치마」, 「엔돌핀 저장고—가족문집」, 「전원일기」, 「저 별은 나의 별—별교향곡」 등 수필류의 글 등은 치열했던 현역의 일상사에서 벗어나 자신과 주변, 자연의 아름다움에 대한 지은이의 여유를 되찾은 삶과 사색의 편린들을 엿본 바 있다.

　이 책의 제명으로 채용한 '소나타'는 본래 느림, 빠름의 반복과 변주 등 서양 음악의 고전적인 기악곡에서 비롯된 것이다. 그러나 지은이는 모차르트류의 규범에 꼭 얽매이지 않고 거문고와 바이올린 등 악기를 연주하듯 자신의 향촌과 한반도의 풍광, 산업과 문화의 명소 등에 대해 때로는 판소리와 산조, 시나위의 전통, 그리고 때로는 많이 알려진 가곡이나 대중가요의 멜로디, 리듬, 가사 등을 자유롭게 넘나들면서 산조풍의 이 글을 전개한 것이 아닌가 한다. 바라건대 자신의 향촌과 팔도강산을 사랑하는 강호제현의 독자들에게 배전의 큰 관심과 호응이 있기를 기대한다.

　끝으로 시인, 기행수필가로서의 그의 문학적 향유와 재능이 지은이의 전공 영역인 정치와 행정의 영역으로 승화, 확대, 발전되어 그가 젊을 때부터 꿈꾸던 현실개혁의 아름다운 열매가 맺어지기를 진심으로 희구한다. 현실과 이상의 문제는 우리들이 풀어야 할 숙명적인 과제이니만큼 현실도피나 범속함에 대한 순종을 과감히 떨쳐 버릴 수 있는 깨어 있는 자세와 혁명적인 용기가 필요할 때이다. 기존의 낡은 질서와 관행에 대한 과감한 개혁과 새로운 변화의 사이클이 요청되고 있는 이 시점에서 총명하고 영특한 두뇌와 경륜을 지닌 지은이의 창조적인 결단과 용기가 요청된다는 사실을 깊이 숙고하기 바란다.

　지은이의 건강, 건필, 건승과 행운을 기원한다.

2021년 5월 하순 남곡재에서

前)경기대학교 사학과 교수
경기사학회장　　　　　최홍규

들어가는 말

우리는 어디서 왔을까?

아득히 먼 시공간에 머무는 생각, 마치 흐르는 강의 발원지를 향한 호기심이다. 작은 생각들이 모여 내에 이른 즐거움이다. 둑방을 걷던 발걸음이 산을 넘고 강을 건너 바다에 이른다. 오감의 만족이다. 상상의 여정이다. 꽃피고 새우는 내 나라 이 땅에 선인들의 발자국을 찾아 떠난다.

설렘이 사방에 피어난 연둣빛 봄날이다.

막막한 우주 바다에 푸른 점 하나 지구, 그곳에 70만년 전 현생 인류인 호모사피엔스가 출현했으니, 한반도엔 과연 언제 발길을 드리웠을까? 한탄강 유역의 아슐리안 돌도끼는 30만년 전 호모에렉투스의 발길이라 추정하는데…

반만 년의 생활 터전, 단군조선을 시작으로 옛 나라 고조선, 부여와 고구려, 백제, 가야, 신라가 형성한 4국 시대, 이어 신라, 발해의 남북시대가 흐르고 고려, 조선, 대한제국을 이어서 현재에 이른 장엄한 역사의 숨결이 들리는가!

대양과 대륙이 맞닿은 지구촌 아침 터, 삼면이 바다로 둘러싸인 한반도이다. 보라! 동·남해에 태양이 환히 비추고 백두대간 푸른 정기와 한라의 기상이 서려있음을. 5대양 6대주에 일렁이는 한류의 큰 물결을…

보고자 하니 보이고 듣자하니 들리지 않는가. 이 땅에 선인들이 남긴 노래들이여!

내 나라 팔도강산을 유람하니 그 이름 '한반도소나타'라 부르리…

문을 열고 나서니 새로운 세상 풍경이 한 폭의 그림같다. 눈, 코, 입, 귀, 몸의 감각이 살아나 늘 즐거운 일이 뭐가 있을까? 어떤 모습일까? 명절을 맞는 어린애처럼 마냥 설렌다. 고장난 몸을 추스른 후, 휴양을 삼아 늘 가고픈 유람길에 나선다.

　김삿갓처럼 배낭을 메고 떠난다. 고갯마루에 올라 정자에 앉아도 보고 들판에 흐르는 강물따라 바다에도 가보련다. 유적지를 찾아 고대왕국의 발자취도 살피고 도심의 빌딩숲, 산업연구단지, 상아탑에도 가볼참이다. 멀리 제주까지 가보련다. 상상의 나래로 70년 세월동안 가로막은 응어리 600리 철가시울도 넘어 설 참이다.
　이곳 저곳 보고자 하니 좋을까 싶다. 긴 몸뚱이 늘어맨 기차도 뿌웅~ 고동소리 울리는 유람선도 타보련다. 파란 하늘에 둥실 떠가는 비행기 타고 세상을 훠이훠이 날아가는 꿈도 꾸련다. 행여나 방랑 도중에 아지매 노래가락에 어울린 춤사위도 있으려나. 세상속으로 돌진하는 돈키호태로 변신하여 애마 호새를 타고 팔도강산을 내 멋으로 노래하련다.

　한반도소나타 돈키호태유람 여정에 정중히 초대합니다.

2021년 5월에 저자 씀

차 례

영남편

호남편

한반도 소나타

서울편

여의도 전경

너도 섬이야 - 여의도

국회의사당

수십조에 이르는 체세포를 지닌 신비스런 생명체가 인간이다. 세상사 재미는 희노애락의 '미리보기'가 아닐까. 코로나 덕택에 염천에 상상여행을 떠난다. '돈키호태'는 대학시절에 불리운 필자의 별호이다. '나'란 존재가 능소능대할 수 있어 세상을 향해 돌진하련다.

'돈키호태 유람'이 긴 여정이라 흥미를 돋우려 여의도와 광화문, 강남 세 곳에 어린시절 귀에 익은 캐릭터인 손오공, 홍길동, 흥부를 등장시켜 엮는다.

호 새: 사오정, 저팔계, 손오공이 삼장법사와 구름을 타고 코리아에 도착
       해요!

법 사: 오정아, 저기 가물가물 보이는 곳이 어디냐?

사오정: '여의도'라 부르는데 행정구역으론 대한민국 서울특별시 영등포구
        여의도동이구요. 예전에는 땅콩밭, 비행장도 있었는데 법 만드는
        타짜들 센터가 들어선 후 언론, 금융 여러 기관 단체들이 몰려들어

유명세를 지닌 지역이 되었다네요. 덩치가 조그마해서 '너도 섬이
냐'라는 뜻으로 여의도汝矣島라 부르네요.

법 사: 타짜들이라고? 재미있구나. 오늘은 저곳에 머물테니 소상히 살펴보
고 오너라

저팔계: 선생님, 삼겹살이 두툼한 제가 언능 다녀오겠습니다.

저팔계: 아자씨, 저기가 타짜들 센터라는데 뭔 타짜인가요?

길손 1: 어디서 오셨길래 세상물정을 그리 모르는감? 거기 칼잽이들 센터야.

저팔계: 칼질한다구요?

길손 1: 귀는 큰 친구가 귓구녕은 닫고 다니나 보네. 궁금하면 가보시구랴.

저팔계: 선생님, 더 묻다간 저팔계 머리가 고사상 위에 오를 것 같아서 뺑~
했습다.

법 사: 오공아, 네가 다녀와야겠어. 어른께 여쭐 때는 슈퍼보드에서 내려서
야 한다.

오 공: 오우, 예! 걱정마세요. 우랑바리나바롱~ 여잇~스카이로드 쭈쭈 쭈
우욱~

오 공: 저 선비님! 삼장법사 수행실장입니다. 저기 돔형 건물에 타짜들이
모여 뭘 칼질하나 보죠?

길손 2: 한자 공부는 하셨나? 원래 이곳이 여의도汝矣島라오. 저 건물이 들
어선 후에 타짜들이 죽기살기로 칼싸움 질을 해대니 섬도島가 칼도
刀로 변했어. 이즘은 아예 도盜센터라고들 야단이야.

오 공: 뭘 훔쳐가나 보죠?

길손 2: 뭐겠어? 머리가 비상하거든. 왜, 있잖아. 인공지능(AI)이라나? 리모
콘 하나로 사람을 후리지. 머슴이 아니라 큰 상전들이여. 나라 곳간

을 뭉텅뭉텅 비워내잖아.

법 사: 허허 '마음이 가난한 곳'이로다. 섬에 갇혀있는 우물안 개구리 형상
이니 큰일이로다. 오공아 지니와 전우치도 불러오너라. 내 친히 태
평양에 저 건물을 들고가서 헹구어 와야겠다.
명색이 나라의 타짜들이 동네 재물이나 슈킹하면 되겠느냐? 큰 마
음 갖도록 깨워야겠다. 새로운 여의도道가 되어야겠다. 제백성을 위
해 수신제가하여 도량을 넓히면 얼마나 좋겠니. 백성들을 위해 두
손을 모아야지. 그래야 보기가 좋아. 여의봉을 잘 챙겨 두려무나.
타짜 센터에 봉창 날릴 날이 올 것 같구나.

오 공: 어째 저 모양이 되었을까요?
법 사: 본디 인간은 선한 마음씨를 가졌어. 인간적으로 훈련된 사람만이 바
르게 표현할 수 있단다.

호 새: 얼마나 한이 맺혔길래 그러죠? 눈에 뭐가 씌었나봐요.
돈 키: 글쎄. 뭐가 문제길래 풍경소리가 영 들리지 않는구나. 예나 지금이
나 바람은 시원한데….

핑핑 빙빙거리 ─ 광화문네거리

광화문 세종대왕 동상

빛나는 아침바다에 고기가 펄떡 뛰노는게 조선이다. 삿갓이 캡으로, 맞절이 악수로, 책상다리가 서성다리로 획획 변신하니 '은둔의 나라' 빛깔과는 다른 생생한 터다. 고조선에서 코리아로 리폼되는 동안 유구한 반만년 역사의 숨결이 서린 터전이다. 그 터전에 캐피탈을 쥐락펴락하여 아랫동네 사람들 두 눈이 핑핑, 머리가 빙빙도는 광화문 네거리이다.

돈 키: 아비를 아비라 부르지 못하던, 400년 세월을 건너 홍길동이 두눈 부릅뜨고 등장할 거야.

호 새: 패랭이 대신 썬캡에다 레이밴 걸치고, 개나리 봇짐 대신 미키마우스 그린 배낭을 둘러매겠지요. 우마차 대신 날쌘돌이가 내달리니 눈이 휘둥그레 놀라겠어요.

기 자: 인터뷰에 응해주셔서 땡큐!

길 동: 별말씀을….

기　자: 율도국에 짱박혀 계시다고 댓글이 달리던데…. 웬일로 그린카펫을 밟고 계신지요?

길　동: 피서를 갔겠어요? 에너지 충전하느라…. 세상이 많이도 변했소이다. 전우치도 보고싶고 그녀석 친구들 오공이와 지니, 해리포터 조카도 볼겸 겸사해서 왔소이다.

기　자: 400년 전에 비해 요즘 세상은 어떤가요?

길　동: 뭔 뜻인지 잘 모르겠소만 에나 지금이나 뭐 다르겠소. 정치판 싸움질은 여전합디다. 뭘 그리 잔머리를 굴려 제 배 채우려는지…. 그때는 한글만 알아도 말귀가 트였는데 와보니 영어는 물론이고 지역, 종교, 계층, 세대, IT 등등 참 복잡합디다.

기　자: 아직도 코리아를 사랑하나요?

길　동: 그게 말馬이요 소牛요? 내땅이 조선이고 이름만 코리아로 바뀐거 아니요? 제나라, 제말, 제문자, 제음식, 제옷, 제집에 사는게 얼마나 복인지 모를거요. 한번 살펴보시구려. 세상에 그런 나라가 몇나라나 있나? 저기 앉아 계신 한글을 창제한 세종대왕을 존경하는거 아니겠소? 한글로 태어난 몸이라 내나라를 사랑한다오. '홍길동' 내이름이 지치센터에도 의짓하게 있습디다. 이름을 지어순 교산 허균 선생도 그래서 존경한다오.

기　자: 나라의 앞날이 패거리들이 춤추는 세상이 되지 않을까요?

길　동: 내가 점쟁이요? 차라리 주식, 부동산, 비트코인 전망을 물어보시구려. 내가 알겠소? 당신이 알겠소? 그저 패거리 문패를 달았으면 제땅 제백성 사랑해야 하는거 아니오. 웃동네는 에나 지금이나 변하지 않나보오. 늘 그래 온 것처럼 조금은 정직해야 한다는 그런 마음 들이 이나라를 지켰고 앞으로도 그럴 거요. 자세한 건 취임할 정보 센터부장에게 물어보시오.

기　자: 오대양육대주에 대해서도 한 말씀을 한다면?

길　동: 어디 언론사요? 내 수련하며 얼설핏 들었소만 다 스쳐가는 일이라 오. 피라미드나 만리장성인들 우주에 비한다면 뭐 그리 대수겠소? 제백성을 죽여가며 아방궁 짓는게 얼마나 부질없는 일이요? 가을 바람에 뒹구는 낙엽일 뿐이오. 누가 뭐라해도 제2의 한글 IT문자는 짱짱할거외다.

돈　키: 이 땅 애국지사가 한두 분이랴? 광장에 우뚝한 충무공, 그 뜨거운 검 명, 삼척서천 산하동색三尺誓天 山河動色이 햇살을 가르는가! 세상을 넘나들 홍길동이 한둘일까? 내마음을 내나라 글로 말할 수 있으니 해피 해피 코리아 서울이라!

광화문 이순신 동상

강남제비 - 강남

돈 키: 강남하면 우선 떠오르는 게 뭘까? 강남재벌? 강남패션?

호 새: 강남제비는 어때요? 마음대로 나는 모습이 시원하잖아요.

돈 키: 제비처럼 구구만리 하늘을 날고 싶구만….

호 새: 지지배배! 새끼들도 때 되면 날겠지요?

돈 키: 제비에어쇼 보러갈까?. 강남으로 go go!

　강북에 사는 놀부 형님이 식구가 늘어나 집안이 복작대니 강건너 벌판으로 흥부네를 쫓아낸다. 마음씨 착한 흥부에게 나라에서 포상으로 제3한강교를 시작으로 전철을 놓고 강변도로와 강남대로까지 건설해주었다나. 흥부네 이웃에 살던 제비들도 흥부따라 강남으로 속속 입주하더란다. 부지런한 흥부가 제비를 도와주니 은혜를 갚으려 제비가 흥부에게 박씨를 건네주네. 싹트고 넝쿨뻗더니 불과 반세기만에 하늘지붕에 달덩이들이 주렁주렁 달렸더라. 너도나도 '강남' 사이트에 접속하니 '강남스타일'이 볼만하구나.

　"웰컴 투 강남" '웰빙정주 선호1위' 우선 신뢰도 97% 오차범위 ±3%라는 문구가 휘릭, '슬금슬금' '시리렁 시리렁' 여기저기 박을 타는 타령이다.

　첫 번째 박이 쫘아악~. '입시대박'이라나. 8학군 애드밸룬이 뜨고 세칭 유명 고교들 클로즈업 되어가니 명문학원들도 즐비하더라. 인근에 법조타운,

금융가, 코엑스, 잠실 롯데월드…. 비까비까한 고층건물들이 들어서니 자산 증식에 으뜸터일세. 오가며 보고듣는 게 많아 자녀교육에 도움은 덤이고 맹모가 살아있으면 삼천은 강남일세. 사람은 태어나면 서울로 보내라더니 머지않아 '강남 박씨' 분별이 탄생하려나.

두 번째 황금빛 '쩐박' 쫘아악~. 자유자재로 고층빌딩을 건축하고 옮기는 큰손과 왕발들 계시고, 큰 얼굴 VVIP도 왔다갔다 하더니 뉴욕월가를 넘어서려나? 쩐이 사람을 만드는 세상이니 "사람나고 돈났지 돈나고 사람이 났다드냐…." 그 가사도 바뀌려나.

덩실덩실 시리렁 시리렁 줄무늬 박이다. 압구정 오렌지족의 버스킹, 청담동 며느리들 브런치 카페에다 종로·명동사단과 어깨를 겨루는 강남패션 페스티벌도 시끌하다. 여성워너비 뉴욕의 TV드라마 주인공인 사라 제시카 파커와 비견될까마는…. 팔다리, 어깨, 허리, "오-오-오-오 오빤 강남스타일" 싸이의 말춤이 지구촌에 '강남스타일'을 을러대니 말도 말 대접을 받았다나.

돈 키: 호새야, 카메오로 '강남스타일'에 까메오로 출연해 보려무나?
호 새: 괜한 바람이 들까 겁나요. 그냥 말 섞는 유람이 좋을까 싶네요.
돈 키: 좋지! 인왕산편 부터는 그리하자구.

호리호리 표주박이 우물가 버들처자 나긋나긋한 마음씨려나. 사람 냄새가 풋풋하게 나거들랑 '비내리는 영동교'도 하염없이 거닐어볼테다. '추억의 테헤란로'에 물찬 강남제비는 씽씽하거만…. 바바리 코트깃 올린 '신사동 그사람'은 소슬바람이 불어야 오시려나.

마지막으로 제비홀에 들어서니 오색등불이 빙빙돈다. 온 세상이 빙글빙

글 돌아가니 멀어질까 두려워 제비 왈 "사모님, 다 잊으세요. 자녀취업, 나라살림 아무 걱정마셔요." "증말" "그럼요 여론조사에 잘 돌아간다고 하잖아요. 아무 걱정마시구 걍, 저 노래 리듬에다 몸을 맡기세요."

   제주 조랑말을 탄 팔팔한 혜은이가 제3한강교를 흔들어대며 꺾어 부른다. "강물은 흘러갑니다. 제3한강교 밑을 바다로 쉬지 않고 바다로…. 젊음은 피어나는 꽃….하…!"

호 새: "잠시 쉬었다 한곡 더 추실까요 싸모님!" 강남제비들이 물 좋아 딱
        이네요.
돈 키: 몸이 돌면 세상이 빙빙 돈다드만. 강남! 대보름달이 훤하네.

강남 야경

어진왕 산자락 ― 인왕산

인왕제색도/정선

돈 키: 어진왕仁王 산山자락 음식점 만남, 군대 동기들 번개팅이다.

백마, 오뚜기, 열쇠, 낙하산…. 젊은 날, 부대의 상징만큼이나 호기로운 눈망울 또렷하던 전우들이다. 필자 또한 '호랑이는 굶어도 풀을 뜯지 않는다.'는 맹호부대 출신이니 못지 않았을 테다. 이야기가 점점 깊은 산중에 들어서 인왕산에 호랑이가 되나 싶던 때에 점심메뉴가 특별히 고른 게 '시래기'란다. 웰빙음식이라니 어쩌나!

노후된 여섯마디 기계이련만 마음들은 청춘이다. 분위기 익어가니 청춘이 울던 그 시절로 돌아가 군화끈 조이고 주섬주섬 군장을 들러메고 철모를 눌러쓴다. 낙하산을 타고서 지상을 살피니 미국과 중국이 한판 벌릴 태세란다. '우리는 어떻게 해야하나?'를 즉석에서 발제해 금융, 산업, Bio, 먹거리…. 등 시래기를 엮듯이 토론을 이어간다. 백마부대 용사는 날개를 돋워 나르고, 오뚝이 부대는 비틀거리다 우뚝 서고, 열쇠부대 전사는 이리저리 스마트키를 누르며 인왕산자락에 한담이 인왕산골에 흐른다. 겸재 정선의 '인왕제색도' 비구름에 실려 '치마바위'에 얽힌 중종의 원비 단경왕후의 한 서린 눈물이 '강동 팔십리' 여정을 떠나 세상을 굽이굽이 돌아 바다에 이르나 싶다.

정치는 물을 다스리는 일이건만 이즘들어 밖이 시끌시끌하다. 청와대를 습격하려던 김신조 사태를 겪은 탓에 비가오나 눈이오나 산줄기를 넘나드는 길목을 정밀히 지키건만, 바닷길을 열었는지 동·서해에 위아래를 마음대로 오간다니 저잣거리에 애달은 뭇백성들 복창만 뻥뻥 터지나보다.

돈 키: 호새야! 서울을 돌아보니 어떠냐?

호 새: 등에 앉은 주인님이 잘아시지 땅만 보고 걷는 제가 어찌 아나요? 뚫린 귀에는 들리드만요. 여의도 타짜는 궁민窮民은 냅두고 제배만 두드리고, 저쪽 동네는 기와집 앞이라 가위눌려 헛소리를 하고, 방망이 두드리는 서초동네도 장터에 촛대없는 엿장수처럼 제맘대로 두드려 댄다드만유. 타짜들이 제정신 못차리나봐요.

돈 키: 시민들이 우거지상이야. 요즘이야 말로 마치 "산천도 간데없고 인걸도 간데없다"던 고려 말 야은治隱 선생의 소회가 어울리나 싶어.

호 새: 말이 나왔으니 말인데요. 말들이 말 같아야 말귀도 알아듣고 말노릇하거든요. 말머리 모르고 말꼬리 잡으면 쌍말이 튀거든요.

돈 키: 말이 말같은 소리를 하니 오늘 말죽엔 홍당무 시래기가 따봉이겠지? 시래기나 우거지나 웰빙 먹거리로 매한가지야. "서울 서울 서울" 한 번 불러보자구.

호 새: Fine Seoul, 꿈속에 말인가요!

한강수야 - 한강

돈 키: 호새야, 한강에서 뱃놀이 한번 하자꾸나.

호 새: 갈 길이 바쁘다면서요.

돈 키: 어른들 말씀이 "노세노세" 해라했어. 노는 것도 공부야.

호 새: 근데 왜 한강韓江이라 부르지 않고 한강漢江이라 부르죠?

돈 키: 지명유래를 아는 것도 큰공부야. 옛 정신문화가 깃들었으니 이어가 야지. 옛적에는 대수帶水나 아리수라고 불렸으니 큰 강물인 한강一 江으로 생각해야겠지….

호 새: 물결이 잔잔한데요.

돈 키: 때가 되어야 큰 물결이 일어. 20세기에 한반도엔 큰 물결이 네 번이 나 일었어. '3·1운동' 만세물결과 '8·15 광복'의 태극기물결, 지구촌 을 놀라게 한 '한강의 기적'을 낳은 '산업화(새마을운동)'물결 이어 서 문화융성의 기반을 다진 '민주화'물결이 바로 그것이지.

호 새: 21세기에도 큰 물결이 일까요?

돈 키: 일고 있다고 봐야지. '한류'라고 하잖아. 음악, 음식, 패션, IT, 게임, 영화, 예능, 체육, 바이오, 에너지…. 전 분야에 걸쳐 큰 물결을 이룰 거야.

호 새: 주인님의 썰 아니에요?

돈 키: 지구촌에 널리 알려진 사실이야. 우리민족은 식민과 전란으로 시련
　　　　의 고통을 딛고 일어나 무궁화 꽃을 풍성하게 피웠어. '아시아의 용'
　　　　이라고 불렸잖아. '개천에서 용 난다' 했으니 지구촌의 개천이 바로
　　　　한강인 셈이지.

호 새: 한강을 타국에 강들과 견주면 어때요?

돈 키: "세느강은 좌우를 나누고 한강은 남북을 가른다"고 하지. 템즈강, 라
　　　　인강, 세느강, 허드슨강, 양쯔강, …. 그나름 특색이 있는 강이야. 강
　　　　물은 그나라의 역사야. 배운 바처럼 청천강은 을지문덕의 기지, 두
　　　　만강은 남이장군의 기개, 해란강은 선구자들의 기상을 보여줬잖아.
　　　　이어가면 낙동강은 대한민국의 방어선이요 경제기적을 낳은 한강
　　　　은 한반도 역사의 젖줄기라 해야겠지.
　　　　저기 강물에 철새들 좀 봐. 여린 두 다리로 세상을 버터 서 있네.

한강 다리 야경

호　새: 우리민족의 역사가 고스란히 담겨있는 한강이네요.

돈　키: 그렇지. 북한강과 남한강의 두 물이 한몸이 되고 한반도 허리를 동쪽에서 서쪽으로 흐르는 강물이야. 수많은 병란을 겪었으나 꺾이지 않은 우리 민족의 기상을 담았어. 큰물은 대하무성大河無聲이라니 미래의 꿈이 담겨있는 거야.

호　새: 저 아래 철교가 보이네요.

돈　키: 한강에 놓인 30여개의 다리 중 6·25동란의 아픔이 묻어나는 곳이지. 불과 70년 전 일이야. 젊은이들이 실상을 잘 모르니 안타까운 일이야. 지도자도 역사를 바로 알아야 말에 무게가 실려. 요즘엔 달은 보지 않은 채 손가락만 세는 찌질한 소리가 자주 들려 안타깝지.

호　새: 바다가 보이네요.

돈　키: 백천을 넓은 품이지. 만고풍상을 겪은 한강恨江이니 얼마나 달가워할까?

호　새: 한반도 물줄기를 유람한 소감이 어때요?

돈　키: 글쎄다. 쓰나미도 겪고 북풍한설도 맞은 한반도야. 딛고 일어나 한강수타령을 부르며 제3한강교를 놓았어. 88올림픽 개막식에서도 강상제를 지구촌에 선보였지. 한류韓流가 지구촌에 용트림하는데 타짜들은 허튼짓만 한다드만. 대륙성 저기압과 북태평양 고기압 전선이 곧 닥뜨리면 큰 물결이 일텐데 걱정이야.

돈　키: 한강물이 다시 흘러야 할텐데…. 눈감고 들어봐. 반만년 선대의 목소리가 들리잖아.

한강 전경

한반도 소나타

인천편

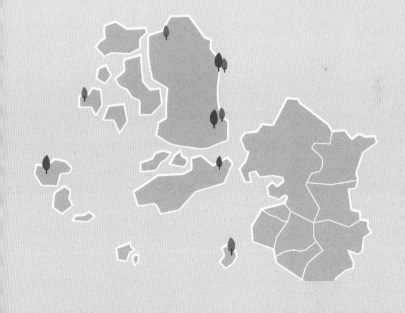

개화기의 제물포 항

오, 인천!−인천항

맥아더 동상

돈 키: 떴다 떴다 비행기 날아라 날아라 높이 높이 날아라 우리 비행기⋯.
호새야, 저 지구촌 곳곳으로 날아가는 날트리 좀 보렴. 무엇을 싣고
있을까? 인간에겐 하늘 높이 날으는 꿈이 있다는데 긴 다리(인천대
교) 건너 저 신공항이나 인천항은 가슴 설레는 출발선이겠지.

호 새: 집 나서면 개고생이라지만 떠날 땐 늘 설레잖아요.

돈 키: 쌩~난리 끝에 개항했어. 시원한 바닷바람을 기대했을거야. 개화의
바람에 단추만 풀었겠어. 상투를 자르고 웃통도 벗었지. 스스로 못
하고 벗겨진게 문제였어.

호 새: 뭘 그리 어렵나요?

돈 키: 응 '강화도 조약'이나 '제물포 조약'으로 반세기 동안 깜깜통에 굴려
지다가 2차대전시 자유진영 연합국 승리로 우리나라도 빛을 봤거
든. 그리던 고국산천이라 '흙 다시 만져보고 바닷물도 춤을 췄지'.
"⋯.한강물도 다시 흐르고⋯. 선열아 이 나라를 보소서⋯." 얼마나
감격스러워. 호새야, 너는 뭔일이 터지면 가슴에 담아? 아니면 머리
에 담아?

호 새: 말머리나 말꼬리가 거기서 거기지 뭘 따진다요.

돈 키: 한번 생각해 봐. 국제공인 2단 옆차기 고수인 맥아더 장군 있잖니?

호 새: 아, 뽀빠이처럼 콘파이프 입에 문 아저씨 말이죠?

돈 키: 그래, 바지춤 넉넉한 키다리 아저씨 말이야.

호 새: 근데요?

돈 키: 6·25때 북에서 포탄 날아오고 탱크 앞세워 밀고 내려와 낙동강까지 밀려 간당간당했어. 그런 위기에서 확 뒤집은 주인공이 그 아저씨 거든. 그 유명한 인천상륙 작전이 바로 이곳에서 펼쳐졌지. 그리고 마침내 서울을 수복하여 중앙청에 '자유'의 깃발, 태극기가 다시 펄럭이기까지 큰 희생을 치루었어. 젊은이들이 짜릿한 섬 여행을 떠나는 장소로 연안부두는 잘 알건만 그런 역사는 잘 모르는거 같아. 제 나라 제 역사를 바로 아는게 청년다운 멋인데 말이지….

호 새: 뭔 씨나락 잡수신다요. 역사를 거꾸로 알아도 타짜들 잘 되드만요. 난리쳐서 대문을 열었으니 신문물이 밀물처럼 들어왔겠어요?

돈 키: 그러니 걱정이지. 제 몸을 지탱할 기초체력이 없었거든. 그 얘기를 인천산 '영호英虎' 명재가 자세히 들려줄 거야. 저기 차이나타운 패루 앞에 서있는 '이기자' 방장 성훈이, '오뚜기' 운장 인구, 군대 동기들과 개항장을 유람할거야.

지난 1세기 '오! 인천이여' 한편의 리얼한 영화를 영호 명재가 쏠쏠히 전하니….

영 호: 인천지역은 시 자체가 근세 역사관이야. 첫선을 보인게 한둘이 아니지. 기차, 기상대, 예배당, 고급호텔….화교거리 추억의 짜장면도 그래. 저기가 청·일 조계지야. 제물포 구락부도 있었어. 찬바람 불어도 자유공원에 꿋꿋하게 서 있는, 맥아더장군의 옆차기 포인트 팔미도 등대도 처음이고 특히나 인천의 성냥공장이 집집마다 불을 밝혀 주었어. 인천 앞바다 사이다는 둥둥 청량제였구. 대~한민국의 뻥!

축구도, 딱! 야구도, 새싹들의 배움터도 이곳에서 첫선을 보였지. 하와이 교민들이 성금을 보태 건립된 인하공대의 인적자원이 '한강의 기적'에 크게 기여했을거야. 개항장을 제대로 살피려면 달포는 걸릴거야. 그럼, 월미공원에 잠시 들러 장터얘기 들을 겸 할미맛집 덕적식당에 가볼까.

호 새: 이곳이 코리아의 관문이라 격동기를 맞아 격랑이 일었단 거네요.

돈 키: 그래, 불과 반세기 만에 송도. 청라지구에 빌딩이 솟고 인천항만 부두에 자동차, 화물컨테이너들이 실린 상선들이 먼 뱃길떠나고 비행기들이 저리 날고 있잖아. 아, 대~한민국 아니야? 땀과 피눈물을 얼마나 흘렸으면 바닷물이 짤까? 나라를 망가뜨리는 악성 바이러스 퇴치에도 효험이 있으면 좋겠어.

호 새: 기도 소리가 들리나봐요. 저기 '조나단'이 춤을 추네요.

돈 키: 춤추는 바다 일렁이는 파도 모두가 활기찬 코리아를 만들었지.

인천바다

강화도령 - 강화도

강화도 석모대교

호 새: 때가 되었는데 밥 먹죠.

돈 키: 그래, 제때 먹어야지. 저 섬에 가서 먹자. 홍당무가 있으려나? '강화
순무'가 유세하니 말이지. 청무나 왜무보단 나을 거야. 먹고 싶은 '속
알 딱지 없는' 강화 '밴댕이'는 제철 아닌데 있나 모르겠네.

호 새: 웬 섬이다요?

돈 키: 저 '섬에 가고 싶다' 어느 시인이 노래하지 않더냐? 유네스코에 등
재된 강화고인돌, 마니산 참성단, 무신정권, 대장경, 강화도령 이야
기…. 서너 곳을 들러 볼거야.

호 새: 그냥 섬이 아니네요?

돈 키: 단군이 하늘에 제사를 지냈다는 마니산 참성단은 올림푸스 신전에서 올림픽 성화를 채화하듯 88장애인 올림픽 때 채화했던 장소야. 불과 470m에 이르는 높이나 배달민족의 정신이 깃든 영산이 있는 섬이야.

호 새: 큰 공부 할 장소네요.

돈 키: '정치는 힘이다'란 명제를 극명히 드러낸 장소 중 한 곳이 이섬이야. 무신정권 탓에 무기력하던 고려왕조가 대몽전쟁에서 처절한 체험을 했잖아. 왜그리 되었을까? "역사란 과거를 통해본 미래"라 하드만서 도 마치 요즘 코리아 형국이 그런 것 같아.

호 새: 무신정권이라뇨. 왕조를 세웠나요?

돈 키: 고려시대는 귀족사회였고 무반을 경시한 탓에 무신정권이 탄생했어. 이즘에 계파를 형성해 나라를 흔드는 격이랄까. 눈여겨볼 대목은 군인정신이 있기에 유사이래 가장 넓은 영토를 지배한 몽고제국과 강화섬으로 천도까지 해가며 짱짱하게 한판 붙은 곳이지. 우리에겐 그런 정신이 면면히 이어져 온다고 봐야지.

호 새: 강화도에서 대장경을 조판했나요?

돈 키: 고려시대에는 불교가 융성했거든. 호국불교라 국난을 극복하려 대장경을 제작했어. 팔만대장경도 승려 수기를 총책임자로 하여 강화도에 대장도감, 진주에 분사도감을 설치했어. 당시 활자 인쇄술이 뛰어났기에 가능했던 일이야. 전란에 민심을 모으는데도 큰 도움이 되었을 거야.

호 새: 강화도령은 무슨 얘기에요?

돈 키: 조선시대 역사에 강화도령이 왜 등장했는지 알아야겠지. 조선왕실 계보와 외척들의 위세를 알 수도 있고 왕권과 신권의 흐름도 살필

수 있어. 왕이 된 강화도령, 25대 철종의 이야기야. 재위 기간이 19세기 중반(1849~1863)이야. 뒤를 이어 고종이 왕위에 올랐거든. 근세의 가파른 길목에 불안정한 왕권의 승계가 개화의 거센 바람을 대처하기가 어땠을까? 조선땅에 어두운 징조가 드리운 거야. 깊은 고찰이 있어야 할 대목이야.

호 새: 저건 뭐에요? 포진지 같은데….

돈 키: 진이라고 하는거야. 물길에 목진지야. 덕진진, 초지진 등 여러 곳이지. 구한말 서구 열강들이 시장개척을 위해 얼마나 바삐 동방원정길에 나섰겠어? 한반도는 말랑말랑하고 쫄깃쫄깃한 떡판이니 그냥 놔두겠어. 당시 조선은 척화비洋夷侵犯 非戰則和 主和賣國를 세우고 쇄국정책이라 대문을 걸어 잠갔거든. 이웃 일본을 비롯해 프랑스, 독일, 미국…서구열강이 몰려와 대문을 열라는 거였지. 어쩌겠어? 싸움엔 정신이 중요하나 신무기가 승패를 가름하거든. 조선은 새총으로 기관총을 상대했다고 봐야지.

돈 키: 선조들은 가르친거야. 잘할 땐 짝짜꿍하고 아닐 땐 확실히 '도리도리' 하라고 말이지. 가리킬 땐 '곤지곤지', 쥐었다 풀었다 '잼잼'의 몸짓을 어릴 때 수없이 연습했었지. 부자되라고 '훙', 정신 집중하라고 '쉬' 추임새도 배웠잖아. 나라 운명에 '핵(Nucleus)'이 중요할거라 생각해. 앞날도 내다보고 '핵핵'거리며 뛰게 했을거야? 말이 나와서 말인데 내말 알아들어? 한번 '핵핵' 해봐!

호 새: 히이잉 히이잉.

돈 키: 어이구 내가 미쳐! '바람풍'이지 어째 '바담풍'이야? 입이 돌았어? 강화도에 유람왔는데 종기가 생기면 어떡해? 쑥뜸좀 떠야겠다!

강화광성보

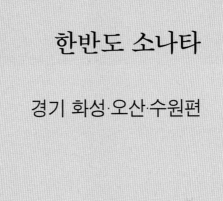

한반도 소나타

경기 화성·오산·수원편

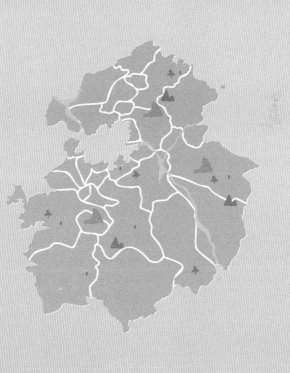

경부선/병점역 1920년

　　화성.오산.수원 지자체는 필자의 생장지요로 골목골목 걸어본 탓에
타지역에 비해 정감이 깊은 고장이다. 예전에는 수원군으로 같은 행정
권역이었던 탓에 교통, 경제, 문화, 역사, 교육, 여러 분야를 공유한다.
권역의 성장에너지가 광역지자체에 비견되어 별도편으로 구성하였다.
수년전 발품을 팔아 쓴 '화성소나타'에 실린 몇편을 골라 함께 싣는다.

떡을 먹어야 나라가 산다
— 떡전거리 병점

구·신 병점역

병점을 떡전거리라 한다. 병점역 부근이다. 조선시대 한양 가는 길목이라 떡을 팔았다는 뜻에서 유래한다. 춘향전의 이도령도 장원급제 후 남원 행차 시 떡을 사 먹었던 곳이다. 매년 그 전통을 살려 떡전거리 축제를 한다.

도시화가 진행되어감에 따라 옛 시골정경의 추억을 반추하고픈 사람들의 발걸음이 이어진다. 떡메가 떡판을 칠때마다 가슴에 둥그런 보름달이 뜨곤 하던 어린시절은 누구에게나 아련하다. 지역경제의 활력과 공동체 결속을 위한 축제로 해를 거듭할수록 발전하고 있다. 좀더 지속적인 발전방향을 위해 몇가지 의견을 덧붙어본다.

우선, 병점지역에 소재한 초·중·고등학교에 방과후 떡만드는 학습과정이 개설되어야 한다. 실기경험은 전문가로 성장하는 발판이다. 성년이 되어 매년 축제마당을 찾아오는 추억의 타래이다. 나아가 해외시장에도 발길할 수 있는 좋은 일거리다.

떡을 만드는 공정은 예술이다. 숙련된 손기술이요, 시각디자인이며, 세대를 이어주는 스토리텔링이다. 가족공동체의 사랑을 돋운다. 아이들의 장난감이다. 노인의 추억이며 일자리이다.

둘째로 떡보가 되어 애국자가 되는 길이다.

이제 생활양식의 변화로 쌀소비량도 줄고, 대체식품도 다양하다. 젊은이들의 입맛이 이미 햄버거, 케이크, 피자 등으로 길들여졌다. 막걸리보다는 맥주, 양주 등을 선호한다. 당장 수입개방으로 농민들에게 큰 시련이 닥뜨릴 것 같다. 생산가격이 국제경쟁력을 잃었으니 풀어야 할 난제이다. 타개할 방법이 없을까?

흔히, 세상에 제일 쉬운 일을 누워서 떡 먹기라고 하지 않는가? 농자는 천하지대본, 농심은 천심이라는 고결함이 현수막 구호나 책속에서 잠들어가고 있다. 누워서 떡먹기다. 꼴깍 농민들 숨넘어가는 소리 듣기전에 꿀떡 떡을 삼켜보자. 떡보가 되어 가파른 세상에 웃음꽃을 피워보자.

진안동 떡 가게에 들렀다. 인절미, 절편, 송편, 쑥떡, 팥떡, 콩떡, 백설기…. 철 따라 제 빛깔과 이름을 가졌다. 세시풍습은 삶의 결이다. 떡은 5천년 이어온 우리 삶의 먹거리다. 한류로 길을 열어보자! 김치, 한복, 농악, 막걸리에 떡을 보태보자.

떡방아타령을 들으며 1번 국도를 건너 39번 지방도를 달려 1㎞ 남짓 떨어진 곳에 위치한 황구지천으로 향한다.

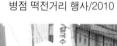

병점 떡전거리 행사/2010

'1위는 품격이다' — 삼성반도체

용인시와 인접한 반월동과 동탄 끝 지단에 자리 잡은 세계적 기업 삼성 화성반도체 공장에 다다른다. 대형 입간판이 눈에 들어선다. 대한민국의 자랑이다. 외국 공항 주변에서도 쉽게 홍보 간판을 볼 수 있다. 가슴설레는 감동이다.

화성시민은 삼성반도체 사장이 누구인지 모른다. 화성 관내의 대학생들이 얼마나 삼성에 입사하는 줄 모른다. 대기업 현대·기아자동차도 마찬가지다. '큰 나무' 덕에 현실이 변화되었으면 하는 바램이다.

삼성, 현대, 기아 모두 화성의 자랑이다. 진정한 지방자치제를 위해서라도 지역주민의 자랑이어야 한다. 자식을 키우는 부모들의 자랑이어야 한다. 순수함이 세상을 버텨가는 힘이다. 난세에 필요한 영웅보다 차이가 있는 구성원들을 지휘하는 웅장한 오케스트라의 명지휘자이기를 희망한다. 1등이 할 수 없는 것을 1위는 할 수 있다.

70~80년대 우리나라 경제성장의 신화를 주도했던 삼성이 이제 어려운 시기를 극복할 새로운 비전과 패러다임을 제시할 수 있기를 기대한다.

지역내 고용확대에서부터 소외계층을 위한 봉사활동 가족단위 방문객들이 현장을 견학하고 주말이면 주민들을 위한 문화공간이 되기도 하는 삼성반도체의 상생相生을 위한 변화와 노력은 그런 의미에서 뜻있는 일이다. 이러한 흐름이 기업문화의 큰 물줄기를 이루어야 한다.

그곳에서 청년들이 진정한 국제화를 경험하고 목표에 도전하는 용기를 가졌으면 한다. 시민의식도 함양될 것이다. 기업·대학·지자체·시민 등이 융합하는 그 중심에 1등이 아닌 세계 1위의 삼성을 희망한다.

삼성반도체

대한청년에게 고함 - 대학촌

'듣기만 해도 설레는 청춘'이다.

민태원의 〈청춘예찬〉의 첫 머리다. 도산 안창호 선생은 청년의 눈빛을 보면 그 민족의 장래를 가늠할 수 있다 하였다. 융건릉 주변에는 7개 대학이 위치한다. 수원 대, 협성대, 장안대, 수원과학대, 카톨릭대, 오산방면의 한신대와 오산대학 등이다. 교수, 교직원이 수천 명에 달하고 학생수도 수만명에 이른다. 지성과 젊음이 응집되어 있다. 삼성, 현대, 기아 등 기업체에 근무하는 고급인력을 감안하면 그 에너지는 큰 마그마라 할 만하다.

어떻게 분출 할 것인가!

정조시대의 어가행렬은 의상, 음악, 미술, 음식, 문학 등 당시의 총체적인 패션문화의 로드 패션쇼인 셈이다. 그렇게 격조있는 전통문화의 공간이동을 요즘에 맞도록 승화시켜야 한다. 애민, 경로, 개혁사상이라는 큰 물줄기에 왕과 백성이 공동 주연인 스토리라면 독일의 '옥토버페스트' 브라질리오의 '삼바축제'와는 품격과는 차원이 다른 그랜드 페스티벌로 자리매김 할 수 있을 것이다.

21세기는 문화의 세기라 하지 않는가. 한양에서 천안까지 이르던 어가 행렬을 현대적으로 각색해야 한다. 지차체, 기업, 대학 등이 지혜를 모아 대하 드라마를 연출해보자. 한류 콘텐츠를 만들어 보자. 지역대학과 지역기업이 중심을 이루는 시대적 소명이다. 피난 행렬의 아픈 로드쇼보다 멋지지 않을까 싶다. 남북통일과 5대양 6대주를 넘나드는 에너지로 승화시켜보자. 세계 석학들도 높이 평가하는 경로효친 사상의 큰 강물이 한반도에는 흐른다. 그 후예로서 자긍심을 가져보자.

우선, 작게나마 수원대 교정에 수영장과 스케이트장을 개장해서 가족이 함께 할 수 있는 "효"실천 캠프장을 열어보자. 자녀들의 손을 잡고 개혁과 "효"정신의 표상인 융.건릉을 찾아 인류의 문화자산 가치를 실천해보자. 부모와 스승을 존경하고 나아가 지역을 사랑하며 그를 바탕으로 자긍심을 갖는 청춘을 키워야 한다. 대학축제도 지역문화를 선도하는 가치와 어울려 의미를 가져야 한다. 지역주민과 관광객이 어우러져 생동하는 축제로 진화되어야 한다.

200여 년 전 개혁을 하고자 몸부림하던 군주의 심정이 어떠했을까?

글로벌 스피치축제 '지구촌 청년에게 고함'을 상상해본다.

화성 · 수원 · 오산의 인근 대학

애니콜-노르망디상륙 컨닥터

돈 키: 호새야! 오늘은 입좀 닫아야겠다. 경제계의 큰분이 세상을 떠나셨어. 특별한 날이라 생각을 정리해보련다.

"화성은 필자가 태어나 성장한 고향이다."

고향은 인간에겐 원천을 불어넣는 기氣충전소다. 어머니 품처럼 품처럼 따스한 곳이다. 사시사철 제빛깔로 우리곁에 있는 든든한 뒷동산처럼 푸근하다. 한해 두해 나이가 들어가니 고향에 높은 산과 흐르는 물길이 있으면 얼마나 좋을까 하는 생각을 하곤 한다. 그리고 위인들이 있다면 더할나위 없겠다. 영국인은 "셰익스피어를 인도와 바꾸지 않겠다"는 자긍심을 갖고 있다지 않은가!

요즘에 먹고 사는 것이 행복의 조건이 되어버린 시대흐름에 따라 기업의 역할은 무엇과도 비교될 수 없이 지대하다. 외국 공항에서 보게되는 국내기업의 대형 입간판을 볼 때면 태극기를 만난 듯 그 뿌듯함이 나만의 감정이랴. 그런 일류기업이 내고향에 있으니 그 또한 자랑이기 때문이다.

특히, 젊은이들이 선망하는 대기업들의 이름이 그곳에 서 있었다. 삼성, 현대자동차, 대우, 금성(LG), 선경(SK), 롯데, 포스코, 태평양, 한화… 실적에 따라 시총 랭크 순위야 바뀜이 있겠으나 그 중 삼성전자의 반도체 화성공장을 비롯해 현대자동차 연구소, 기아자동차(주) 화성공장이 내 고장에 있다. 또 협력사들이 관내에 즐비하니 화성은 절로 지자체 중 수위의 재정규모를 갖게 되었고 발전 가능성은 지정학적 위치와 자연자원이 어울린 시너지효과로 태양계의 화성만큼이나 타지자체의 선망인 바로 별이다.

한반도 근세사에 가장 차디찬 아픔은 식민의 설움이요 가장 쓰라린 통증은 6·25전쟁 탄환의 흔적에서 찾지 않겠는가! 설움과 통증이 배인 그곳에 날개를 돋우고 팔을 걷어부쳐 '잘 살아보세', '수출강국' 신바람으로 5대양 6대주 곳곳에 태극기가 휘날리지 않았는가! '짝짝 짜짜짝 대~한민국'을 한 목소리로 외치지 않았는가! 폐허의 땅에서 반세기만에 경제대국 10위라는 깃발이 펄럭였다. 그 중심엔 두말할 나위없이 기업이 앞장섰고 그를 뒷받침한 정부와 허리띠를 졸라맨 국민들이 힘을 보탰다.

큰나무에는 그늘이지듯 이런저런 뒷면을 들추어낸들 내고향 삼성전자 반도체 공장의 가치는 산마루에 솟아 하늘에 닿았나 싶다. 오랫동안 지구촌의 반도체시장을 지휘한 이건희 회장이 타계했다. 이러저런 이유로 지도조차도 바뀌는 스피드한 세상이건만 어디선가 곁가지를 붙들고 동네골목에서 왈왈거리는 모양이다.

필자의 덧칠이 무슨 소용일까마는 대한민국 1세기 산업경제사에 가장 큰 사건을 꼽는다면 고故이병철 회장의 반도체 진출 '도쿄선언'을 빼놓을 수 없으리라. 마치 맥아더장군이 감행한 '인천상륙작전'에 비견할 만하다. 2세인 이건희 회장도 '노르망디 상륙작전'을 지휘하듯 유럽 대륙에 이어 북미시장을 비롯 6대주에 '애니콜'을 상륙시켜 코리아의 품격을 높였다. 생존과 번영을 위해선 마누라와 자식을 빼고 다 바꿔야 한다며 신경영의 신드롬을 일으

키지 않았는가! "기업은 2류, 행정관료는 3류, 정치는 4류"라고 질타하여 세상을 깨우는 아침 소리를 남겼다.

필자는 AI이라든가, 쓰나미처럼 밀려오는 4차산업 방면에 별반 아는 것이 없다. 허나, 그러한 조류를 담는 그릇은 아날로그 감성이다. 최소한 아이들을 가르치거나, 왼편 가슴에 손을 얹거나 오른팔을 꺾어 태극기를 향해 거수경례한 분들이라면, 설명하지 않아도 될 가슴 한켠에 들어선 그 무엇만으로도 경제분야에 거목이 한반도, 이땅에서 유명을 달리함을 아파해야 할 일이다. 우리는 모진 환경에서도 피워내는 생명력, 자그마해도 바로 그 긍정의 힘으로 질곡의 역사를 딛고 자랑스런 나라를 이루지 않았는가.

며칠전 집 부근에 부동산 사무소에 들르니 중개인께서 하는 말이다. "이제 망했어요. 공장이 돌아가야 뭘 먹고살지요. 빈가게들이 많아요. 그나마 여기는 삼성 때문에 근근이 버텨요. 애들은 그런 거 몰라요. 얘기해봐야 싸움만 하니까 우리집은 정치에 대해선 일체 말을 안해요. 산전수전 다 겪은 어른의 가치가 존중되어야 나라다운 나라가 아닌가요?"

기업생존의 여건으로 '사는냐 죽는냐'를 던진 그다. '조강지처 버리지 말라' 했고, '젊은이들에게 5대양 6대주 넓은 세상을 학습시켰고', '나라 번영에 크게 기여한 애국자'다. '세상에 태어났으니 가장 소중한 일을 하라' 가르치고, 대기업다운 '품격'을 강조하며 주변을 살핀 분이다. 큰 말과 큰 걸음으로 이름을 남긴 경제계의 큰 별을 추모하는 한 시민으로서 잠시 소회에 젖어본다.

"삼가 고인의 명복을 빕니다."

아침마당

돈　키: 호새야 굿모닝!

호　새: 굿모닝 돈키님! 오늘은요?

돈　키: 코로나19가 뒹굴뒹굴 생각을 굴리네. 좋은 '아침'이야. 차 한잔 마시고
　　　　강의자료 준비하려고 해.

　아침! 낮도 밤도 아닌 아침이다. 자동차도 '모닝' 이름표를 달고 다니니 '아
침'이 의미롭다. 하루를 여는 서곡이다.

　어둠이 밝음으로 나아가는 경계일까?
　닫힘이 열림으로 넘어서는 경계일까?
　모름에서 깨닫는 앎의 경계일까?

　필자는 세 경우를 '아침'이라 생각한다. '좋은 아침' 피어나는 커피향이다.
삶의 여정을 한 마디 맺고 두 마디에 들어선 분들과의 차담으로 '아침마
당'을 골랐다. "아침은 먹었니?" 오가던 인사말도 진정한 우주어다.

　때때로 제때, 제모습, 제멋 등에 어울린 '제'자와 차오름, 기놀림(기테크),
울림, 결이란 낱말을 자주 사용한다. 생로병사의 인생이니 큰 둘레를 두르

면 희노애락의 놀이마당이라 할 수 있겠다. 이땅에 고고성을 울린 후 살아가며 제때에 어울리는 기흐름을 맞는다. 소년기엔 총기, 청장년기엔 정기와 화기에 이어 노년기 심기일테다. 머리, 눈, 얼굴, 가슴에 이르는 기의 흐름이 제때 제모습으로 피워낸 제멋이다. "봄처녀 제오시네….", "유행따라 사는 것도 제멋이지만….", "제멋에 겨워서 흥…."등 처럼 제때에 차오른 기의 울림이니 기의 운용은 큰 공부인 셈이다. 수많은 갈래길에 제길을 걷는 이유가 '어쩔수 없어서'라면 슬픈 일이다. 깨인 마음으로 제길을 걷는 내 아침이 행복이다. "아침에 도를 깨우치면 오늘 죽어도 여한이 없다. 조문도 석사가의^{朝聞道 夕死可矣}"는 그 가르침이 이 아침에 안개를 헤치고 피어오른다.

석가, 공자, 소크라테스, 예수 등 성현들은 아침을 맞은 분들이다. 어찌 아침을 맞은 분들이 성현들 뿐이랴! 제자들이나 역사에 등장한 위인들, 전문가, 성직자, 스승, 가까이는 부모님 또한 아침을 맞은 분들이다. 그릇 크기에 따라 인류사에 커다란 발자국을 남기거나 제자, 자식을 훌륭히 길러낸다. 그러기까지는 필연적으로 희생이 따르니 아침, 깨달음이 없다면 불가능한 일이다. 안중근, 윤봉길, 이순신 등 여러 위인들이 그 예다. 이냥저냥 사는 우리네야 아침자락 언저리를 서성이면 그나마 다행이다.

한민족의 행운이려나? 한반도는 굿모닝 터다.

학술적으로 터 이름도 아침마당인 조선이다. 해와 달이 어울린 조^朝자와 바다에 고기가 차오르는 선^鮮자의 합어가 조선이다. 지리적으로 대륙과 해양, 문화적으로 동양과 서양, 기후적으로 사계절을 순환하며 열대와 한대, 이념적으로 자유주의와 공산주의의 경계지이다. 경계는 깨어나는 임계선이다. 마치 섭씨 99.9도가 비등점인 것처럼….

실제로, 반만년 동안 수없는 침탈속에서도 우리가 살아남은 까닭은 깨어

있기 때문이다. 인류학자, 철학가, 문명비평가, 문학가 등 여러 분야에서 세계 석학들이 한민족을 예찬한 사례가 차고 넘친다. 특히나 경로효친 사상은 한민족이 인류사에 공헌한 문화유산이라 하지 않는가.

경로효친 사상은 코스모스(Cosmos)를 받치는 기둥이라 하겠다. 섬김과 질서이며 새로움과 나아감을 배태한 큰말이다. 시성 라빈드라나트 타고르의 "….네 등불이 켜지는 날 동방의 밝은 빛이 되리니" '동방의 노래'도 코리아의 앞날을 예견했을까? '아시아의 네 마리 용'으로 뛰어 오름이 그를 방증한다.

아침 늦잠을 자면 "아침이야 일어나야지" 부모님이 깨우지 않았던가? 누구나 마음 씨앗이 있어 존중받아야 할 가치와 권리가 바로 인간의 존엄성이다. 보듬어야 할 주체는 자신이다. 망망한 우주에 생각하며 말하며 생명을 창조할 수 있는 신비의 존재가 바로 나다. 온 세상이 환하지 않은가 말이다.

삶의 여정이 여섯 마디에 들어섰다. 삶의 결이 나무결처럼 순결할런지…. 모닝 커피향이 아침을 깨운다.

호 새: 유람길에 행여 "노자"라도 만날까봐요?

준마는 달리고싶다
—기아자동차

프라이드/91년

프라이드!

글로벌 기업 기아자동차㈜의 힘찬 동력이 느껴지는구나.

어찌 기아자동차㈜가 화성만의 프라이드겠니! 자동차 산업합리화 정책으로 발이 묶였던 승용차 시장에 기아자동차㈜가 출시한 첫 모델이 '프라이드'란다. 정신적 에너지랄까? 오늘에 이르기까지 아버지의 삶을 지탱해 주는 버팀목도 바로 그 '프라이드'란다. 인간은 누구나 그런 에너지를 내면에 담고 있어 그 힘으로 살아가기도 하지. 그로인해 진화되어간다고나 할까. 때론 사회적 공명을 일구어 내기도 해.

바로, 긍정의 에너지란다.

그런 면에서 기아자동차㈜가 현대자동차㈜에 합병되기 전, 창업주 김철호 회장의 열정을 그린 일대기 '수레바퀴 한평생'은 아직도 내가슴에 긴 여운이 있단다. 화성공장 정문을 들어서자마자 바로 눈에 보이는 거대한 조형물, 두 바퀴가 바로 그 에너지를 대변해 주는 듯하다. '수레바퀴'라는 이미지가 마치

구도자의 길을 형상화시킨 듯하지. 쉼 없이 욕망을 추구해가는 인간의 지표 랄까? 디지털시대에 진부한 표현으로 들릴 수도 있겠지만 지향하는 가치 추구에 대한 원천적 집념으로 해석한다면 외경심마저 들더구나. '어디로 가는 것인가?' 나를 향한 끝없는 자문이요, 많은 사람들에게 삶의 화두를 풀어가는 실마리인가 싶다.

인연은 매우 소중한 자산이란다.

잘 알겠지만, 혈연, 지연, 학연은 누구에게나 기본이야. 군대연은 남자라면 의례 맺는 인간관계란다. 직업 연과 취미연은 자신이 선택하는 것이니 더욱 소중하지 않겠니? 나에게는 기아자동차㈜는 아주 특별하고 소중한 곳이란다. IMF를 맞아 회사를 떠나기까지 아버지가 12년간 기아자동차에서 근무를 한 적이 있었어. 젊은날에 푸른 꿈을 키워가던 곳이었지. 어머니와 아버지가 만나 가정을 꾸리고 너희들을 키울 수 있었던 경제적 에너지 공급처였다. 80년대 중반, 병역을 마친 그 당시도 취업을 하기가 쉽지 않아. 늘 감사하는 마음으로 근무했단다. 회사업무를 통하여 배웠던 해외 마케팅, 국내 마케팅, 복지업무, 지역관리 경험이 큰 자산이 되더구나. 그 고마움으로 아버지가 자동차를 구매할 때에 기아자동차를 고집하는 이유가 되었단다.

기아자동차를 언급하는 이유는 청년기에 나침반이 되어주었기 때문이야. 신입사원으로 연수를 받았던 장소인 안양 매플하우스와 여의도 본사, 화성공장, 병점 영업소의 근무처에서 아침이면 힘차게 합창하던 사가社歌가 생각난다. "우리는 이 나라의 산업의 역군, 힘차게 전진하는 보람찬 대열…." 노래를 부르면 애사심을 갖게 되고 자동차 산업의 역군으로서 자부심을 느끼곤하였어. 회사 유니폼에 싱싱한 젊음이 솟아올랐다고나 할까. 사가 제창은 산업화 시대의 전형적인 모습이었을 거야. 지금도 매년 송년 모임에서 함께 근무했던 동기들이 모여 그 시절을 회상하며 이야기꽃을 피운다.

지금은 화성공장이 웅장한 면모를 지녔지만, 90년대 초만 해도 바닷바람을 맞서며 건물들이 한창 건설 중이었단다. 생산되는 승용차 모델이 프라이드 하나로 단출했어. 꼬리가 잘린 듯한 프라이드의 뒷모양도 세상 사람들에게는 좀 어색했지. 생산은 기아자동차㈜에서, 기술 제공은 일본 마쯔다㈜, 판매는 미국 포드자동차㈜가 맡았는데 미국 시장에서는 "페스티바"로 불렸단다. 수출부서에서 근무한 탓에 애정이 좀 깊었지. 멋진 이름이었어. 이따금 자동차 이름이 무언가를 연상하게 하는 것 같아. 조랑말 같은 모닝, 스포티한 스포티지, 물 찬 제비 세피아, 등나무 카렌스, 시골아저씨 캐피탈, 파이터 콩코드, 중후한 포텐샤, 럭셔리한 오피러스, 스마트한 K시리즈…. 어때, 그런 것 같지 않니? 그런 수많은 모델이 국내는 물론 해외를 누비는 눈부신 성장을 했더구나. 며칠 전, 신문기사를 보니 1975년도에 브리사 승용차를 첫 수출한 이래 40년간 1500만대 수출 위업을 6월 중에 달성한다는구나. 입사한 해를 기준하면 벌써 30년이 흘렀다. TV '생활의 달인' 프로그램을 보니 사람도 30년이 흘러야 깊이를 갖더구나.

한 세대가 흘러야 기업도 사람도 또렷한 나이테를 두르나 보다.

지금, 아주 세련된 모습으로 단장된 화성공장 정문에 서 있다. 30년 전을 회상하게 되니 감회가 새로워. 정문에 다다르는 입구의 갈래 길에 바윗돌 이정표가 서 있어. 왼편으로는 안중 포승을 거쳐 평택항으로 가는 길이며, 오른쪽으로는 공장 담벽과 이웃한 해변도로로 이어져 석천항과 매향리에 다다르지. 세월이 흐르니 옛길처럼 사람도 그리움을 낳는구나. 누가 봐도 점퍼차림의 현장맨이시던 만형 같은 거구의 문○○ 공장장, 논리가 명쾌하신 유○○ 부장, 상황판단이 정확하신 임○○ 과장, 유머감각이 뛰어난 이○○ 대리, 깊은 물처럼 소리가 없는 손○○ 대리, 분위기 메이커인 윤○○ 대리…. 본사에서 공장으로 인사 발령되어 대리 직급으로 복지업무를 수행하며 모셨던 상사와 선배, 동료들이다. 서투른 공장 생활에 적응을 하는데 도움을 준 분들이라 잊혀지지 않는구나.

내면의 어울림으로 맺은 인간관계는 좋은 추억이 된단다.

1990년도이니 25년이나 흘렀어. 특히 점심시간에 끼어 앉아 프라이드를 타고 후문의 자장면 집으로 달려가서 정담을 나누던 일들은 본사에서는 느낄 수 없는 감정이었어. 마치 시골의 넉넉한 인심과 빈틈없는 도회지의 모습으로 비유되는가 싶다. 이곳을 지날 때면 옛정이 포도송이처럼 몽글몽글 피어오른다.

해안도로를 달리다보니 무언가에 이끌려가듯 눈길이 수평선을 향하네. 철조망이 쳐진 해안가의 풍경이 마치 다가갈 수 없는 지난 세월의 가림막 같아. 창문을 여니 갯바람에 실린 바다내음이 그리움처럼 밀려와 괜히 숙연해지기도 해. 어렵게 구한 기아자동차㈜ 사가를 다시 들으니 마치 30년 전 회사 유니폼을 입은 청년으로 돌아간 기분이다. 너희들도 사회인이 되었으니 노래를 부르는 경우가 많을거야. 조직의 일원으로서 합창을 할 때는 어깨를 펴고 힘차게 부르렴. 노래도 심신을 단련시키는 운동이거든.

몸 울림으로 시작하는 하루는 활력이 솟는단다.

배에 힘을 주어야 제맛이 난단다. '프라이드'도 배의 힘이야. 덩샤오핑, 나폴레옹…. 모두 작은 체구이지만 뱃심에 담겨 있는 끝없는 자양분으로 세상을 끌어갔다고 하잖니.

수레바퀴 조형물

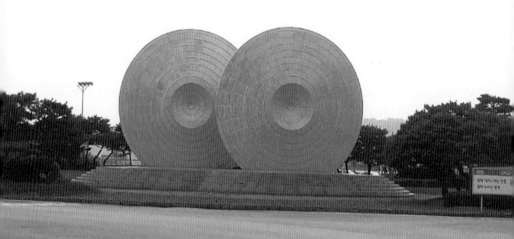

열두 폭 병풍
— 남양황라/남양호

남양황라!

궁금증을 자아내는 말이지?

옛 남양군, 남양만의 남양을 차용하여 장안뜰의 가을 황금물결을 표현한 거야. 화성의 팔경이라 불리운단다. 가을이면 누런 들판이 볼만해. 바다에서 불어오는 해풍과 풍요의 알곡이 익어가는 숨소리가 어우러져 황금빛 숨결을 이룬단다. 상상해보렴. 발안천과 금곡천이 합류하여 흘러드는 남양호, 그 주변으로 시원스럽게 펼쳐진 들판의 원두막에 앉아 삶의 주인공으로 자신을 성찰하는 모습을…. 얼마 전, 큰아버지와 둘러보니 한적한 도로를 로드바이크 동호인들이 달려가더구나. 마라톤 연습 코스로도 좋다는 생각이 들어 큰아버지와 함께 다시 오기로 약속했단다. 가을의 황금빛 들판은 사람의 완숙한 장년기에 해당될 듯싶다. 벼를 벤 텅 빈 들판은 노년의 아름다운 비움에 비유될 듯하다. 비움의 깊이는 채움에서 맛볼 수 없는 깊은 철학이 담겨있지.

삶은 제때에 제멋이 있단다.

젊은날 열정의 치열함과 장년의 결실의 풍요로움이란다.
이는 넉넉하게 베푸는 노년의 즐거움을 맞게 된단다.

알곡이 되기 위해선 한여름의 뜨거움과 비바람의 세찬 시련을 겪어야 한단다.
정녕 젊은 날, 하얀 밤을 지새우며 지금에 이르도록 걸어온 여정! 결실의 계
절에 들판의 바람결에 심신을 어루어 본다. 밀레의 '만종', 평화롭지 않니?
남양호를 배경으로 열두 폭 병풍이 펼쳐져 있는 것 같아. 이번 가을에는 꼭
풍경을 사진에 담고 싶어.

남양황라 숨결축제! 들판에 불어오는 바람결에 출렁이는 황금물결이 마치
성숙된 여인의 몸을 감싸고 있는 펄럭이는 치맛자락 같구나. 그길을 감청색
재킷을 어깨에 걸치고 대자연이 숨쉬는 소리를 들으며 걸어보고 싶다

남양호

연인의 불타는 가슴 — 화성호

지명은 미래를 열어가는 힘이기도 하단다.

화옹호? 좀 이상하지. 화성지역인데 왜 화성의 화자와 옹진의 옹자를 합성하여 불렀을까? 이제 화성호로 불리고 있으니 다행스런 일이다. 화성호는 우정읍의 매향리에서 서신면 궁평리까지 잇는 물막이 공사로 생성된 17.3km²의 드넓은 호수란다.

이 호수가 생기면서 시화호처럼 인간과 자연이 어떻게 상생할지 모두들 궁금하기도 하고 큰 숙제를 안은 것 같기도 했지. 새롭게 만들어진 유휴지를 어떻게 활용하는가에 따라 지역주민들에게 사랑을 받는 공간으로 자리매김할 듯하다. 가칭 바다농장이라고 호칭되는 프로젝트로 호수 상단부에 건립된 대형 토마토 생산시설과 관련하여 지역내의 농협들이 컨소시엄을 구성하여 운영한다고 하네.

이제, 농업이 6차 산업으로 대전환을 맞고 있으니 생산운영시스템과 국제적 유통망, 마케팅 등 전문성이 갖추어져 화성원예농업에 큰 전기가 마련되었으면 싶다. 해안도로와 이웃하여 호숫가에는 태양광 집광판도 설치되어 있더구나. 신재생에너지 생성의 교육장인가 싶었어. 태양광 에너지를 모으는데 좋은 장소인가보다. 혹시 기억나니? 돋보기로 햇빛을 모아 종이를 태우던 놀이 말이야. 초점의 원리를 응용한 것인데 친구들과 장난을 많이 했어. 옷을 태우기도 해서 할머니에게 꾸지람도 들었지. 원예사업에 활용되든, 전기에너지를 대신하든 지속적인 프로젝트로 나비효과의 놀라운 변신을 기대할 뿐이야.

일직선인 방조제가 해류의 방향을 바꾸는가보다. 널따랗게 개펄이 우정읍 지단에 방조제 밖으로 거대하게 형성되고 있어. 남양만(경기만) 해안에서 커다란 변화들이 곳곳에서 발견되고 있구나. 넓은 안목으로 대응책이 마련되어야 할 거야. 해류의 변화는 해양생태계에 큰 영향을 미친다는 글을 읽은 적이 있어. 조류의 흐름이 약해지면 플랑크톤이 점점 사라지고 그로인해 먹이사슬의 변화가 이루어진다는구나. 이는 곧 어종의 생태변화에 영향을 끼친다고 하네. 산업화 이면에 드리워진 그림자인 셈이야. 후손들을 위하여 깊은 지혜가 모아져야 할 것 같아.

도로 이편에서 저편으로 9.7km 정도에 이르는 거리는 눈에 욕심을 내어야 할 정도로 아득하기만 하다. 달려가는 자동차들이 마치 주행성능시험장을 달리는 모양새야. 서해는 낙조가 한 풍광이잖니. 마치 끓는 태양을 바닷물에 풍덩 담아놓은 것 같기도 하고 사모하는 연인들의 불타는 가슴을 그린 것 같기도 하고. 시조시인 이태극의 '서해낙조' 기억나지? "어허, 저거 물이 끓는다, 구름이 마구 탄다…. 검붉은 불덩이다…." 방조제에 서서 두 팔 벌려 안아보니 가슴마저 선홍빛으로 물든다.

우정방면에서 궁평항쪽으로 해안낙조속에 바다를 달리는 자동차! 한폭의 그림같지 않니! 영화 '타이타닉' 뱃머리에 선 남우주연 디카프리오가 생각나더구나. 긴머리에 머플러 날리는 연인과 달려보려무나. "어느 여름날, 화성호 방조제에서" 어때, 추억의 한페이지가 고이접은 나빌레라가 되지 않겠니!

힘들고 지친 마음을 돋우는데 추억은 소중한 무형의 자산이야.

세상을 다시 들여다보는 혜안이 되어 스스로를 위무하는 엔도르핀이 생성되기도 한단다. 참, 운전은 하는지 모르겠네. 오늘이 일요일이라 그런지 로드바이크 동호인들이 제품을 내며 맞은편으로 질주하는구나. 헬멧과 선글라스, 알록달록한 유니폼, 팽팽한 허벅지의 모습에 나도 젊어지는 기분이야. 젊음은 불태우는 거라고 하더라. 다시 오지 않는 것이 세월이니 젊음을 피워보렴. 온 세상을 거닐고 달려도 보려무나.

화성방조제와 화성호 염생습지

화성호와 화성방조제

알라딘요술램프
─현대자동차연구소

현대·기아 기술연구소 표석

모터밸리(Motor Valley) 화성!

해안도로를 달리다보니 화성호 안길로도 남양 현대자동차연구소에 다다를 수 있더구나. 이전에는 해안가였던 곳인데 물막이 공사로 이제는 뭍이 되어 버렸어. 지도를 한번 살펴보거라. 지구촌 자동차문화를 선도하는 두뇌들의 연구소가 화성 남양에 위치하다니 큰 자랑거리가 아닐 수 없다.

화성시에는 마도면의 자동차 성능시험장, 우정읍의 기아자동차 화성공장, 남양읍의 현대·기아자동차연구소가 있단다. 첨단기술 혁신공간으로 불리는 실리콘밸리 있잖니? 규소가 반도체나 컴퓨터의 주원료로 사용되는 까닭에 그지역에 기업들이 밀집되어 있어 그렇게 불린다는구나. 화성도 자동차와 관련된 산업체들이 단지를 이루고 있으니 모터밸리라 불러도 좋을 듯싶다. 동부 쪽에는 삼성반도체공장과 협력업체들이 집단을 이루고 있으니 한국의 실리콘밸리라고 부르고 말이지. 동탄2도시 부근은 테크밸리라고 홍보하더구나. 산업체군도 지역의 브랜드란다. 좀 어색하니? 포항하면 '제철'이 연상되고, 거제하면 '조선'업이 생각나듯 어쨌든 화성 Motor Valley라 불러보자. 어린시절 읽은 알라딘의 요술램프처럼 많은 연구를 통해 새로움이 펑! 세련미도 펑! 펑! 펑! 세상에 내놓으니 얼마나 신기하냐? 알라딘 램프에는 자동차가 없었잖니!

펑! 펑! 펑! 창조하는 즐거움보다 더한 것이 세상에 있을까 싶다.

화성호 방조제로 인해 호곡선창, 왕모대…. 등의 포구들이 사라진 아쉬움도 작지 않단다. 산업화 시대의 변화과정이라고 애써 위안을 삼을 뿐이다. 해안의 변화는 지리여건은 물론이고 생활문화까지 크게 변화시켜 가고 있다. 농경문화의 공동울림체 윷놀이에선 최고의 상품으로서 황소가 등장하였었지만, 요즈음은 "효 마라톤" 등 시의 큰 행사에는 자동차가 경품으로 등장하더구나. 이제, 화성지역만큼은 모터밸리의 위상에 걸맞은 교통문화(주차장, 신호기….), 자동차 레저문화(박물관, 캠핑장, 게임….) 등등에서 타지역과는 달리 높은 품격을 갖추어야 하지 않을까 해.

아쉬운 점도 있단다. 붕어빵에는 붕어가 없어도 되지만 화성에 위치한 고교나 대학교에 자동차와 관련된 학과가 없다는 것은 많은 아쉬움과 숙제를 남겨준다. "해봤어?", '거북선 500원 동전'의 일화로 유명한 고故 정주영 회장의 현대신화가 이지역에서도 또 다른 변화로 이어졌으면 좋겠다. 상상해본다. '궁평낙조 속의 해변 소나타'라는 광고카피로 자동차 카탈로그가 나오는 장면을…. 화성시가市歌에 나오는 '….남양반도 흰 모래에 해당화 피는 ….' 그 해당화와 더불어 자동차문화도 꽃피웠으면 좋겠다. 우선 세계에서 자동차 사고가 없는 유일무이의 청정지역으로 말이다. 욕심을 낸다면 골칫거리 주차문제도 걱정이 없고 나아가서 자동차 레저문화의 선도 지역으로 브랜드화되면 어떨까?

습관이 무섭더구나. 아버지는 거칠게 운전하는 편이라 어머니에게 늘 야단을 맞는단다. 그간 부끄러운 일이 많았어. 15년간 아버지의 애마였던 세

피아II, 아니 간 곳 없는 좋은 녀석인데 수명이 다해 이별을 했단다. 그간 정이 들어서인지 잃어버린 사랑처럼 기분이 짠하네. 운동하는 셈치고 걷거나 대중교통을 이용하지만 이따금 까다로운 조건으로 어머니의 차 K3를 렌트한다.

평! 평! 신형 자동차들이 출현하듯 네 미래를 멋지게 그려보렴.

현대·기아 미래의 자동차 스케치

중소기업이 희망이다
─마도공업단지

은장고개를 넘어 마도면에 들어선다. 고갯마루 아래턱에 두곡리 주민들의 장이 펼쳐진다.

콩, 팥, 동부, 녹두, 파, 마늘이며 고구마, 호박, 고추 모두 화성 땅에서 재배한 농작물이다. 주름잡힌 할머니 손길에서 화성의 흙 내음을 맡는다.

장터 뒤로는 들어도, 봐도, 참견해도 한몫이라는 중개사무소가 즐비하다. 마도, OK, 공단, 서해안 부동산…. 마도공업단지, 쌍송공업단지….

이 시간에도 분주히 돌아가는 공장의 생산라인에서는 누가 무엇을 만들고 있는지? 외국인 근로자들의 발걸음이 분주하다. 농촌지역이 가파른 변화를 맞고 있다.

중소기업은 국가산업의 실핏줄이요 허리이기도 하다. 중소기업이 희망이다. 농사도 짓고 가족기업 형태의 진화된 경제 프레임을 그려본다. 시기와 장소에 구애받지 않는 생산구조와 그를 뒷받침할 새로운 직업군이 만들어지면 일자리 문제를 근본적으로 해결할 수 있을 것이다.

국민의식의 변화와 함께 정치지도자들의 혜안이 요구된다. 지도자는 거시적 안목으로 모든걸 들여다 봐야 한다. 단순히 정치적 시각으로 보지 않고 보통 사람들의 가슴을 시원하게 하고 청년들이 열정을 꽃피우는 마당을 제공해야 한다.

사강으로 향하며 마도면 지단에 도로 우편으로 외국인보호소와 자동차안전연구원을 지나면 곧이어 평택과 시흥을 연결하는 나들목 마도송산IC가 위치한다.

공단이 들어서고 새로운 도로가 개설되어 숨이 가쁘게 변화하는 마도면을 지날 때마다 왠지 모르게 아련함이 스친다.

마도 공업단지

제부도 연가

나 홀로 찾아 왔어요
님이 그리워 하루에 두번
가슴을 연다는 제부도

길을 잃었소. 비바람 불었소
정녕 내게 돌아올순 없나요
그대와 속삭이던 매바위에
하염없이 눈물만 흘린다오

아~
보이나요 밤하늘 저 외로운 불빛
들리나요 밤바다 울리는 파도 소리가
내 영혼의 눈물인 것을

이제 이젠 알것 같아요
사랑도 미움도 아픔이란걸
둘이 만나 하나되어 산다는 의미를

나 홀로 찾아 갔어요
님이 그리워 하루에 두번
가슴을 연다는 제부도

길을 잃었소 비바람 불었소
정녕 내게 돌아올순 없나요
나란히 거닐던 모래밭엔
무심한 갈매기만 나른다오

아~
보이나요 밤하늘 저 외로운 별빛
들리나요 밤바다 울리는 뱃고동 소리가
내 영혼의 눈물인 것을

이제 이젠 알것 같아요
사랑도 미움도 아픔이란걸
둘이 만나 하나되어 산다는 의미를
둘이 만나 하나되어 살아가는 의미를

세심대洗心臺 – 오산독산성

호 새: 사방이 트여 시원하네요. 한바퀴 돌아봐요.

돈 키: 권율장군이 임란시 말을 씻기는 기지機智로 왜군을 물리쳐 세마대라
고도 불리워. 초등학교 시절 단골 소풍장소였지. 백제시대 축성된
산성인데 정상엔 세마대洗馬臺가 있어.

돈 키: 고대에서 현대에 이르는 역사를 살필 수 있으니 한바퀴 돌아볼까? 저
동편엔 삼성반도체 화성단지, 그옆으로 동탄시가지의 즐비한 빌딩들
과 오산지단에 걸친 마치 붓끝 같다는 필봉산이 보이네. 이 남향으론
저 산너머 금암리에 청동기시대 지석묘군과 경기도립 '물향기수목원'
이 있어. 한걸음 보태 더 가면 공자를 모신 '궐리사'도 만나게 되지.

서향으로 저 멀리 서봉산에 노을지면 서해로 가는 물길에 어울린 수변 풍
경이 볼만해. 북쪽으로 황구지천 건너 화산뜰이야. 그 윗머리엔 농촌출신의
미36대 존슨 대통령이 다녀갔다 해서 존슨동산이라고 불리워.

좀더 깊이 들여다보면 물이 풍부한 수원지역에 한국농업경제사 흐름도 살
필 수 있어. 왼편으로 화산자락에 '효'정신을 깨우는 정조임금의 사부곡인
융건능과 원찰인 용주사가 보이고, 멀리 수원 팔달산과 그 앞으로 수원비행
단을 통과한 황구지천이 들판을 달리니 참 고풍스러워.

호 새: 삼미천의 삼미三美는 뭐에요?

돈 키: 어느 설에는 삼미는 '뫼'음의 변화하여 이루어진 말이라 하기도 하는
데, 또 다른 설에 의하면 화산에 금송錦松, 죽미령의 대나무, 나머지
하나는 오동나무라고는 설이 있지만 불분명하지. 그보다는 주변에
동학산, 청학봉, 안용, 서봉산, 화산, 무봉산이 있으니 주변 산천이 도
시와도 어울릴 현대적 '삼미 스토리'가 필요하지 않을까 생각해.

호 새: 인근에 대학들이 많나봐요.

돈 키: 경부선 교통축이 발전해 기업체와 대학들이 많이 들어섰어. 신도시
건설로 예전 농경 모습을 살피기도 쉽지 않아. 저 양산봉 아래 한신
대를 비롯해 인근지역에 오산대, 수원대, 수원과학대, 협성대, 카톨
릭대, 장안대, 신경대, 아주대, 성균관대 등이 있으니 이곳을 기준해
아마 남쪽의 오세아니아나 서편의 중국을 건너 중동과 유럽, 북쪽으
론 시베리아 동편으로 태평양 건너 아메리카 대
류에 걸쳐 넓은 세상으로 뜻을 펼칠 거야.

호 새: 세마역사 뒷편으로 유엔군 초전비가 있다
면서요?

돈 키: 유엔창설후 유엔군 처음 참전지가
6·25동란시 인근에 죽미령 전투
야. 국방이 허술했던 이땅에 '자유'
를 지키기 위해 이국만리 땅에서
산화한 젊은넋들을 기리는 유엔초
전기념관이 있어. 오산시는 근세에
들어 수원군 남부지역에서 수원시 승
격으로 화성군에 편재되었어. 89
년도에는 시로 승격되었지. 시내

유엔군초전 기념비

에 황구지천에 이르는 오산천이 흐르고 작은 도심임에도 전철역사가 세 곳이 설치되어 교통이 편리해. 인근에 LG와 가장산업단지도 소재해서 정주성이 높아지는 추세의 성장도시야.

호 새: 오산시가 참 아담한 도시인가 봐요?

돈 키: 오산시는 근세에 들어 수원군 남부지역에서 수원시 승격으로 화성군에 편재되었어. 1989년도에 시로 승격되었지. 시내에 황구지천에 이르는 오산천이 흐르고 작은 도심임에도 전철역사가 세 곳이나 있어 설치되어 교통이 편리해. 인근에 LG와 가장산업단지도 소재해서 정주성이 높아지는 추세의 성장도시야.

호 새: 저기 들판에 KTX가 지나가네요.

돈 키: 이곳에서 둘러보면 지역이 변화하는 모습을 알 수 있어. 예전에 논밭들이 사라지고 온통 아파트가 들어섰거든. 길이나니 사람이 모여들고 돈이 흐르니 지역이 변하는 거겠지.

호 새: 말도 많고 탈(가면)이 많은 세상에 세심대에 들러 훌훌 씻어내면 좋겠어요.

오산독산성

독산성

한걸음 두걸음 머언 발길들
불어라 들바람 고개 너머로
금암리 선인들 머문 쉼터에
천년의 고인돌 고요 하구나

진달래 개나리 고운 몸단장
독산성 둘레길 노을이 지면
솔숲에 울리는 말울음 소리
그 이름 부르니 세마대로세

화산뜰 감아도는 황구지천아
오신 곳 어느 뫼 어데로 가나
서해로 떠나는 이백리 물길
애끓는 사부곡이 눈물 보태네

달뜨는 밤이면 고향 가려나
눈감아 달려도 마음이 앞서
꿈엔들 잊으리오 내 고향 땅
죽미령의 눈물꽃 젊은 넋이여

사방에 트여간 너른 큰길에
뜻세워 글읽는 배움터 불빛
어제를 돋우어 내일을 여니
온누리 밝혀 갈 등불이로세

화성대문을 열다 ― 팔달문

어린시절 "남문은 남아있고 북문은 부서지고, 서문은 서 있고 동문은 도망갔다"라는 우스개 이야기를 들은적이 있다. 아마 6 · 25 동란 전장에서도 남아있었나보다.

비가온다는 일기예보가 있었지만 화성둘레길 순행에 4명이 참가하였다. 창룡문 관광안내소에서 수십년간 문화유산해설사로 활동하신 윤규섭 선생님의 화성에 대한 이야기를 들은 후 순행하기로 결정하였다. 10시경 모여 설명을 듣고나니 12시가 넘었다. 지동시장에 들러 반주를 곁들여 순대국밥으로 점심을 들고 배낭을 추스려 지동교를 건너가니 정조의 좌상이 눈에 들어선다.

불취무귀不醉無歸, 좌상 옆의 글귀이다. 화성 축성 기술자들을 격려하기 위한 위로연 자리에서 남긴 말이다. "취하지 않으면 돌아가지 말라"는 뜻이나 백성을 편안케 하지 못한 군주의 심경을 읊은 것이라고 한다. 반주로 마신 한잔 술에 취기가 오르니 덩달아 마음이 건달이 되나보다.

정조 능행차에 둥~둥~ 들려오는 북소리에 뛰는 가슴을 안으며 화성의 대문, 팔달문에 들어선다. 문門에는 다양한 스펙트럼을 지닌 의미가 있다. 햇살이 스며드는 창문, 집안팎을 나드는 대문, 뜻과 정情의 배움터의 동문, 부풀리면 사후에 보이는 천국의 문도 있다. 타임머신을 타고 200년전으로 돌아가 화성팔달문 안으로 들어선다.

왜 팔달문이라 했을까? 여덟 팔八자에 통달할 달達, 문 문門자의 합성어가 팔달문八達門이다. 전하는 이야기는 원래 팔달산은 탑산이라 불리웠다고 한다. 지세가 탑 모양이라 사방이 트이고 사방팔방으로 교통이 발달하여 그에 연유된 듯하다고 한다. 사통팔달四通八達! 속이 시원한 말이다.

세상의 기류는 사통팔달과는 다르게 연일 매스컴에서는 통通하지 않은 소식만 있고 달達하지 않아 패거리질과 좀스런 종종 걸음뿐, 건강한 달인이 없음이 안타깝다.

횡단보도를 건너 팔달문을 돌아가니 옛 중앙극장이 있던 자리다. 중학교 1학년 때 영화 '벤허'를 보기 위해 수학을 가르쳐 주셨던 故 정찬영 담임선생님과 단체관람을 왔던 기억이 새롭다. 로데오거리로 접어드니 우측편 지하에 공원다방이 있었던 곳이 생각난다. 대학을 졸업하고 기아자동차의 신입사원 시절, 광복절날 아내와 백년가약을 한 곳이라 잊혀지지 않는 추억의 장소이다. 삶의 기복이 심하여 행복문으로 들어선 것인지, 고생문에 들어선 것인지 돌아드는 길이 묘하기만하다. 아직, 인생이 미완성이다. 그길을 개척해나가는 일만 남아있다. 해가 갈수록 몸은 무겁고 갈길은 멀기만 하다. 시대의 애환이라고 애써 자위하나 아내에게 미안함이 팔달산만하다.

사통팔달四通八達, 화성華城 대문大門이 팔달문이다.

수원천 서해로 간다
— 화홍문/방화수류정

학창시절 창문너머 비오는 여름날의 정경은 또 다른 세상을 향한 꿈의 전주곡이었다. 깊어가는 가을밤에 들은 회심곡 한 소절 "…대문밖이 저승일세"는 왜 그리 가슴에 와닿던지…. 문밖의 세상이다. 자유로운 사고가 넘치던 그시절이 아련하다. 문은 의식의 경계를 이루는 셈이다.

화홍문은 밖에서 성안으로 통과하는 문이다. 안과 밖의 경계를 가르는 것이 주요 기능이다. 황구지천 주변에는 성이 많다. 화산 부근의 고읍성, 독산성, 화성 등 삼국시대부터 이조시대에 이르기까지 각기 연대를 달리하지만, 수원화성은 군사적 요충지인 셈이다. 정조도 이를 고려하여 축성을 할 때 기존 성곽과는 달리하였다. 공법과 재료 또한 다르다. '성설城說'에 그 내용이 소상하다. 당호가 '여유당'인 정약용이 기술했다. 정조의 심중을 헤아린 실학자이며 공학자였다. 그당시의 안목으로 녹로, 거중기, 벽돌 등 새로운 공법과 재료로 가히 혁명적 설계였다. 그로 인해 공사기간이 단축되었다고 한다. 정조, 정약용, 채제공, 조심태, 이유경, 백동수…. 화성축성과 화성에 얽힌 이야기가 생각나 옛 정경을 그려본다.

화홍문華虹門은 화려할 화, 무지개 홍, 문 문자로서 화성의 북수문北水門이다. 성안으로 흘러드는 수위조절을 위한 문이며 외부침입을 방비하는 문이기도 하다. 7개의 무지개 모양의 문이 설치되어 있으며 문의 크기는 각기 다르다. 물보라가 일어 여름날은 무지개처럼 화홍문을 감싸는 풍경은 절경이다. 수원팔경 중의 하나로 화홍관창華虹觀漲으로 불리었다. 화홍문 오른편 언덕에는 방화수류정이 있다.

방화수류정訪花隨柳亭은 조선시대 정자 건축의 백미로서 천변의 꽃과 늘어진 버들의 경치를 굽어보던 동북각루東北角樓의 별호다. 동장대는 대臺를 쓰고, 방화수류정은 정亭자다. 정, 대, 각, 루亭, 臺, 閣, 樓 모양새가 비슷하나 용처가 다른 모양이다. 의미가 비슷하지만 용처가 다르다. 사생대회가 자주 개최되곤 했다. 그시절의 모습이 심상으로 그려져 발길을 멈추게 한다.

수원의 팔경八景(광교적설, 북지상련, 화홍관창, 용지대월, 남제장류, 팔달청람, 서호낙조, 화산두견)에 특히 남제장류, 버드나무들이 수원천변에 즐비하다. 화성 16경에서 수원팔경을 각색하였다고 하나 역사적 고찰은 뒤로 한 채 수문 입구에 서서 한컷 한다. 햇살이 바람을 어우르니 마음이 푸근해 진다. 늘어선 버들을 쫓는 눈길도 고와진다. 물가로 내려서는 발걸음이 가볍다.

길을 걷다보니 왕버들이 눈에 들어온다. 버드나무과로 갈잎 큰키나무이다. 원산지가 한국이다. 버들피리 만들어 불던 갯버들, 수양제와 얽힌 전설이 전해오는 수양버들, 애절한 청춘 사랑에 얽힌 능수버들…. 참으로 종류도 많다. 걷는 도중에 유달리 큰 버드나무를 만난다. 왕버들이라며 이름표라도 붙여야겠다. 천변기행은 스토리텔링이지 않은가! 요즘 말로 왕은 짱이라 스타인 셈이다. 수원천의 짱버들을 보는 자 소원성취 하리라! 늘어진 버드나무 가지에 노래가락처럼 환한 물소리가 들린다. "수양버들 춤추는 길에 열아홉 살 난 새색시가 시집을 간다네…" 이연실이 부르는 노랫말 따라 걸음걸이가 낭창낭창 버들이다.

연리근도 만난다. 연리지는 있어도 연리근은 어떨까? 족보를 살피면 같은 본관에서 성씨를 달리하는 경우가 많다. 동성동본 뿐만 아니라 동본이성도 결혼을 하지 않는 때가 있었다. 뿌리는 전통이요 사회질서다. 뿌리를 모르면 겉껍데기 있다. 알멩이가 없으면 생존경쟁에서 도태되는 현실탓이다. 오랜만에 근원에 대한 물음에 잠겨본다. 오늘 여정이 수원천 근원을 찾는 일이다. 허리를 구부리고 연리근에 눈길을 준다. 연리근이 묻는다. 너는 어느 나라에서 왔니?

담쟁이다. 포도과에 속하는 덩굴성 갈잎나무다. 덩굴손의 빨판을 이용하여 천변의 벽을 타고 오르는 품새가 마치 아티스트가 담벼락에 문양을 새긴 듯하다. 누가 심었을까? 자연의 생명력이 눈길을 붙든다. 〈마지막 잎새〉 반전의 주인공 베어만 영감의 뜨거운 손길이 닿았을라나! 잎새가 갈색으로 물들어간다. 겨울이 되면 숨죽여 있다가 내년에 다시 피어나리라. 어느 시인의 "저것은 벽, 어쩔 수 없는 벽이라고 느낄 때 그때 담쟁이는 말없이 벽을 오른다." 그 담쟁이다. 뜨거운 감정으로 뻗어 가리라!

매향정보고등학교의 간판이 눈에 들어선다. 삼일중학교가 건물 뒤편에

나란하다. 기독교 재단이 설립한 수원의 중추적인 인재육성 교육기관들이다. 사랑과 봉사가 교훈이다. 삼일이란 뜻은 성부, 성자, 성신이란 삼위일체의 뜻이라고 한다. 잿빛 교복에 아티스트 베레모가 기억난다. 당시 수원여고는 자주색, 영복여고는 짙은 청록색의 교복이 유니폼이었다. 청초하고 단아한 이팔청춘 소녀들의 모습이 젊은날의 환영으로 놓는다 그 청초수려함에 마음을 잃어 융·건릉으로 미팅을 하러 다니다 1년간의 재수생활을 감내해야 했다. 쓴웃음이 절로 나온다. 그 시절이 또다시 온다면 어쩔것인가? "그시절 그 추억이 또 다시 온다해도 사랑만은 않겠어요" 윤수일의 노래가 답은 아닐 듯싶다. 다 한때이지 않은가! 녹음방초도 제때가 있지 않은가! "청춘은 봄이요 봄은 꿈나라 언제나 즐거운 노래를 부릅시다" 김용만 선생이 봄을 부른다.

마음속에 봄날이 살아있다.

수원천 송가

아득한 옛적 하늘이 열렸더라

큰 땅에서 바다에 이르도록
한울림 흘러내려 백두대간이라 하고
넉넉한 품 이런가 가르침 이런가
그 한줄기 자락에 솟은 묏 방울을
할배 할매들은 광교산이라 부르네

어미의 새벽정성이 하늘에 닿았더라
시루봉 산정수리에
한방울 구르니 풀꽃이 피어나고
두방울 흐르니 새들이 노래하누나

가슴 설레는 이백리 물길여정이리
형제봉 아침햇살에 몸단장이 고와라
물오리는 선남녀 눈길을 어루는데
나그네 발길은 물길따라 흐르네

오호! 문밖이 무릉도원 화홍이런가
아이들 웃음소리 물보라로 피어나니
팔달청람 부는 바람이려
새색시 꽃가마가 낭창대는 버들이로세

두물머리 물길이 쉬어 가려나
솔뫼 뜰에 굽은 허리를 펴니
꽃뫼 기슭 애달은 사부곡에
떡전거리 길손이 옷소매를 훔치네

천년 세월이 부르는 노래인가
몸을 섞는 뜨거움인가
독산성 허리를 감도는 서봉 노을에
서해로 길 떠나는 수원천이여!

한반도 소나타

경기 북부편

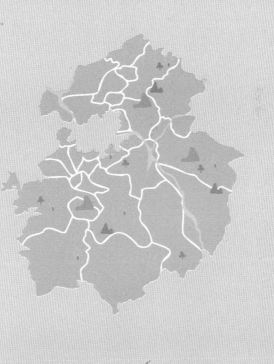

자유로 야경

마음대로 달려봐 - 자유로

돈 키: 호새야, 왜 어기적거려. '자유로'야. 마음대로 달리려무나.

호 새: 제한속도 80km인데요. 제한속도가 있는데 왜 자유로래요?

돈 키: 무슨 소리야 '자유'란 큰세상이라는 뜻이 담겨 있어. 힘이 없는 식민지 사람들이 피흘리며 이룬 세상일 수도 있지. '빠삐용'이나 '안네의 일기'를 읽어보면 가슴이 먹먹하잖아. 이유가 뭘까? 봄날 풀꽃밭에 팔랑팔랑 날아다니는 나비와 파란하늘에 두둥실 떠가는 흰구름도 자유를 빼앗으면 어떻겠어?

호 새: 자유, 알아듣기 어려워요. 안네가 상자속 나비라는 거네요?

돈 키: 이해하기 어렵지. 행동하기는 더욱 어려워. 초등학교 때 방학 일과표가 생각나네. 공부시간과 자유시간을 색칠해서 벽에 붙여놓고도 온종일 놀았어. 인간이든 어느 생명체든 제때 제모습을 피우는게 자유가 아닐까 싶어.

호 새: 말이 나와서 말인데요. 프랑스에선 자유의 가치를 위해 왕의 목도 날렸다면서요.

돈 키: 그래, 아메리카에서 '패트릭 헨리' 아저씨는 식민지 생활을 벗어나기 위해 '자유 아니면 죽음을 달라'는 명연설로 맞섰다잖아. 헝가리 "

부다페스트 소녀"는 소중한 목숨까지 잃었지.

호 새: 북한에서도 자유를 찾아 죽음을 무릅쓰고 철조망을 넘거나 쪽배타고 넘어오지 않았나요?

돈 키: 그래, 그 소중한 가치를 지키고자 선열들이 목숨을 던졌고 6·25전쟁도 치뤘어. 그뜻을 담고자 '자유로'라 부르는거야.

길 손: 야, 인마! 너희들 도로 전세냈어? 비가 오는데 집콕하든지 왜 튀어나와 누비고 다녀?

호 새: 전세 구하기 어려워 월세냈다. 왜, 떫냐?

돈 키: 호새야 말대꾸하지 마라. 이즘엔 정신 성장판이 멎어 변종이 많단다. 우주 공간에 쓰잘데기 없는 소음이야. 내자유, 네자유가 조화를 이루어야 하는데 일방통행이라 세상이 시끄러운거야.

돈 키: 인간의 '자유'를 위해 애쓴 사례가 많아. 역사적 관점에서 부풀리면 10세기말 고려시대 광종이나 19세기 턱수염 링컨대통령, 20세기 흑인 인권 운동가 마틴 루터 킹 목사, 여성 인권 운동가들의 활동이 그런거지. '자유는 피를 먹고 자란다'니 얼마나 고귀한 가치야. 생명체 본능에 내재된 욕구지. 너나 나나 자유롭게 제모습 피워가야 해.

호 새: 자유! 원래는 공짜였는데 공짜가 아니네요.

세상을 바꾸는 힘
─ 파주출판단지

호 새: 어디로 가나요. 목적지를 알아야 힘이 덜 들죠?

돈 키: 네글 내글 세상에 얼굴내밀려 출판단지 가는거야.

호 새: 머리굴려 글만 쓰면 되는거 아네요?

돈 키: 모두 어디로들 갈지 야단이야. 이분법적 사고에 매달리기보다 내면
에 울리는 목소리를 담은 글들이 어떤 얼굴인가 궁금해서 말이야. 글
은 세상을 바꾸는 힘이 있다잖아.

호 새: 저기 '쉬어가면 어떠리' 카페에서 한숨 돌리자구요.

돈 키: 책 좀 읽냐? 양서를 읽어야 해. 공부해서 남에게도 퍼줘야 한단다.

호 새: 내 살기도 바쁜데 뭔 글이다요?

돈 키: 아니야. 읽고 또 읽어야지. 촉각, 청각을 최대한 활용해서 말이야.
하루라도 책을 읽지 않으면 입에 가시가 돋는다는 분도 있다는데 스
스로 가두어 청맹과니가 돼서야 되겠니?

호 새: 한세상 사는건데 뭘 그리 골치 아프게 살아요. 그리해야 하나요?

돈 키: 그럼 두 세상도 아니고 한세상만 사니까 그래야지. 제대로 임자를
　　　　만났으면 세상을 한바탕 흔들어 볼텐데 나를 만나 고생이 많지?

호 새: 쓸데없는 말씀마시고 울렁펄렁한 이야기나 풀어보소.

돈 키: 너도 알지? '성냥팔이 소녀' 말이야?

호 새: 아, 연애도 못하고 독신으로 지낸 분이 쓴 글이죠?

돈 키: 어쩨, 남의 신상을 터냐? 댓글도 달았어? 세상 사람들을 울린 훌륭한
　　　　작가야.

호 새: 아니, 신상을 털다니요? 웹서핑으로 알았지요. 뭐, 내는 홍당무만 먹
　　　　고 사남요? 내두 숙녀와 풀밭에 누워 밤하늘 별을 헤아리고 싶다고
　　　　요. 근데 웬 성냥팔이다요?

돈 키: 응, 성냥 세 개피에 사람들 가슴이 촉촉이 젖었거든. 펜끝이 가슴을
　　　　울린다는 아이러니지.

호 새: 이 나라엔 머리 좋은 마케팅 타짜들이 많잖아요? 대동강물 팔아 잡수
　　　　신 봉이 김선달도 계시고, 간당간당하던 나라도 팔아 꿀꺽하신 분,
　　　　컴퓨터로 한가락 하던 드루킹에 이어 이즘엔 소녀동상에 ATM기도
　　　　달아 챙긴다던데….

돈 키: 참, 특이한 유전자를 지닌 분들이야.

호 새: 우리 말들도 나라를 위해 호국하건만 묻힌 곳을 그냥 말무덤이라고
　　　　만 하대요. 우리는 성냥개피만도 못한가 봐요. 큰일을 해내도 위령
　　　　제 한번 없었다구요. 김유신을 명장을 만드느라 애꿎게도 우리 말

목만 날아갔죠. '두만강수읍마무'라며 남이장군을 대장부로 띄웠던 명마는 이름조차 없고, 주인님 고향에서도 권율 장군의 기지를 돋웠던 세마대의 명마도 비석조차 없거든요. 내두 명색이 돈키호태 집사인데 명성은 커녕 달랑 홍당무만 얻어 먹잖아요.

돈 키: 그래, 말들에게 잘해줘야지. 돌아보니 말발굽에 백제성이 함락된 후 평양성, 천리장성, 남한산성, 동래성, 남원성도 무너지고 구한말엔 한성도 짓밟혔어. 그 트라우마일까? 타짜들 성깔이 여간하지 않아.

호 새: 주인님, 이즘 타짜들이 왜 그래요? 꼬레아가 지구촌에 등재된 지 천 년이 흘렀어요. 더구나 나라도 밟히고 긴세월 동안 허리를 굽히며 살았는데 우째 그런대요. 조잘조잘 동네에서만 입으로 호랑이 잡나봐요. 술자리에 노가리만 죽어나대요. 내말, 내문자로 소통하는게 뭐 그리 어렵다요? 여기가 출판단지라구요? 글로 안되면 말로, 말言이 안통하면 말馬발로 해야지요. 뒷발차기를 좀 하거든요. 뒷발 조심하세요. 확, 한반도를 돌려차볼테니까요.

돈 키: 코로나로 가뜩이나 열받는데 너마저 날뛰면 되겠니? 말도 말을 가리는데 어찌해 말같지 않은 말로서 세상뜰에 널뛰기 하실까!

파주출판단지

600리 철가시울—임진각

돈 키: 초연이 쓸고 간 깊은…, 궁노루 산울림….

호 새: 뭘 읊조린다요?

돈 키: 응, 비목이란 노래야. 부를때마다 한 생각 들어서 가슴이 아릿해. 태
극기가 저리 펄럭이는게 바람 때문만은 아니야. 저곳에 산화했던
수많은 청춘과 그들을 가슴에 묻은 가족의 한 맺힌 눈물이 흐르거든.
휴전협상 중에도 한치의 땅이라도 더 찾고자 치열했어. '피의 능선'
이나 '백마고지' 전투는 당시 격전의 아픔을 생생히 전하고 있거든.

호 새: 저기가 DMZ 이군요.

돈 키: 그래, 155마일 한반도를 가로지른 허리벨트야. 노산 이은상 시인은
저 '피어린 600리'를 순례하며 가슴저민 분단의 아픔과 피워야할 나
라사랑을 노래했어.

호 새: 한 서린 곳이네요.

돈 키: 그간 8·18 판문점 도끼만행, 남침 땅굴, GP총격 등 휴전 협정을 위반
한 사건들이 꽤 있었어. 언젠가는 풀어야 할 과제야.

호 새: 앞으로 어찌 될까요?

돈　키: 글쎄, 누가 알겠니? 최근에 남북합의로 일부 GP도 철거하고 도로를 연결했다네. 지도자들이 뭔 생각을 하는지 알 수 없으니 말이야. 한 때 주목을 받았던 소떼 방북행렬은 전설이 되고 이산가족 상봉, 개성공단 가동, 금강산 관광도 이미 빛바랜 일들이지. '철마는 달리고 싶다'는 기관사가 얼마나 많은데 무슨 좋은 방법이 없을까?

호　새: 혹시 '워 호스(War Horse)' 영화 감상했어요? 동해에서 서해까지 저 넓은 공간에 말 테마파크를 만드는 거예요. 사람 발길이 닿지 않은 곳이니 희귀 동식물 생태공원으로 가꾸고 유엔이 위탁관리 하는거죠. 그러면 한반도에서 패거리 두목을 하거나, 하려는 야심가들이 한자리에 모아 허리힘 제대로 쓰나 우리 스스로 살펴보고 기회를 봐서 힘의 균형을 맞춰보는 것이 좋을것 같네요.
그런데, 말밭이니 홍당무나 많이 심으면 좋겠어요.

돈　키: 지정학적으로 한반도는 지구촌의 요충지야. 동·서문명이 교차하고 대륙과 해양 문명이 접하고 열대와 한대, 특히 이념도 경계를 이루고 있거든. 역사문화와 정신문화를 공유하고 있으니 공동으로 할 만한 일들이 많을 거야. 생각이 다른게 문제지

호　새: 남북이 동행이 안되나요?

돈　키: '오월동주吳越同舟' 들어봤어? 동행은 같은 뜻으로 움직이는 거야. 100년 전후로 태엽을 돌려도 우주

임진각 탑

공간에서 내려봐도 한반도는 귀한 곳인데 아옹다옹하는 것이 특이하다 싶어. 한세대 더 흘러야 두물이 자연스레 한몸 될 거야. 그동안 팔목에 근육을 키웠으니 배에도 임금 왕자를 만들어야지 좋은 말로만 되는 세상이 아니야. 허리에 힘도 키우고 두 눈 브릅뜨고 주먹힘으로 목판을 격파할 수 있어야 해. 힘은 허리에서 나오니 이곳의 변화가 새시대를 여는거지. 한반도가 어둠이 밝음으로 깨어나는 아침터이니 한마당을 펼쳐낼거야. '한강의 기적'이 바로 용트림이거든.

호 새: 또 한번 그런 날이 올 수 있을까요?

돈 키: 백두대간의 허리벨트 단단히 매었으니 말달리던 해란강 선구자는 대륙으로 내닫고, 한산도 학익진은 대양을 향해 날개를 펼칠거야.

호 새: 근데, 주인님은 군대는 갔다 왔어요?

돈 키: 정글에서 3년 3개월 맹~호~! 부대 출신이다. 왜?

호 새: 주인님, 배고파 뱃가죽 등에 달라붙겠어요.

돈 키: 아직 공동경비구역 JSA, 도라전망대, 제3땅굴, 화석정 등 둘러볼 곳이 많은데….

호 새: 누구 닮아가요? 태양광에 콩 튀겨요? 역사적 장소라니 난고 김삿갓처럼 시나 한 수 남겨봐요.

돈 키: 긴세월 한반도 허리엔 600리 철가시울을 둘렀어. 이제 앞으론 나즈막한 꽃벨트가 어떨까 싶어.

호 새: 준비해가고 있겠죠.

아슐리안 주먹도끼
─전곡리선사유적지

호 새: 비 내리는데 어디가요?

돈 키: 비오니 가는거야. 한탄강유역 전곡리 선사유적지와 인근 지역을 둘러 볼 거야.

호 새: 그곳까진 꽤 멀잖아요?

돈 키: 현생 인류가 케냐의 여인으로부터 시작되었다지. 아득한 세월이 흘러 그곳까지도 왔는데 뭘 멀다고 해.

호 새: 선사유적지가 여러 곳인데 구태여 한탄강까지 가야해요?

돈 키: 그곳 유역에서 미군 병사 그렉 보웬이 '아슐리안형 주먹도끼'를 발견해서 고고학계 기존의 '모비우스' 주장이 뒤집혔거든. 전곡리 선사유적지가 시쳇말로 뜬거야.

호 새: 그게 그리 중요한 거예요?

돈 키: 그럼, 그 전기 구석기문화의 실존으로 한반도 인류사 연원이 수십만 년으로 깊어진 거야. 한반도의 자긍심을 높인 사건이었어. 반만년 유구한 역사의 실존도 방증한 셈이구. 전국 곳곳에서 발견된 구석기유적은 내몽골 지방에 이르는 구석기문화와 어울려 또 다른 문

명 세계의 실존을 의미할 수도 있고 '동북공정東北工程'으로 왜곡되는 만주일대의 고대사를 바르게 증거할 매우 가치 있는 사료야.

호　새: 저쪽에 구석기인들이 토끼몰이하듯 코끼리와 코뿔소를 사냥하네요. 이곳에도 서식했나 보네요.

돈　키: 글쎄, 사료를 살펴야겠지. 코로나19로 박물관 관람이 어려우니 유적지 코스나 둘러 볼까?

호　새: 비가 그쳐 풀빛이 산뜻하네요. 저거 살림집 아닌가요?

돈　키: 이곳을 타임캡슐 안에 저장된 수만 년 전 구석기인들의 생활터전이라 생각해 보렴. 오늘날의 옷이나 먹거리, 집, 무덤…. 그 원시형태를 볼 수 있어.

호　새: 자연생활보다도 서로 섬기며 살아가는 생명체들 같아요.

돈　키: 그래 저렇게 경험된 수만 년의 빅데이터가 내 몸 DNA에도 내장되어 있을 거야. 한민족은 북방계와 남방계의 혼합이라니 이곳은 다녀가 볼 만한 장소야. 한반도내 원시촌이잖아. 군집생활은 공동체 삶이야. 저곳에도 질서가 있단 이야기지. 집을 짓고 먹이를 사냥하거나 열매를 짓찧으며 아이들을 가르치는 모습에서 요즘 시대에 잃어가는 공동체 삶의 원형을 살필 수 있지 않아?

호　새: 그럼, 부족들 먹거리를 위해서 저렇게 구석기인들이 코끼리나 코뿔소를 사냥해 저장하는데, 요즘에 타짜들도 장차 국민과 차세대를 위해 미래 먹거리를 준비하고 있나요?

돈　키: 글쎄다. 옛말에 '내 배 곯아야 남의 배 곯는 줄 안다.' 했어. 듣자니 제배만 터지도록 먹고있다니 기가차네.

호　새: 매스컴을 살펴도 뭐 보이는게 없어요. 그나마도 타짜들 환한 얼굴이 시민들에게 위안을 주건만 허구한 날 악다귀만 쓰고 여론 수치만 읽어대니 말이에요.

돈　키: 얼굴은 정신이 깃든 굴이거든. 밝고 맑아야 하는데 무엇에 쫓기는지 기氣가 뒤틀린 얼굴들이야. 어둡고 칙칙해 보여 걱정이다. 출출하지? 나가서 뭐 좀 먹어야겠다.

돈　키: 구석기 아지매요! 라면과 옥수수 좀 주세요.

호　새: 어디서 왔어요?

돈　키: 두어시간 거리 화성에서 왔는데요. 사람들이 눈에 띄지 않네요?

아지매: 코로나도 그렇고 여기도 장사가 잘 안돼요. 한탄강 주변에서 장사하다 수년전 이곳에 왔을 때는 장사꾼이 1등, 다음이 공무원, 농부 순으로 쳤는데 이젠 공무원이 왕이고 농부가 다음, 장사가 맨 꼬래비에요. 사는게 점점 힘이 드네요.

호　새: 아지매, 왜 한탄강이래요.

아지매: 먹고 사는게 힘들어 한탄강恨歎江이라 하나 봅다.

호　새: 주인님, 정말 그래서 한탄강인가요?

돈　키: 글쎄, 옛적엔 한 여울인 대탄강大灘江이라 했다니 한탄강漢灘江이라 부르겠지. 말꼬리 늘이면 구석기 아지매 얘기처럼 경기북부지방 물길이라 애환도 있고, 6.25 동란시 격전지였던 터라 피.눈물도 흐를테고, 왕건에 내몰린 궁예나 인근에 섧게 울다 잠든 경순왕의 눈물도 보탰을 거야. 한탄강恨歎江이라 불러도 낯설지 않겠어.

돈　키: 바람이 전하는 말, '한탄강에 오시라. 인생대양人生大洋을 환히 건너가리라.'

호　새: 오오! 한탄강이 한탕하겠어요.

아슐리안 주먹도끼

해우소 — 양주별산대놀이관

호 새: 요즘 뭐 신나는 일이 없을까요? 코로나19로 거리에는 셔터내리고 입 마저 닫아야 하니 풍악을 울릴 때가 좋았네요.

돈 키: 민초들의 삶은 원래 고달프지. 내배가 불러야 나랏님이 누군지 관심 을 두지 않는데 이즘엔 가을낙엽 거리에 나뒹굴어 참 한심해. 옛적 엔 때때로 놀이마당이 펼쳐져서 풀고 두드리며 힘든 세상을 견뎠드 라만서도.

호 새: 그래, 오늘 양주별산대 놀이마당에 가자구요?

돈 키: 휴관중이라도 가보면 복잡한 생각이 정리될 것 같아.

호 새: 가면무도회나 카니발 축제 같은 건가요?

돈 키: 글쎄다. 두드리고 지껄이고 몸 사위짓으로 세상을 한바탕 을러대지. 가설극장 포장 들추듯 윗동네 위선을 풍자와 해학으로 퉁탕거리며 놀이패와 관중이 어우러지는 거야. 이즘엔 익명으로 댓글을 달거나 패러디하잖아. 탈을 쓰고 상전을 흉보며 해묵은 감정을 풀어내니 민초들 해우소인셈이야.

호 새: 놀이마당 똥보따리 풀면 웃음보 터지겠네요.

돈　키: 프랑스의 니스나 이태리 베네치아, 브라질 카니발이 그러하듯 시절 따라 놀이마당의 모양새가 달라. 풍요를 기원하거나 권력 상층에게 숨겨둔 망치를 휘두르는 거야. 요즘에는 개인의 자유와 개성을 표현하는 예술로 발전했어. 어느 나라나 전통문화의 원형은 유사해. 봉산탈춤, 안동하회탈, 오광대놀이…. 들어봤을 거야. 별산대놀이도 산대도감극의 갈래야. 마포나 애오개, 송파 등지의 본산대와 달리 경기지역에서 실연된 마당놀이거든. 윗동네의 민낯을 까발리며 고달픈 생활을 정화하는 기氣충전소인 놀이마당이지.

호　새: 그럼, 저도 유람말 삼년에 별산대놀이가 여덟 마디 중 일곱 마디 '말뚝이'로서 씨부릴게요.

　　타짜님네들 이거 너무 하잖소. 타짜 된 지 얼마나 됐다고 그리 배 터져 쌌소. 선거 때는 연실 허리 굽히더니 이젠 나병환자 취급한다요? 뭘 잘한다고 거리에 홍보 현수막은 걸으요? '잘못하고 있습니다'라 붙여보소. 그나마 그런 양심있어야 중추절에 서민들 가슴에 온기가 돌지않겠소? 아니면 봉급이라도 반납하든가. 나라 곳간을 텅텅 비웠다니 참 가상하오. 쇠귀에 경 읽기니 민초들 심정이 어떻겠소.

　　누가 그럽디다. 어느 인종문제연구소에서 지구상에서 제일 먼저 사라질 민족이 한민족이라고. 인류문명사에 가장 나쁜 습성은 호전성이요 무조건적 복종이라 하드만서도 코리아가 반만년 짱짱히 버틴 민족인데 뭐 이리 분탕질한다요. 뭘 하다 타짜들이 됐는지 참공부는 안했는갑소?

　　이참에 몇마디 더 해야것소.

　　법법법! 그리 노래하더니 그래 지키긴 하는거요? 엿장수 맴도 아니구 이때 저때 다르니 집살림을 그리 하시오. 정말 '싸가지없는 분들' 아니오.

별산대 놀이마당

어여, 저건 뭐여? 뭘 그리 허리를 굽혀 썼소. 허리펴고 시민을 봐야지. 윗전 눈치만 살피고 있으니 어시장 경매해요? 그려, 잘 눌러 붙여야지. 비와도 솟고 눈와도 늘어나는 자리잖여. 그려 저~기 백이숙제는 고개들다 고사리만 뜯다 저승 갔다잖여. 완장찼을 때 세상 흔드는 거여.

돈 키: 호새야, 다 씨부렸냐? 밥 먹으러 가야겠다.

호 새: 기본소득금 떨어졌는데 밥 살 돈은 있어요? 별산대놀이가 별거다요. 세상 향해 한소리 하는거 아니것소? 나도 뚫린 눈.귀 있으니 다 보고 듣는다요. 커피가게 코피 나고, 김밥집 옆구리 터지고, 만두집 속 터지고 어물전 파리 날리고, 빵집 말라비틀고, 떡라면집 팅팅 불어 터진답디다. 이거 어쩔거야? 뭘 잘한다고 현수막들 거시오. 얼굴에 철판 깔아야 타짜 되는갑네.

돈 키: 야, 인마! 말 같은 말 그만하고 가자.

호 새: 세상사람들 이야기니깬 너무 구박마소.

돈 키: 이젠 잘할 거야. 그래도 나라운영하는 타짜들인데 좋은 머리 잘 굴리겠지.

호 새: 방금 뭐라 하셨소? 큰생각이라고요. 말이 말을 들어도 말도 되도 않는 말씀만 한다요!

격몽요결擊蒙要訣 – 파주화석정

화석정

돈　키: 사각사각 가을이 오는 소리가 들리네. 율곡선생이 제자들과 노닐던
　　　‘화석정花石亭’을 들를 거야.

호　새: 아, 그 오천원권 지폐에 정자관程子冠 쓰신 선비 아저씨 말이에요?

돈　키: 그래, 남긴 발자국이 크시다니 살펴보려 해. 화폐에 실린 분들은 훌
　　　륭한 분들이야. 불굴의 기상을 보이신 충무공이나 성리학性理學 토착

화에 기여하신 퇴계선생, 한글을 창제하신 세종대왕, 여필종부女必從夫 유교사회에서 제모습을 피워낸 신사임당 등 모두 그렇잖아.

호　새: 가지말고 대충 얽어매면 안돼요?

돈　키: 어허, 마음이 일면 발길을 해야 일이 수승해. 가보자구.

호　새: 저기 화석정 현판이 보이네요. 앞이 트여 높이 솟은 산봉우리와 감아 흐르는 강물이 어울려 노을지면 볼 만 하겠어요.

돈　키: 그래 오길 잘했지? 누구라도 한 생각 들겠어. 저 강물처럼 율곡선생 정치사상도 오래도록 흐를 거야.

호　새: 디지털시대에 뭘 그리 성리학 성리학 한다요?

돈　키: 그래, 돈이 지배하는 요즘 시대에 돈지랄 하지 말라는 눈으로 내려다 보고 있어 조선왕조 500년간의 통치 이념이야. 제도를 운영하는 지도자 품성에 따라 사회의 품격이 달라져. 동서고금을 막론하고 여러 사례들이 이를 증명해.

호　새: 그 성리학이 뭔 말인지 알아듣게 썰해 봐요.

돈　키: 평생공부를 몇 마디로 설명이 될까만은 공자.맹자의 유가사상儒家을 '성리性理'와 '이기理氣'의 형이상학의 체계로 연구하는 공부야. 사족을 달면 모든 만물은 이理와 기氣로 구성되어 있는데 그 존재원리를 이라하고 이가 기를 주재한다는 주장이 바로 주리론이야. 이에 반해 이는 존재원리일 뿐, 기가 움직여야 의식·감정 등 그 존재 자체에 이른다는 주장이 주기론이지.

돈　키: 퇴계 이황선생께서는 '상호부잡相不雜'이라며 '이기이원론' 주장으로 영남학파를 형성하였고 율곡선생께서는 '상호불리相不離'의 '이기일원론'을 취해 기호학파를 형성하니 훗날 실학으로도 연결되었다 봐야지.

호 새: 대학입시 준비하느라 꽤나 머리 아팠겠어요?

돈 키: 수능 볼 때야 대충 찍었어. 세월가고 나이가 드니 좀 이해가 되네.

호 새: 성리학자요 정치사상가라 곧은 말씀 하셨겠어요?

돈 키: 그래. 일종의 정치개혁 보고서랄까 '동호문답東湖問答'이나 선조임금의 구언求言에 답한 '만언봉사萬言封事', 제왕의 경세인 '성학집요聖學輯要'가 대표적 저서야. 후학들을 위한 길라잡이 '격몽요결擊蒙要訣'도 있어. 주요 내용을 살피면 조선왕조가 창업해서 문패를 건지 170여년이 지난 조선중기에 이르러 조정은 패거리질이나 하고 사회 기강이 문란하니 이를 바로 하려면 제때에 변화하고 (변통變通), 거듭나려면 고쳐야 하고 (경장更張), 백성들에게 베풀어야 한다 (안민安民)는 내용들이지. 목숨을 걸고 선조 임금에게 간언諫言한거야.

호 새: 그래, 임금은 그 처방전을 실천했나요?

돈 키: 학술적 접근이 필요해. 당시를 스케치하면 조정대신들과 사대부들은 공자왈 맹자왈이나 하며 패거리를 만들어 싸움질이나 하고, 팔자걸음의 양반은 제집 곳간들이나 채웠거든. '이나' 형국이니 나라가 결단나게 되거야.

호 새: 퇴계 선생께서 그린 '성학십도'나 율곡선생의 핵심정리 '성학집요'도 있었고 특별과외도 했다면서 귀를 닫은 거예요?

돈 키: 그러게 말이야. '성학聖學'이란 말이다. 성자聖字를 파자破字하면 여론口을 잘 들어서 이耳를 실천하는 왕의 자리王이야. 퇴계선생이 강조한

'경敬'의 자세를 소홀히 했던지 율곡선생의 '십만양병'을 귀담아 늦지 않은 탓에 때아닌 전국토가 쑥밭이 되었어. 저 임진강을 건너 의주까지 피신하며 스타일 구기고 백성들은 피눈물 흘리며 귀와 목이 뎅겅뎅겅 잘렸지. 그게 이총耳塚으로 겹겹히 쌓여 그 울음소리가 무덤으로 쌓여있는 우리의 아픈 역사야.

호 새: 주인님 듣자하니 이즘도 '그딴거 다부셔, 돈되는거 다챙겨, 무조건 다우겨'라고 조선시대의 '이나' 대신 '여' 소리가 들리다던데 이게 뭔 소리래요?

돈 키: 글쎄다. 평가는 누구나 할 수 있고 언제든지 할 수 있어. 문제는 율곡 선생이 말씀하듯 성리학 기본정신인 수신修身, 제가齊家, 치국治國해야 사람도 나라도 품격을 갖는 거야. 범부야 이냥저냥하더라도 타짜들은 참 공부를 하고 실천에 옮기지 않고 딴짓거리만 하고 있으니...

호 새: 참공부요? 시골동네에 떴다방이나 차리지 말아야죠. 원로들은 상소문내고 젊은 진인도 지부상소대신 신발을 벗어던져 시무상소를 올린답디다. 타짜들이 그런다고 귀를 열까요?

돈 키: 글쎄다. 구한말에서 지금까지 약 1세기 동안 이념, 종교, 지역, 계층, 세대 갈등까지 겪으며 우당탕 엎치락 뒤치락 하지 않았어? 한恨도 풀고 배도 채웠어. 이제 좀 제대로 된 아침상을 차려둬야지겠지.

성자(聖字)의 의미를 깨우친 팔도장사들이 곧 씨름판에 나서야 할텐데... 인덕(人德)을 갖춘 천하장사가 탄생하도록 두 손 모으자구

별주부전 - 가평자라섬

자라섬

호　새: 지난 주에는 그 어려운 성리학 공부했어요. 오늘은 바람도 선선하겠다 멋진 곳 가보면 어때요? 하늘은 높고 호새가 살찌는 가을이 왔어요.

돈　키: 그래. 혹 '별주부전' 이야기 아니? 용왕님(물의 신) 병치료를 위해 토끼간을 구하러 자라가 뭍에 나와 토끼와 토크쇼 하는거야. 토끼가 간을 줄 수 없어서 기분이 째지는 째즈페스티벌을 자라섬에서 연다니 가볼까?

호　새: 자라나 토끼나 제멋으로 사는건데 뭘 간다요? 재즈에 대해 뭐좀 아는게 있어요?

돈　키: 재즈! 알긴 뭘 알아. 그냥 느끼면 되지.

호　새: 왜, 또 저번처럼 목 뒤로 젖혀 부르던 마이웨이 한곡 뽑을라요?

돈　키: 그래, 말 잘하네. 가을엔 떠나는 거야. 가을밤에 들바람 불테니 풀꽃 내음 맡고, 강바람에 물향기 실릴테고 솔향도 은은해 꽤나 운치있다지. 한번 가보자구. 코로나 스트레스도 확 날릴 겸 말이지.

돈　키: 자라란 놈이 얼마나 부지런하고 지혜로운 줄 알아. 요즘 세상에 딱 인 충직한 캐릭터야. 자라만은 해야지. 홍당무에나 눈이 휘둥그레한 너와는 다르지 않나 싶어.

호　새: 먹는 게 남는 거래요. 섬이 넓어 토끼도 뛰놀고 강물에 자라도 볼 수 있겠네요?

돈　키: 물에 잠긴 모습이 자라 형상이라 최근에 자라섬으로 명명했다네. 원래 지명은 땅과 사람이 어울려 오랜 세월끝에 자연스레 지어져. 고구려 개조가 주몽이야. 할아버지가 천신이고 외할아버지는 유화부인의 아 버지, 물의 신 '하백河伯'이거든. 자라의 별호가 '하백사자河伯使者'야. 유화부인이 태백산으로 쫓겨났으니 하백사자가 왔다갔다 하지 않았을 까? 고조선 유민들이 남쪽으로 이주했다고 삼국사기에 전한다니 강 건너 '달전리' 고조선의 유적지와 엮는 스토리는 어떨까?

호　새: 저기 커피점이 있네요. 다왔나봐요.

돈　키: 컵라면, 커피, 강냉이과자 한 봉지 주세요. 뭔 작업을 저리 열심히 하나요?

상　인: 아, 이번 장마비에 소양강 처녀가 몸풀어 다쓸렸어요. 가을 페스티 벌이 걱정되요. 재즈 페스티벌이 한풍경 그려내거든요. 외국인 연주자들도 이곳만한 연주공간이 없다네요. 기왕 오셨으니 꽃밭도 둘러보고 강변엔 제법 운치가 있을겁니다.

호 새: 주인님, 저기 다리 난간에 자라의 돌상이네요. 토끼는 안보이는데 어디 갔나봐요.

돈 키: 상상해 보자구. 자라와 토끼의 토크쇼에 남극의 펭귄이나 디즈니랜드의 미키마우스… 등이 우정 출연하는거야. 어때?

호 새: '자라섬 토크쇼'가 곧 탄생하겠어요.

돈 키: 저편에 '자라 보고 놀란 가슴 솥뚜껑 보고 놀란다.'는 애들 체험놀이 기구도 만들고 말이지. '요산요수樂山樂水'라는 말이 있거든. 토끼와 자라를 지자知者요 인仁者자로 꾸민 그런 토크쇼에 듀엣 재즈연주도 볼만 할거야.

호 새: 저곳이 재즈무대인가봐요.

돈 키: 근대 음악의 선구자이신 난파선생이 도입해 YMCA에서 첫걸음마 재즈가 국제페스티벌이라니 얼마나 발전한거야. 소설 별주부전과 판소리 '수궁가'를 리메이크하면 재미있겠어.

돈 키: 생각해봐. 오랜 세월 물길로 퇴적된 섬이야. 꽃밭에는 강바람, 산바람이 어울리겠다, 행운의 네잎클로버가 가득하니 동화속 수궁水宮이 아닌가! 무한상상이 나래를 펴고 세상시름 떨구는 망각의 북한강이란 말이야. 섬나라 수궁에 온 거야. 산토끼, 물자라가 세상을 이롭게 하니 큰복이지. 곁들여 밤하늘에 울리는 재즈운율이 가을밤에 얼마나 멋질까.

호 새: 주인님 가평은 잣이 유명하다니까 잣자시러 가시죠.

수력은 국력이다 - 팔당대교

팔당대교!

하남시 창우동과 남양주시 와부읍 팔당리를 잇는 다리(총길이 935m, 너비 24m)이다. 시원스러운 물줄기가 펼쳐진다. 예부산(678m)에서 날아오른 패러글라이더가 마치 날개를 펴고 유유히 하늘을 선회하는 독수리 같다. 한바탕 비가 내린 오후, 대교에서 바라보는 풍경이다. 눈길이 자주 간다. 새처럼 한번 날아보고 싶다. 발아래로 언뜻언뜻 흰구름이 스치고 또렷한 산과 들판을 굽어보는 기분이 어떨까? 이 호기심도 꿈으로 피어나리라. 팔당수변길에 주말을 맞아 자전거 동호인들이 무리지어 달린다. 손을 흔들며 인사하니 오른손을 번쩍들며 반가움을 전한다. 탄천, 경안천, 팔당, 춘천으로 이어지는 자전거도로는 동호인들에게 도심을 떠난 피난 길이다.

팔당호에서 흘러내리는 강물에 눈길이 머문다. 고대에는 한강을 "아리수"라 불렀으며 고대 삼국 고구려, 백제, 신라의 각축장이었던 곳이다. 근세에 비약적인 경제발전의 상징어 "한강의 기적"을 일구었다. 물을 다스리는 치수가 정치란다. 법法은 물 수水자와 갈 거去자의 회의會意문자이다. 경제, 정치, 법치 모두 물이 근간인 셈이다. 치수治水를 잘해야 나라가 융성한다. 그런 의미에서 4대강 사업은 훗날 어떻게 평가될까?

물 문제가 매스컴에 자주 등장한다. 유엔에선 한국을 물 부족 국가로 분류한다. 중학교 시절, 수학선생님은 "물값이 기름값보다 비쌀 것"이라며 아껴 써야 한다고 말씀하셨다. 45년여 전의 일이다. 물이 자원인 시대! 물부족으로 먼거리로 물을 길러가는 아프리카 아이들 모습이 매스컴에 등장한다. 한여름 가뭄탓에 상수원이 말라 단수를 몇차례나 겪은 터다. 물포럼과 수자원대회를 주목한다. 위정자들의 깊은 관심이 필요한 과제이다.

우리의 현실은? 상수도를 욕실에서 쓰고있는 실정이다. 산지개발로 인해 수원이 적어져 자연스레 수량도 감소하고 있다. 북한강수변과 남한강유역에 수자원보호를 위해 관리구역이 설정되었으나 사유재산권 침해와 개발이 필요한 지방자치단체와의 갈등이 상존한다. 거시적인 수자원 정책으로 큰 울림이 있어야 한다. 농업용수, 산업용수, 생활용수에 국한되던 물의 용처가 도심공간의 조경범위까지 넓어졌다. 수림처럼 온도조절 기능도 한다. 물이 풍부해야 가능한 일이다. 한반도에는 강수량이 여름우기에 집중된다. 물의 저장방법도 깊이 연구되고 있단다. 우선은 아껴써야 한다.

서울로 들어가는 첫다리가 팔당대교다. 그냥 건너가는게 아쉬워 중간쯤에서 사진을 한컷 담았다. '이곳에 왔노라' 50대 후반에 팔당대교를 걸었다는 기념이다. 기분이 짱이다. 강변에 눈길을 주다보니 어느새 팔당역 부근에 다다랐다. 자전거 동호인들이 한담을 나누며 휴식을 취하고 있다. 빈자리 대신 큰돌에 걸터 앉아 배낭에 눌려서 뻐근해진 어깨를 두드린다.

물테마촌-두물머리

북한강과 남한강이 한몸이 되는 곳, 두물머리 양수리兩水里!

오래된 세월이지만 이곳에 둘째 형님이 요양하며 머무른 곳이라 다녀간 기억이 남아있다. 그때는 장마 끝무렵이라 물살이 드세었다. 물안개 피어나는 곳, 두 물이 만나는 곳이다. 금강산에서 흘러내리는 북한강과 강원도 금대봉 기슭 검룡소에서 발원한 남한강이 굽이굽이 돌아 만나는 신비스럽고 장엄한 공간이다. 자연의 만남이 참 경이롭다. 수도권 젖줄기인 품세치곤 한가롭다. 아침저녁으로 맞는 두물머리 형상과 물내음은 멋과 맛이다. 물소리, 물내음, 물안개, 물색깔, 일몰…. 자연의 풍광을 느낄 수 있는 물테마촌이다.

산과 물은 자연 먹거리를 제공한다. 세상이 변하고 있다. 오지가 아닌 자연자원으로 세인들의 발길을 붙들고 있다. 18세기 겸재 정선도 이곳에 수려한 풍광을 '독백탄'에 담았다. 가족, 연인, 친구와 소풍오면 소중한 추억을 간직할 만한 곳이다. 소원을 비는 느티나무도 있으니 금상첨화다. 어느 날 이곳에서 긴시간을 머물고 싶다. 아침햇살에 은비늘이 반짝이는 물길을 바라보다 불현듯 노자의 말씀이 생각난다. 수선리만물水善利萬物, 만물을 이롭게 하는 물처럼 처세를 해야 한다는 경구! 한 해 한 해 나이가 드니 가슴에 더욱 와 닿는 말이다.

카페에 들러 주인과 차를 마시며 사계절과 얽은 풍광을 들으니 이곳이 더욱 흥미롭다. 그 호기심을 채우려 몇차례 와야 할까보다.

세상에 들어서려는 자!
만남이 서러운 자!
삶이 권태로운 자!
오시라, 보시라, 느끼시라.
두물머리가 답을 주리라.

사유의 징검다리, 두물머리를 다녀간다.

두물머리

징검다리 로맨스 ─ 소나기 마을

황순원 문학촌 표지석

지인들과 만나기로 한 서종면의 오복집과 20여㎞, 여유로운 거리다. 왼편으로 강변의 풍경이 이어진다. 오른편으론 초목들과의 만남이 이어지니 눈길이 호사를 누린다. 서종대교(서종IC)를 지나고 경춘고속도로, 노문삼거리를 경유하는 목표지다.

황순원의 '소나기 마을' 표지판을 지난다. 청초한 사랑의 주인공 '윤초시네 증손녀와 소년'의 이야기다. 어린시절 아련한 추억이 동네어귀 우물가를 서성인다. '신곡'의 저자, 단테는 "지구를 움직이는 힘을 사랑"이라 했다지만, 우주를 움직이는 것도 사랑이 아닌가 싶다. 노랫말도 대개 너와 나의 사랑 이야기가 아니던가. 누구나 가슴에 둔 사연, 그 순정이 삶을 버텨가는 힘이리라. 초등학교 동창회 날이면 러브스토리가 웃음꽃을 피운다. 누가 누구를 좋아하고…. 등하교길에서, 논둑길에서, 산모롱이에서 마주치면 어색한 그 느낌 마음 졸이며 들창가로 바라보던 오랫동안 저장된 그 순정이 있어 만나면 즐겁다.

징검다리

　세월이 흘러 자식을 낳고 세상을 확대경으로 볼 수 있는 어른이 되었다.
순정의 냇둑, 징검다리, 섶다리, 뒷동산…. 잃어버린 마음 조각들이 하늘하
늘 날아든다. 동심의 러브스토리가 설핏 계곡 따라 흐른다. 징검다리 로맨
스를 낳은 "소나기 마을"이 잃어버린 순정을 찾는 장소다. 가보시라! 주름살
이 펴진다. 때아닌 봄비가 가슴을 적시어 진달래꽃 멍울을 어른다.

　올해 동창 모임엔 호두를 주머니에 넣고 가야지…. 그녀도 나올려나….

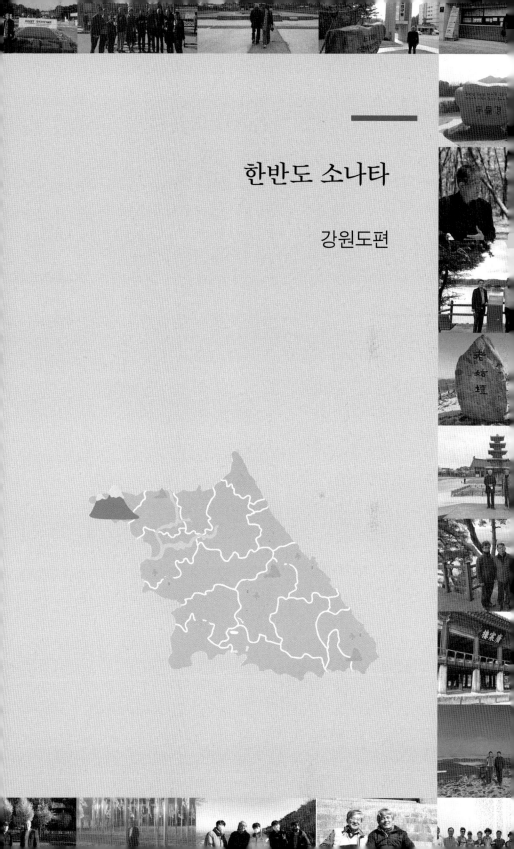

한반도 소나타

강원도편

태백산맥

생태촌-봉평, 평창 메밀꽃

메밀꽃밭

둔내에서 진부로 가려면 봉평 방면으로 우회하는 도로가 있지만 돌아오는 길에 들르기로 하고 6번 도로를 택한다. 아쉬움을 상상의 얼개로 엮는다.

봉평은 이효석의 작품 〈메밀꽃 필 무렵〉으로 알려진 고장이다. 허생원과 동이가 주인공으로 등장한다. 누구에게나 고향의 정과 맛을 지닌 물레방아 로맨스와 시골 재래장 정취를 그렸다. 요즘은 사시사철 먹을 수 있지만, 여름철에 몸의 열기를 누그리는데 메밀국수와 메밀전병이 제격이다. 흐드러지게 핀 메밀꽃밭을 거닐며 메밀막걸리 한사발 쭈욱 마시면 어떨까? 봉평·

평창을 찾는 관광객들에게 별미이리라. 시절 따라 사랑 나누는 장소도 달라지나보다.

지금은 LED 조명이 번쩍이는 곳에서 연애를 한다지만 초롱초롱한 별을 보며 산골마을 물레방아 로맨스는 어떨까 싶다. 러브스토리! 산새소리, 물소리, 흙내음에 어울려 하얀 메밀꽃밭에 눕는다. 봉평엔 5일 재래장이 열리고 있다. 재래장은 먹거리와 풍물, 스토리가 융합된 문화공간이다. 차야 넘치고 돌아가는 물레방아가 오늘도 돌아간다. 보름달 휘영청 밝은 날, 하얀 메밀밭을 찾아 거울보며 흰머리 뽑는 아내에게 이팔청춘 봄기운을 선사하고 싶다. 봉평의 '물레방아 축제'를 상상한다.

청춘들이여! 물레방아 도는 산마을 봉평에 가보자. 나무꾼도 만나고 선녀도 만날 수 있다.

물레방아

한강의 근원 - 오대산

오대산 계곡

집에서 마시는 상수도 근원지가 오대산五臺山이다. 정상 비로봉은 해발 1,563m이다. 백두대간의 줄기로 등산객들이 자주 찾는 곳이다. 두물머리에서 바라본 남한강의 물줄기, 이곳에서 그곳까지 얼마나 시간이 걸렸을까?

얽매인 울타리를 잊으려 집을 나섰는데 오히려 시간을 헤아린다. 오르막 산자락이다. 소나무, 잣나무, 떡갈나무…. 이름 모를 풀꽃들이 눈길을 끌어간다. 사람 손길이 덜 미친 곳이다. 제 모양대로 자라서 어울린 모습이 퍽이나 자연스럽다.

해발 800m의 산책길이다. 조용한 산길에 빗방울이 하나둘 떨어진다. 차량도 인적도 드문 탓에 아침 산자락 분위기가 고요하다. 오랜만의 고독이다. 내안의 나를 만난다. 왜, 이길을 걷고 있나?

이길을 걸을 기회가 다시 올까! 눈을 허공에 맨채 한걸음 한걸음 발길을 옮긴다. 매미가 허물을 벗은 듯 흰살결의 자작나무들이 늘어섰다. 고된 삶에 지친 몸을 뉘우러 풍욕을 하나보다. 대관령 휴게소에 다다르니 9시 40분이다. 마지막 일정이다. 10시에 만나기로 약속한 일행이 교통체증으로 늦는단다. 쫓기던 심신이 여유를 맞았다. 탁자에 앉아 얼룩백이 옥수수에 커피를 마신다. 퓨전 간식인 셈이다. 멍한 눈으로 주차장 윗단을 바라보니 대관령고개, 고대하던 공간이다. 굽이굽이 돌아내려갈 생각에 마음이 앞서 오른다. 이제 다왔다.

휴게소를 떠나 양떼목장 입구 쪽으로 발길을 옮긴다.

태백산맥

동서를 연결하다
─ 영동고속도로

동서를 잇는 영동고속도로!

고갯마루 정상에 영동고속도로 개통 기념비가 백두대간의 기상처럼 우뚝하다. 수도권과 강원도 생활경제를 바꾸어놓았다. 길이 길을 열어간다. 줄기가 뻗으면 가지가 생긴다. 강원도 척박한 땅이 관광, 레저, 힐링의 공간으로 변모하고 고랭지 채소, 수산물, 특산물이 수도권에 공급되고 있다.

지인들이 강원도에 농가 또는 세컨하우스를 소유하고 있다. 휴가철이나 주말이면 여행을 떠난다. 대학생 시절 막걸리 잔을 들고 호기롭게 "술 마시고 노래하고 춤을 춰 봐도…. 자~ 떠나자 동해바다로~ 삼등 삼등 완행열차 기차를 타고…." '고래사냥'을 소리 높여 부르며 어깨동무하고 흥에 겨워서 홍길동의 '율도국'으로 떠났다. 그 청년들이 중년고개를 넘어 심신을 뉘려 쉼터를 찾아 강원도로 발길을 한다.

가끔은 친구들에 기대어 강원도를 찾는다. 봄맞이, 피서, 단풍놀이, 스키 등 사시사철 레저 공간의 놀이터가 된 셈이다. '…. 이래요' 방언과 옥수수, 감자의 구황 먹거리가 연상되던 강원도다. 영동고속도로가 개통하자 국민

관광지로 바뀌었다. 아마 세계무형문화유산으로 등재된 강릉단오제는 지구촌 볼거리로 변모해 가리라. 평창 동계올림픽! 강원도의 비상飛上이 시작되었다. 손님맞이를 위해 분주하게 곳곳을 다듬고 있다. 멀지않아 동해와 블라디보스토크 뱃길이 흥성하면 강원도가 용트림을 하리라.

영동고속도로

강원도아리랑 — 대관령

강릉시청까지 22㎞, 산기슭 박물관까지는 10㎞, 오후 3시까지 강릉시청까지 도착하는 일정이다.

고갯마루에서 뜀박질을 해야 한다. 과거를 보러가던 선비가 산굽이를 돌때마다 개나리봇짐속 아흔아홉개 곶감을 먹어야 비로소 고개정상에 도착한다는 대관령! 고개가 험해서 오르내릴 때 "대굴대굴 크게 구르는 고개"라는 뜻으로 대굴령에서 음을 빌려 대관령이라고 부른다고 한다. 동해바다 푸른 물결을 바라볼 수 있는 조망고개, 화성에서 250㎞를 걸어서 도달한 대관령이다. 드디어 도착했다. 바다를 굽어보니 가슴이 벅차오른다.

"인생굽이 몇굽이냐" 대중가요 가사도 삶의 신고를 노래한 것이리라. 아, 어머니! 자식들 키우느라 삶의 고개를 넘으며 고통을 감내하셨을 분, 불러도 채워지지 않은 당신 모습을 생각하며 고개를 넘어갑니다. 저마다의 삶의 여정에서 한번쯤은 넘었을 인생고개, 산고개 대관령에서 발걸음을 멈추고 지난 시간을 회상한다. 아리아리 아리랑, 아라리요. 유년·청년·장년에 이르도록 굽이굽이 사려온 세월이 기쁨이다. "눈물젖은 빵을 먹어보지 않은 자는 인생을 논하지 말라", "대관령 아흔아홉 구비를 걸어보지 않은 자, 삶을 논하지 말라." 만일, 괴테가 대관령을 걸었더라면 뭐라 말했을라나? 강릉이 고향인 서동진 군대 동기가 들려준 대관령 아흔아홉 구비 이야기를 되뇌이며 산굽이를 돌아나간다. 곶감이 없으니 1㎞마다 설치된 거리표식을 보았다. 강릉시청까지 10㎞ 남은 지점에서 일행을 만났다. 몸이 말라 고대하던 물병을 건네 받으니 온몸에 기가 살아난다. 봄비 맞은 풀빛이려나. 뭐니해도 기념은 찰칵 사진이다. 늘어서 제품새로 한컷 후 일행이 강릉시청으로 떠난다. 처갓집이 강릉인 오태권 회장이 들려주는 강릉야사를 들으며 걷는다. 건물들이 도열한 시가지로 들어서니 발걸음이 가볍다.

"해냈다" 차오르는 기운에 피곤이 스러진다.

대관령

방패연을 날리다 — 태백산

방패연

돈 키: "태백산 정상에서 팔월 한가위 소원맞이 방패연 날리다" 코리아뉴스 어때?

호 새: 뜬금없이 새벽 5시에 뭔 소리다요? 뒷동산이나 수원연무대에서도 날릴 수 있는데….

돈 키: 5시에 신문기사 읽으며 출근하는 친구들도 있어. 아침에 생각이 깨어 나거든. 산행에 원칙맨과 젠틀맨이 동행할 거야. 어, 저기 오네.

원칙맨: 새벽기운이 참 좋습니다. 오늘 산행 기대되네요.

돈 키: 아침은 천등산휴게소에서 하자구. '유일사' 주차장에서 천제단天祭壇까지 3.5키로이니 오후 6시쯤 지역에 돌아올 수 있을 거야.

젠틀맨: 9시경에 그곳에 도착할 겁니다.

돈 키: 해발 1,567m라 이곳 날씨와는 다를거야. 자, 출발하자구

원칙맨: 다왔네요. 비오니 비옷을 입고 올라야겠어요. 대학시절 여러 산을 올랐는데 직지사아直之捨我의 바른마음을 배웠어요. 오랜만에 오르니 마음이 가뿐한데요.

돈 키: 한반도 척추인 백두대간에 솟은 산이야. 태백산太白山, 그 어감으로
도 마음이 진중해지네. 태고의 품이랄까? 품신이 넉넉해 민족의 젖
줄이라 불리는 한강漢江과 낙동강洛東江을 낳았겠지?

젠틀맨: 그 품에 안긴다니 발길이 설레네요.

돈 키: 삼국유사에서는 환웅桓雄이 태백산에 강림해 신시神市를 열었다니까
우리 발길도 깊어지는 셈이지. 그 태백산이 이 태백산이냐는 학술
적 접근일테고 천년세월이 흐르도록 하늘을 우러른 천제단도 있으
니 태고太古로의 산행길이야. 단군 개국 B.C 2,333년을 더해 단기檀
記로 4,353년의 타임머신에 승선한거야.

원칙맨: 그러네요. 내달리는 지맥地脈을 보노라면 장엄해 숨길도 멎내요. 해
가 솟을때는 가슴이 벅차올라 절로 두 손이 모아지대요.

돈 키: 그래. 떠오르는 햇살이 너무나 황홀해. 가슴도 울렁였어. 깨어나는
빛의 울림이었어. 오늘은 햇살을 볼 수 없으나 오르다보면 지친 마
음에 새 기운이 차오를거야.

젠틀맨: 그렇죠. 산을 등정하면 산의 덩치만큼이나 사람도 크나봐요. 저기
장군봉 돌기둥이 보이네요. 바람결이 매섭네요. 연을 날려보죠?

돈 키: 비바람이 거세서 괜찮을까?

원칙맨: 어때요? 날려야 연이죠. 출발하며 마음에 연을 띄웠으니 이미 하늘
에 닿았어요. 이곳이 하늘이에요.

돈 키: 하늘을 우러를 곳이니 우리도 방패연을 띄워 보자구. 어, 뜬다!

젠틀맨: 태백산 정상에서 태극문양의 방패연을 띄웠으니 기네스북에 오르겠어요.

돈 키: 바람이 너무 세차게 불어. 정상은 오래 머무는게 아니라지. 열두시
가 다되어가니 '주목' 그 쉼터에서 점심을 들자구.

원칙맨: 오랜만에 강원도에 들렀는데 차한잔 하시죠?

젠틀맨: 저기 "길을 묻는 그대에게" 찻집에서 잠시 쉬었다가 가죠. 뭐?

돈 키: 수원에서도 본 상호네. 그래 산기운에 젖어보자구.

젠틀맨: 가는 도중 영월 '솔고개'에 장송을 만나면 큰 기운을 느낄겁니다.

돈 키: 명산대천은 아니라도 가끔은 산에 오르자구.

원칙맨: 한가위 전에 오길 잘했어요. 가족건강과 지인들의 평안, 인류의 번
영을 소원했는데 제가 선인이 된 기분입니다.

돈 키: 굽이쳐 흐르는 산 능선을 볼 때마다 차오르는 게 있어. 내 자신을 지
탱하는 힘이고 이웃에게 밝은 기를 건네줄거야.

원칙맨: 정상은 바람결이 드세더니 여기는 햇살이 따사롭네요.

돈 키: 세상삶도 그런거 아니야? 그러니 자연이 배움터고 스승이니 섬겨야
지. 우리가 안긴 태백산은 큰울림터라 오랫동안 오늘이 기억될거야.

돈 키: 강원도는 그간 척박한 땅이라 홀대 받았다고나 할까?

젠틀맨: 이젠 코리아를 먹여살리나 봐요. 농산물을 비롯하여 임산, 축산, 수
산에 이르는 먹거리도 그렇고 힐링터로 품마저 열어서 청정한 물길
을 내주잖아요.

돈 키: 그리그리 돌아가는 세상이 우주이치일까
싶어.

호 새: 말이 들어도 말같은 말씀들이네요. 저도 한
가위 소원을 했거든요. 대보름 달님이시여,
한반도를 환히 비추어 주시옵소서!

거울아 거울아! – 강릉경포대

돈 키: 거울아! 거울아! 이 세상에서 누가 제일 예쁘니?

'백설공주'의 동화 속 이야기다. "얼굴만 예쁘다고 여자냐 마음이 예뻐야 여자지…. 한 번만 마음주면 변치않는 여자가 정말 여자지" 한때 해병대 출신 미남 가수 남진이 부르던 노랫말이다. 이즘의 여성인권운동분들에겐 이조차도 시비거리가 될라나 모르겠다. 요체는 외모보다도 설문해자說文解字로도 파자하기 어려운게 마음心이다.

경포호수! 오대산 대관령에서 대굴대굴 굴러내린 물방울을 담은 천년세월의 호수야.

호 새: 사람이 나이 들면 눈이 뜨인다면요. 철난다는게 그런 말이에요?

돈 키: 어디 네얼굴좀 비추어보렴. 이 경포호는 마음까지 비추는 호수야. 네가 처음 약속한 대로 끝까지 주인을 받들건지 딴짓할건지도 알 수 있을거야.

호 새: 아이고 주변에 찾아보소. 요즘 세상에 나 같은 놈 없어요. 내등을 좀 보소. 허리가 백두대간처럼 쭉 뻗었는데 그리 하것소. 주인님이 홍당무나 달랑 몇개 주는데도 집사노릇 똑소리가 나잖아요. 주인님에

언제 뒷발차기를 하던가요. 요즘엔 코로나가 눈으로도 옮나보죠?
꺼먹안경이 주변에도 많네요.

돈 키: 씰데없는 소리말고 오죽헌烏竹軒이나 들르자구.

호 새: 시간되면 영화박물관도 들르면 어때요? '경포대에서 갈매기와 댄싱
을' 근사하잖아요!

돈 키: 오죽헌! 신사임당과 율곡선생의 생가라네.

호 새: 대나무 정자인 줄 알았어요. 근데 검정대 오죽烏竹 뜨락이라니요?

돈 키: 청죽은 알테고 적赤죽도 있다고 하드만.

호 새: 붉은 대나무가 어디 있어요?

돈 키: 어느 글에 그런 이야기가 있어. 선비가 종이에 적죽을 치니 곁에 동
료가 "이사람아 세상에 적죽이 어디있나" 묻드래. 적赤죽을 치던 선
비 왈 "다 마음인거야" 하더란다. 큰 사람들 이야기야. 틀에 얽매여 세
상을 보지말란 뜻이겠지. 학문이나 일이 한경지에 이르면 할 수 있는
이야기지. 초보자야 헛소리를 하기보다 기본에 충실해야지.

호 새: 저기 오만원권 지폐에 등장하는 신사임당 초상이 있네요?

돈 키: 그래, 여필종부女必從夫란 폐쇄적 신분사회인 조선시대에 여성으로
서 제모습을 피워낸 예술인이야. 현모로서도 세상에 펼친 인물이
지. 이즘도 그리 걷는게 쉽지 않아.

호 새: 어느 지방보다 백두대간에 솔바람이 불고 동해 푸른물결 일렁이는

강릉이래요. 독자들에게 한 말씀 안해요. 마음을 비추시고 곧은 기개도 품었겠다 해맞이 정동진인데….

돈 키: 글쎄다. 강원도는 한반도의 등뼈야. 장엄한 금강산, 설악산, 오대산, 태백산들이 있고 명경지수 넓은 동해뜰이 있으니 호연지기 정신이 깃든 고장이지. 세상 살이하며 오상고절傲霜孤節의 기개를 품은들 크나큰 배산임수背山臨水 형세의 강릉 고장만 할까 싶다. 그래, 너는 뭐라 할테냐?

호 새: 저야, '강릉 좋아요. 오시소! 커피 맛 따봉, 순두부 짱! 바다일출 띵호아! 베리 굿! 도떼모 스바라시이!'

돈 키: 우와! 국제 어휘 콘테스트 출전하냐?

호 새: 이즘 세상에 한나라에 올인하면 쪽박차요. 포트폴리오 해야죠.

돈 키: 그래, 나도 한 수 남길까?

경포정자

오죽화(烏竹花)를 그리며

대관령 굽이돌아 닿은 강릉이여
쨍하며 햇살이 바다를 뛰어오니
오죽헌 뜨락엔 풀벌레가 날겠네

오고 감에 분별있으리오
바다솔타운 긴긴 말타래
철수와 영희도 반기네

갈매기 나르는 백사장에
여섯마디 돌아 든 발길이
아침 햇살에 선연하구나

대관령 옛길에 들어서니
큰 솔나무에 닿은 마음
고운 낙엽처럼 순결하려

고마워라 팔도 벗님네야
송이주 한잔들 하시려오
오죽헌에 꽃 피우시려오

해야 솟아라 — 정동진

돈 키: 일어나, 어여 일어나. 새해 봐야지!

호 새: 일출보느라 피곤한 몸 추스르며 새벽잠 설친게 엊그제 같은데 가을이 깊어 가네요. KTX 타고 이곳까지 오니 세상 좋아지네요.

돈 키: 그래, 최소한 이틀 여정이 한나절 거리의 쉼터가 되었어.

호 새: 인간에게 새해가 있을지 몰라도 자연은 늘 그곳에 있는 거라 말씀하셨죠?

돈 키: 그러니 푸근한 자연을 벗해 마음이 뉘여져 편안하지. 눈부시게 떠오르는 해도 늘 그곳에 있는데 우리 눈에 그렇게 보일 뿐이야. 시각을 통해 황홀한 햇살과 온몸이 젖어드는 촉감, 그로인해 벅차오르는 감정을 맞는거야. 영적 감각을 지닌 분들은 아침이면 어둠을 비집고 깨어나는 해의 숨소리를 들을거야.

호 새: 그래서 그 깨어나는 해의 기를 맞으러 이곳에 오는 모양이네요.

돈 키: 해가 깨어나니 가슴에 차오르는 그 무엇에 자신도 깨어나는 거야.

호 새: 그런데 왜 하필이면 정동진正東津이죠?

돈 키: 서울 중심으로 딱 동쪽 중앙에 위치한 나루란 뜻이야. 이왕이면 청

정심淸淨心의 표상인 바른마음 자세를, 새해를 정동진에서 맞는 것은 의미있는 일이야. 마음자리 근본인 상하가 교합된 '바를 정正'자가 붙은 정동正東이거든. '호미곶'이든 해돋이 장소는 전국에 산재해. 해야 같은 것이니 '내' 장소에 따라 의미를 부여하는 거지. 큰분들은 늘 태양을 품고 다닌다고 하잖아. 자칭타칭으로 태양의 자식이라고 부르기도 하고.

호 새: 예전에는 아이들이 그림에 보면 대개 해와 달을 그렸어요.

돈 키: 연유야 자연숭배에서 온 것일테지만 힘찬 기상을 표현하거나 소원을 빌때도 해와 달이 등장해. 정면에 마주하는 아침햇살이 한반도의 생기야. 바로 정동진이지. 하늘을 우러러 두팔벌려 대자연을 품는거야. 백두대간의 산기운과 동해에 솟는 햇기운이 맞닿은 곳이라 찾는 발길이 이어지는 걸거야.

호 새: 화성 서봉산, 무봉산, 국화도, 오산 독산에서도 해맞이를 하잖아요.

돈 키: 그래, 우리가 사는 지역. 화성華城을 가차하면 별나라 화성火星이잖아. 태양도 별이야. 그러니 별나라에서 바다에 솟는 별을 보러 온거야. 화성은 정서진에서 비켜서지만 '궁평낙조'가 유명하잖아. 옛적엔 "황금대부낙조"라 해서 "남양팔경" 중의 하나였어. 허니 '일출과 낙조'가 짝을 이루는거야.

호 새: 정동진의 짝은 서동진 아니에요?

돈 키: 임마! 서동진이는 강릉사는 군대동기야.

호 새: 아, 수년전 주인님이 화성에서 강릉까지 걸어서 한반도횡단할 때 강원도 옥수수를 갖고 달려온 분이죠?

돈 키: 그래. 그친구뿐만 아니라 강원도 분들은 백두대간 산바람을 쐬어 그런지 아니면 동해의 넓은 바다뜰을 두어 그런지 심성들이 밝아.

호 새: 스삭스삭 백사장이나 걸어보자구요.

돈 키: 좋지! 인간에게 가장 원시적인 촉감이 남아있는 이곳까지 오느라고
고생한 발바닥에 모래마사지를 선사할꺼나.

호 새: 연인처럼 모래밭에 하트를 그려볼까요?

돈 키: 안개도 피어나지 않는 대낮에 '애마부인' 찍냐?

호 새: 이왕 바다에 왔으니 우리도 상상하자구요. 파도소리 들리고 갈매기
춤추는 바닷가에 햇살에 실린 바람이 가을바다 풍경으로 딱이네요.
노래 한곡 불러보죠.

돈 키: 그래, 잘 들어봐.

　　　　바닷가 모래밭에 손가락으로
　　　　당신을 그립니다
　　　　알 수 없는 당신의 마음……..

　　　　　　　　　　　　　　　　　　　－『당신의 마음』 중에서

호 새: 내도 불러볼게요.

　　　　동그라미 그리려다 무심코 그린 얼굴
　　　　동그랗게 맴돌다 가는 얼굴……

　　　　　　　　　　　　　　　　　　　－『얼굴』 중에서

돈 키: 해야 해야 솟아라 고운 해야 솟아라!
정동진에서 아침 해를 보는자, 천년 혜안을 얻으리라!

호 새: "가자가자 바다로 가자" 동해바다로.

아리랑 고개 – 정선

호 새: 고갯길 오르니 산내음이 좋네요. 노래 한곡 뽑아보죠.

돈 키: 좋지. 노래가 별거야. 힘들어 부르고 슬퍼도 부르는게 노래야. 산노래가 좋겠지?

돈 키: '산에 산에 꽃이 피네 들에 들에 꽃이 피네….'

호 새: 그거 산유화잖아요?

돈 키: 산유화는 많은 분들이 작사, 작곡하고 노래했어. 동산에 올라 휘파람불며 노닐땐 제격이야.

호 새: 여기는 산고개잖아요.

돈 키: 그럼, 뭔노래가 좋다냐?

호 새: 여섯마디 넘어 인생 쓴맛 단맛 다보았겠다. 코로나덕에 유람도 하겠다. 장터에서 곤드레밥도 잡쉈겠다, '정선아리랑'을 한번 불러봐요.

돈 키: 아리랑 그거 좋지! 고개오르려니 흥좀 돋워볼까나.

호 새: 그런데 밀양, 진도…. 수많은 버전이 있다는데, 왜그리 많대요?

돈 키: 부르는 주체가 시대상황을 녹여 담고, 장소에 맞춰 지역특색이 나타

나니 그런게지. 삶이야 거기서 거기거든. 대중가요의 바탕에는 사랑,
애환, 노동…. 삶의 정서가 배었어. 부르면 마음을 울리고 몸이 울리
니 구전으로 이즘까지 전해지는 거야. 정선아리랑 연원은 고려시대
까지 거슬러 올라간다잖아. 작자 미상인 아리랑이 여러 갈래로 그만
큼 오랜 세월속에 전해온단 이야기지. 개개인이 처한 형편이 다를 뿐
희노애락 감정이야 같을테니 세월을 건너서도 통하는 거야.

호　새: 불러 좋고 울어 좋고 흔들어 좋은 노래네요.

돈　키: 아리랑은 우리 민족의 아주 큰 노래야. 천년세월을 건너오잖아. 유
　　　네스코 무형문화재에 등록되었으니 후세에도 전해지겠지.

호　새: 산 좋고 물 좋으니 새울고 꽃피는 세상살이 해뜨면 일어나고 해지면
　　　잠자는 거지요. 이즘, 왜 이리 사는게 힘들다고 야단이지요? 나훈아
　　　아저씨도 "테스형"을 찾는다면서요?

돈　키: 그래, 사는 게 힘드니 아리랑을 부르겠지? 국내지방은 물론이고 만
　　　주를 비롯해 사할린, 오사카, 도쿄, LA, 중앙아시아, 독일, 중남미,
　　　아프리카 등 수많은 해외교포들도 불렀어. 그만큼 아리랑은 백성의
　　　애환이 담긴 노래이니 역사의 숨결인거야.

호　새: 아리랑을 부르면 힘이 솟아나오나 보죠?

돈　키: 글쎄다. 이국만리 해외동포도 태극기 걸어놓고 부르는 노래가 애국
　　　가요, 아리랑이라니 심신 통치약이 아니겠어? 아리랑은 장소에 따
　　　라 가사를 맞춰 불러. 음의 골과 마루에 마음을 태우는 거야.

　산고개나 인생고개나 고개에 오르려면 심신이 가벼워야 하는데 고달픈 무
게야 누구나 맞는 일이잖아. 추임새랄까? 힘든 고개를 오르는데 아리랑이

제격인거지. 요즘은 리듬이 경쾌하드만. 몸이 절로 울려지대. 정식으로 노래공부 해두면 좋겠어.

호 새: 후렴구에 모두 어울려 춤추는 모습에 흥이 솟아요.
돈 키: "아리아리랑 스리스리랑 아라리가 났네~에. 음음음~" 신바람나지. 아픔이 녹아내려 마음을 추스리는 노래야. 장소에 맞춰 자유자재로 소재도 바꿔 부르니 마치 바람에 나불대는 버들가지 같아.
호 새: 강원도에 왔으니 시류에 맞춰 아리랑 한번 불러봐요.
돈 키: 일절을 부를테니 네가 이절하고 후렴은 함께 하지?

"열라는 콩팥은 왜 아니 열고
아주까리 동백만 왜 열리나"

"아리아리아리랑 쓰리쓰리쓰리랑
아리랑 고개를 넘어가자~"

"하라는 일들은 왜 아니하고
우리네 애간장을 왜 태우나"

"아리아리아리랑 쓰리쓰리쓰리랑
아리랑 고개를 넘어간다~"

"아리아리 아라리요 아리랑 고개를 넘어가네!"

죽장에 삿갓쓰고 – 영월

호 새: 맹맹하니 두어 곡 뽑아봐요.

돈 키: 한번 불러볼까 "죽장에 삿갓쓰고 방랑 삼천리…", "…. 미스김도 잘
있어요 미스리도 안녕히~"

호 새: 지난번 전원일기에 인용된 노랫말이네요.

'붓펜에 배낭메고 유람 삼천리….', '…. 경포대도 잘있어요 정동진
도 안녕히~'라고 차라리 개사하면 어때요?

돈 키: 김삿갓 아니더냐! 삿갓은 인간이 지닌 본성인 양심을 상징한 거야.
한세상 술한잔에 시 한수 지으며 방랑하신 시인을 뵈러 온거야. 오
늘은 별호가 미키마우스인 고교 후배가 동행해 찰칵 할거야.

돈 키: 이곳 영월은 단종애사
端宗哀史의 '청령포와
장릉'이 있는 곳이야.
그아픔만이야 하겠냐
만 난고선생이 삿갓을
쓴 아픔은 아는 바이니,
문학관에선 선생의 해

김삿갓 (김삿갓문학관 소장)

학諧謔을 맛봐야지.

호　새: 들자하니 몇 문장으로 사람마음을 풍선처럼 부풀려 허리젖혀 웃게 하는 재주가 있다면요.

돈　키: 그분은 재주라기보다 타고난 성품에 심오한 해학을 얹은거라 생각해야지. '웃는게 웃는게 아니야'라는 말도 있잖아. 힘이들면 헛웃음이 나오거든. 참웃음이 아니란 말이지. 유랑하며 때론 지친 서민들의 애환을 담았으니 이적까지 사랑을 받는거야. 우리 민족은 흥이 많다잖아. 해학에 감응할 DNA가 있는 후손들이란거지.

호　새: 그래, 김형곤이도 그리 웃었나요?

돈　키: 갑자기 웬 김형곤이야? 하기야 그도 공포의 삼겹살 애칭을 가질만큼 듬뿍 사랑을 받았지. 독서하며, 소재를 연구해 웃음을 선사했으니 타짜 개그맨이지. 일설에는 그가 코미디의 새 장을 열었다고 하잖아. 타인에게 웃음을 자아내는게 쉽겠어? 어쨌거나 해학은 순간적인 어휘구사인 위트를 함의하지만, 행동도 따르는 품격을 지녀. 헛몸짓에 짓는 웃음과는 차원이 다른거야. 해학에는 풍자, 언어유희, 이야기…. 여러 기능이 있어. 아마 김삿갓의 싯귀절 글맥 해학은 지구촌 콘테스트를 열어도 결코 뒤지지 않을거야.

호　새: 지구촌이라 말씀하시니, 영국 처칠수상도 유머가 뛰어나다믄요?

돈　키: 2차대전을 자유진영 연합국의 승리로 이끈 분이지. 전쟁공포에 휩싸인 국민에게 유머로도 희망과 용기를 돋우웠어. 한번은 의회에서 기업 국유화 논란이 일 때, 처칠이 화장실에 볼일을 보러 갔었대나. 노동당 대표가 자기 옆에 빈자리가 있음에도 기다리는 처칠에게 왜 볼일을 안보냐 물으니, 처칠 왈 "노동당 대표가 큰것만 보면 국유화 하려고 달려드니 볼일을 보는게 겁난다"고 조크를 했다고 해. 웃지 않을 수 있겠어. 내공이 삼천갑자이니 국내정치에서도 "전투없는 승리"를 거두었지. 요즘 타짜들에게도 여유로운 해학수업이 필요하다 싶어.

호 새: 시대가 난고선생을 방랑시인으로 만든 거네요.

돈 키: 그래, 시절도 사람 운명을 바꾸지. 사람도 잘 만나야 하고 세상도 잘 만나야지.

호 새: 주인님 즐겨 썰하는 멱覓자 운韻 싯구가 저기 있네요.

돈 키: 그래 '멱'자는 어려운 운자야. 한시를 지으려면 공부를 깊이 해야 해. 한자만 나열한다고 시가 되는게 아니거든. 운도 맞춰야 해.

호 새: 어쨌거나 내용을 이해하니 썰해봐요.

돈 키: 김삿갓이 방랑길에 날이 저물어 어느 훈장댁에 숙식을 청하니 주인이 조건으로 어려운 운자를 떼더란다. 그것도 4연 모두 말이지. 새김질해보면 산촌훈장과의 해학으로만 넘길 일은 아니야. 요즘의 너나 나나 그런게 아닌가 싶거든. 자, 해볼까.

훈 장: '멱'자요

삿 갓: 하고 많은 운자 중에 어찌 '멱'자란 말인가? (허다운자하호멱許多韻字何呼覓)

훈 장: 어쭈! 또 '멱'이요.

삿 갓: 이전 '멱'도 어려운데 이번 '멱'은 더 어렵네 (피멱유난황차멱彼覓有難況此覓)

훈 장: 이거 봐라, 그래 또 '멱'이요.

삿 갓: 하루밤 먹고 자는 것이 '멱'자에 달렸구나 (일야숙침현어멱一夜宿寢懸於覓)

훈 장: 증말, 해 볼겨? 또또또 '먹'이요!

샛 갓: 으휴, 산골 서생이 어찌 아는게 '먹'자 뿐 이네 (산촌훈장단지먹山村
訓長但知覓)

호 새: 웃을까요? 울을까요?

돈 키: 술한잔에 시 한 수로 떠나가는 김삿갓이야. 이즘 세상에 산골서생과
난고선생 같은 분들이 한둘이겠어?

호 새: 우짜지요?

돈 키: 문학관과 김삿갓 묘소에서 말로 말귀 트이는 말을 들려주드만…. 한
세상인데 난고선생의 〈상경〉이나 읊어볼까나.

상경(賞景)

한 걸음 두 걸음 세 걸음 가다 보니
푸른 산 흰바윗돌 틈틈이 꽃이 피었네.
화공에게 이 경치를 그리게 한다면
숲아래 새소리는 어찌 그리려나.

一步二步三步立 山靑石白間間花
若使畵工模此景 其於林下鳥聲何

— 김병연(1826-1863)

동강

산따라 물따라 — 강원도

호 새: 태백산, 오죽헌, 경포대, 정동진, 모래시계, 통일공원, 정선아리랑,
영월 김삿갓 문학관…. 강원도에 여러 곳을 유람했네요. 아득한 태
고적부터 이즘까지, 산마루에서 바다까지 시공간과 정신문화를 훑
지 않았나요?

돈 키: 강원도가 뭐 씨나락이야 훑게. 그래, 짧은 머무름인데 스며든게 많
아. 그래서 사람들이 강원도를 찾나보다.

호 새: 그 친구분이 알려준 장소에 들릴 거에요?

돈 키: 글쎄, 또 올 기회가 있을거야. 다보려면 달포를 머물러도 어려울 거
야. 역사문화는 그곳에 살아온 분들과 어우러진 오랫동안의 퇴적물
이거든. 스쳐지나가는 나그네가 뭘 그리겠어? 웅덩이 물장구치는
격이지. 세상사도 그렇듯이 헛말과 조각글로 수천년 세월의 흐름을
흐트리면 안되는거야. 긴호흡으로 정리해야 해.

호 새: 그분이 추천한 심곡에서 먹은 매운탕, 멍친가요 망친가요? 무지 맛
있데요.

돈 키: 홍당무만 좋아하는게 아니네. 맛이 일품이드만. 왜, 화성에 분점을 내려고?

호 새: 그럼요. 저두 입, 귀 달렸거든요. '스위치백' 한다는 옛 영동선, 태백선은 볼만한 곳 아니에요? 어부가 그물로 낚은 북한 잠수함이나 통일 공원의 이승만 대통령 전용비행기도 인상 깊었어요. 근데 그분 강릉 토박이라 그런지 고향에 대한 자부심이 정말 대단해요.

돈 키: 그래, '강릉의 서동진' 멋진 동기지. 해안 철조망이 거두어져 바다 낚시꾼이 몰리니 환경오염을 걱정하잖니. 그 친구가 현대그룹 정주영 회장에게 '강원도민이 큰병원을 가지못해 대관령 오르다 대굴대굴 구르다 죽으니 강릉에 큰병원 지어달라'고 편지를 썼다더군.

호 새: 여러분의 바람과 정성으로 강릉에 아산병원이 들어선 거네요.

돈 키: 큰사람은 크게 생각하고 크게 베푸는 거야. 그러니까 거북선 새겨진 화폐로 조선소를 건립하는 차관을 빌리거나 '소떼 방북'이란 통 큰 품을 보였겠지. 그친구 말대로 강원도 해변가의 초등학교, 특히 인원이 적은 학교들은 도심지 학교들과 이동 교환수업을 하면 좋겠드라. 바다풍경과 도심모습을 경험하게 되니 교육적으로 인성, 지능…. 여러 면에 도움이 될거야.

호 새: 그럼, 어쩌면 그분 설명대로 강릉은 바다뱃길, 하늘길, 땅길(영동.동해안 고속도로, 국도), 철길(KTX, 국철) 온갖 길이 닿으니 크게 변하고 있네요. 강릉엔 길도 많아요. 올땐 '힘들어 울고', 갈때는 '정들어 울고' 간다는 대관령(대굴령) 고갯길도 있고 해변부채길, 또 뭐더라, 아 그래요. 모래시계 뒷편 연인들의 정겨운 눈길, 손길, 발길도 있거든요.

돈 키: 강릉에 그것만 있겠어. '홍길동전' 저자 허균의 누이 허난설헌도 있고, 유네스코에 등재된 '단오제'도 살펴야지. 또 송강의 '관동별곡'에 등장된 여러 곳도 있잖아. 더구나 평창올림픽 여러 종목이 강릉에서 치뤄졌어. 말이 나왔으니 평창 동계올림픽은 88 서울올림픽에 이어 세계무대에 코리아 특히, 강원도에 날개가 돋아나 시쳇말로 뜬 거야. 잘 활용해야지.

호 새: 예나 지금이나 남의 것 빼앗는 것은 나쁜 건가 봐요?

돈 키: 뜬금없이 또 뭔 소리야?

호 새: 영월에 단종을 모신 '장릉' 있잖아요? 그렇게 왕릉을 복원해 기리는 걸 보면 이전 행위가 잘못된 걸 말하는 건가요?

돈 키: 글쎄다. 학술적으로 살펴야겠지.

호 새: 또 하늘에 눈.귀가 있다더니 그런가 봐요?

돈 키: 뭔 그리 생각이 많노?

호 새: 영월과 정선의 한반도지형 말이에요. '동해물과 백두산이 마르고 닳도록….' 애국가나 헌법 제3조에 '대한민국의 영토는 한반도와 그 부속도서로 한다'고 명시되었어요. 그것을 축소한 모형이니 얼마나 통일된 나라를 염원했으면 하늘이 그리 만들어 놓았겠어요.

돈 키: 네말처럼 한 뿌리니 자연스레 그리될 거야. 서두를 일이 아니야.

호 새: 언제, 강원도에 다시오면 오는 날, 오색약수 마시고 설악산 대청봉에 올라 난고선생이 읊은 "송송백백암암의 수수산산처처의松松栢栢 岩岩廻 水水山山處處奇"라니 그 "그리운 금강산"을 부르실래요? 인심 좋고 공기 맑고 물 맑은 '…. 강릉 가는 배' 타실거요? '메밀꽃 필 무렵' 달밤에 물레방아나 찧으실꺼요?

한반도 소나타

충청도편

충청도/ 팔도지도

양반동네 - 충청도

호 새: "…. 충청도로 넘어 가유~. 이곳에 오니 볼 것도 많네. 추풍령, 충주
호, 탄금대, 중앙탑, 낙화암, 백마강, 현충사, 계룡산, 천리포, 속리
산~"

돈 키: 임마, 가수 서수남·하청일 '팔도유람' 노래하냐? 바람도 쉬어가는
'추풍령'에 앉아 쉬기도 하고, '얼룩백이 황소가 해설피 울음 우는'

고향냇둑을 걸어봐야지. 글구 '이리가면 경상도길 저리가면 전라도 길 세갈래길' 그 한밭도 가보자구. '대전발 0시 50분' 기차역에서 대전부르스도 땡겨보고, '와도 그만 가도 그만'인 유람인데 '한사코 길 막는 아줌마' 푸념도 들어야지. 호떡집에 불난 것도 아닌데…. 유람은 슬슬 빨랑빨랑 다니는거.

호 새: 언제는 서두르시더니 웬일이래요?

돈 키: 임마, 그때 그때 다른거. 쓰는 말도 멀티로 구사해야 되는거, 알간?

호 새: 워매, 인자는 말씨도 사투리를 섞어 부럿소. 정신줄 놓았능교?

돈 키: 요즘엔 그래야 산다잖여.

호 새: 충청도에 오니 양반걸음을 하시는 갑소?

돈 키: 양반, 웬 양반이야? 하기사 충청양반이라고 유명세를 갖고 있지. 어쩌면 양반이 지녀야 할 그격이 떨어져 이즘의 형편을 맞은거야.

호 새: 한반도 아니고 양반兩班이 뭐래요?

돈 키: 양반의 어원이나 충청양반의 유래는 자료를 살펴야겠지만 "양반은 얼어 죽어도 곁불은 쬐지 않는다"는 그런 체면 차리는 정신이 물질주의에 대응할 수 있는 우리의 선비정신이야. 조선시대 선비들이 이理에 기氣를 태워 수신제가 후에 나라에 충성하는 유교사상의 요체도 바로 선비정신이거든.

호 새: 요즘에 그런 공자님이나 석가, 예수님 말씀처럼 "인덕仁德을 수양하고, 자비慈悲를 베풀고, 이웃을 사랑해야지"라며 한번 젊은이들에게 말해보세요. 대화가 되는지?

돈 키: 그래, 걱정이야. 우짜면 좋노? 니 생각해 봤나?

호 새: 사당문 잠겼는데 공자님이 문밖에 나설 수 있거시유? 온세상 빌딩

에서 다불러대니 예수님이 내려올 수 있거시유? 부처님도 금옷입고 오랫동안 결가부좌하서 일어설 수 없지유. "수염이 석자라도 먹어야 양반"이라네요. 드립다 먹는게 남는 장사 아닌가유?

돈 키: 글쎄다. '사농공상士農工商'신분사회로 상업을 경시하고 나라 대문도 닫아걸고 동네 싸움질하다 결국엔 나라를 잃었어. 이즘도 장사가 어렵다고 걱정들이 많더구나. 시절이 변해도 마음이 중요한거야. 충청의 충忠자는 가운데 중中자와 마음 심心자의 합어로 마음자리이고, 청淸은 물수水자와 푸를청靑자의 합어로 물이 맑다는 뜻이라 이 고장 충청지방에서 의인이 많이 배출됐어. 논개, 칠백의총, 충무공, 유관순, 윤봉길…. 의義를 실천하신 열사나 의사….가 대표적인 사례야. 부처님 자비심, 공.맹자의 인덕, 예수의 사랑도 바로 그 곧은 선비정신을 낳는 것이야. 양인을 포함한 양반의 정신에서 비롯되는 것이지.

호 새: 연암 박지원이 엮은 '호질전', '양반전'이나 산대놀이…. 등 전해오는 이야기가 양반의 위선과 무능이요, 수없이 등장하는 게 탐관오리들인데 뭔 양반 정신이래요. 예나 지금이나 그런 양반네들이 제정신 차리지 않고 제배 채우느라 서민들만 우왕좌왕 하는거 아네요?

돈 키: 그래, 네말이 홀라당 다맞다해도 무릇 이르는 품격에 그다워야할 정신을 갖추라는 뜻이야. 왕은 왕다워야 하고, 학자는 학자다워야 하고, 공직자는 공직자다워야 한다는 거지. 사내도 사내다워야 한다는 거구. 그러한 다움이 세상을 지탱하고 나아가는 힘이야.

호 새: 그럼, 말도 말다워야 하는 거네요. 이즘 시대에 꼭 맞는 말이네요.

근데, 왜 정치인을 정치꾼이라 해요? 요즘은 네발 달린 짐승으로도 부르대요.

돈 키: 정치가政治家 다워야 하는데 그 품격에 한참 못 미치니까 그리부르지. 가家자는 철학과 인품을 갖춰있어야 하거든. 요즘에는 그런 한 분이 아쉬운 세상이 되었어.

호 새: 그럼, 특이한 유전자를 지닌 정치꾼들이 판치는 것을 막으려면 국민의식도 깨어나야겠어요.

돈 키: 그래그래 다좋은 얘기야. 헐렁한 유람길이라 물따라 길따라 이런저런 사연을 듣게 될거야.

호 새: 양반동네인데 어디서 주안상 차릴거유~.

가을바람고개 – 추풍령

돈 키: 오늘은 충청도 영동군과 경북 김천시 경계에 자리한 추풍령에 갈거야.

호 새: 단양, 충주…. 들르지 않고 먼 곳부터 가네요.

돈 키: 응, 수년전 부산역에서 화성까지 걸어오며 추풍령에 이르렀어. 지친 몸을 뉘려할 때 마을모퉁이에 옷장사를 하시는 아주머니께서 옥수수를 건네주셔서 허기를 달랬거든. 그때 마음자락을 두고왔거든. '가을바람고개', 추풍령秋風嶺 이름이 멋있잖아? 인생을 생각하는 가을바람에 양반동네라니 여기저기 둘러봐야하지 않겠어? 주변 풍경을 담아보자구.

호 새: 이따금 먼 산보고 한숨 내쉴 때 알아봤시유. 단단히 바람들은 거유?

돈 키: 야, 임마! 봄바람부냐? 낙엽이 날리는 가을에 뭔소리야?

호 새: 춤바람이 봄에만 나남유?

추풍령 기념비

'가을연가' 짠할 것 같지 않아유.

돈 키: 아이고 인마仁馬! 아무래도 니가 허파에 바람이 들었나보다.

호 새: 집사노릇 수년인데 눈빛만 봐도 알아유. '바람' 공부해보니 고거 참 묘하대요. 고거이 눈에 보이지 않는 것이라, 봄이되면 강아지 꼬리 맨치로 살랑살랑대유. 온세상이 달뜬다는거유. 주인님도 괜시리 들판길 이리저리 산책나섭디다. 여름에는 '매미' 같은 놈이 심통을 부려 바닷물도 휘꺼덕 뒤집어놓고 비구름을 업고와서 들판이고 시내고 할 것없이 홀러덩 벗겨놓으니 환장해요. 고놈이 가을엔 말이죠. 소슬바람이라나? 괜시리 고개들어 하늘을 올려보게 만들고, 한여름에 부풀은 울긋불긋한 몸뚱이를 흔들어놓으니, 지마음이 어떻겠시유. 좋은 시절 다갔으니 한숨 나오게 만들대요. 겨울이 오면 또 어떻간유. 한해 잘지냈다고 제딴에는 눈꽃송이를 퀵서비스 한답시고 초고속으로 배달해, 볼때기 얼얼하고 콧물은 나고 몸은 덜덜하게 만드니 알다가도 모를 놈이라구요.

돈 키: 누가 그러더만. 인간의 삶은 지수화풍地水火風을 벗하며 놀이하는 거라구. 지.수.화처럼 바람도 호呼가 다양해. 계절과 방향, 근원, 성질에 따라 '하늬바람', '마파람', '치맛바람' 등 그 무형의 존재를 불러 깨우지. 춤바람, 신바람, 부동산 투기바람….불면 한바탕 회오리가 일기도 하구. '타짜'는 장풍으로 화투판을 쓸이 하잖아. '바람의 파이터'나 적벽대전의 쌍풍은 아예 열도와 강상江上을 판쓸이 하더군.

호 새: 풍(바람) 맞으면 입돌아 가나요?

돈 키: 너, 또 뭔 소리 하려고?

호 새: 이즘 타짜분들이 하는 말을 말이 들어도 잘 알아듣지 못할 말이 많

아요. 침을 놓으면 입이 돌아 제말들을 할까요?

돈 키: 아니여. 그런 경우는 낙엽 떨구는 추풍秋風이 필요하지. 정풍整風이 불어야 해. 바람이 불면 쏴악 쓸려야 하는데 잘안쓸려. 큰 몸뚱이, 오야붕 눈치를 봐야 하니 어려운 일이야. '타짜'석에 들어선 참신한 예비 타짜들의 용기가 필요해.

호 새: 산바람이 매력이 있나봐요. 그곳을 '가을바람고개'라 부르니 말이에요.

돈 키: 수많은 가수들이 바람을 부르잖아. '바람아 멈추어다오' 기도하고, '꽃바람 여인'이라 애칭도 붙이고, 고향의 용필이 형은 아예 바람속 으로 걸어갔다잖냐.

호 새: 가수들이 그리 불러대니 아저씨 아줌씨들이 오색불빛 아래 춤바람 이 나서 빙빙도는 거예요?

돈 키: 야, 인마! 그건 웰빙을 위한 사교댄스라는 거여. 요렇게 요렇게 스텝 을 밟는 거야.

호 새: 주인님 뭘 그리 둘러대쌓소? 태백산에서 방패연도 날렸겠다. 탭댄스 도 배웠지유? 지는 '오빠 추풍령 스타일'로 말 춤을 출테니 주인님은 '따라락 탁탁' 탭댄스 한번 추자구요.

돈 키: '라라랜드'처럼 말이냐? 나비넥타이 매고 춰야 폼나지.

호 새: 우물가에서 숭늉 찾아요? 증말로 양반이네요. 양반동네니 곰방대 물고 삿갓쓰고 한번 흔들어 보자구여. 이래저래 한세상 지맘대로 아니감유.

돈 키: 뭔 바람이 불어 예까지 왔다냐? 자, 다왔다 '바람도 구름도 쉬어가고 기적도 목메어 울고가는 추풍령'이야.

호 새: 인생 보릿고개 아리랑이네요. 이잔 짠한 감성에 머물던 그 시절이
　　　지났시유. 영신식당 펀치여사님이 진眞 풍경, 선善 인심, 미味 과일
　　　이 추풍령 진선미라했다니 힐링장소로 딱이네요.

돈 키: 그러게. 기적소리가 나를 일깨우는 의인義人의 목소리요 정신이야.

호 새: 산마루 추풍령秋風嶺이 빠~앙 '한반도여 곧추서라'는 추풍령秋風令이
　　　네요.

돈 키: 백두대간에 가을바람고개, 추풍령秋風嶺이라! 우수수 낙엽비 타고와
　　　온갖 잡것들 다날려 보내면 좋겠구만!

서울부산간 고속도로 준공비

고향으로 갑시다
─옥천 정지용생가

정지용 생가

돈 키: 거두망산월이요 저두사고향이라擧頭望山月 低頭思故鄉. "…. 정을 잃
　　　은 사람아 고향으로 갑시다…."

호 새: 웬 고향 타령이오?

돈 키: 날이 차면 고향집 방 아랫목이 그리워져. 엄마품처럼 늘 아늑해
　　　지친 몸과 마음이 치유되곤 해. 톰 존슨이 부른 그 애절한 "Green
　　　green grass of home"을 들어봐. 부화된 장소로 돌아오는 연어처럼
　　　사람이 이승의 삶이 다할 땐 고향으로 돌아간다고 해. 고고성呱呱聲
　　　을 울리며 태어나 주위와 어울려 오감이 익은 곳이라 마치 바다뜰처
　　　럼 너른 품이랄까? 편안한 쉼터지. 네 고향은 어때?

호 새: 책속엔 이베리아 반도지만 원래 별들이 초롱초롱 빛나는 초원이라
　　　합디다.

돈 키: 그리운 고향을 정지용 시인이 정감있게 담아낸 시가 "향수"야. 오늘
　　　동행한 아저씨도 고향이 옥천이래. '향수'가 충청민국 애국가라며

18번으로 멋드러지게 부르시지.

호 새: 둥지에 찾아오신 거네요.

돈 키: 엄마와 내집이란 말만 들어도 편안한 것처럼 '고향'이란 말이 솜사
탕같아. 내 나라도 잃었던 우리야. 허리도 잘렸었구. 고국산천의 흙
한줌도 선조들에겐 기쁨이었을거야. 이땅에 일어난 수많은 환난으
로 둥지에 돌아오지 못한 분들이 얼마나 많았겠어. 고향에 돌아와
도 "환향녀"란 굴레로 얼마나 설웠겠어.

호 새: 식민지 시절과 6·25 동란으로 둥지 잃은 실향민들은 어떻게 살았대
요? 요즘도 댐공사나 신도시 개발로 고향을 떠나니 답답하네요.

돈 키: 그러게 말이다. 정신적 둥지를 잃는 거야. 자녀를 위해 부모의 큰선
물은 고향을 만들어 주는거야. 디지털 세상이지만 고향은 비바람
불고 눈보라쳐도 마음을 추스르는 힘을 주거든.

호 새: 시인의 생가주변을 둘러보니 시골동네 모습이네요.

돈 키: 실개천이 휘돌아 나가는…. 그런 정겨운 풍경이 어느 동네인들 없
겠어. 유학하는 동안 고향에서의 어린시절 기억을 다섯폭 병풍으로
펼쳐낸거야. 내동네 정경처럼 생생해 귀에 익은 소리가 들리는 듯
해. 손에 쥐어지듯 마치 내고향 같아. 맛깔나는 시어들이 처마아래
주렁주렁 달렸어. 한번 눈감고 떠올려봐. 교토 동지상대에서는 시
비까지 건립했다니까 언제 한번 가보고 싶어.

호 새: 사람의 오감중 가장 오래 남는게 뭘까요?

돈 키: 글쎄, 뭐지?

호 새: 바르는 향수香水와 향수鄕愁를 보자구요.

돈 키: 뭘 바르나? 고향이 그리우면 향수병 앓는거고 사람이 그리우면 상사병 나는거지.

호 새: 요즘에 향수병이나 상사병이 나겠어요?

돈 키: 거리에 나가 물어보라구. 얼마나 그리우면 "…. 타향은 싫어 고향이 좋아" 노래를 부르겠어. 시골동네는 마을자체가 놀이터야. 오감은 어릴적에 결이 나거든. 엎어지고 깨지며 뛰놀던 그맛이 몸에 익어 타향을 돌면 뒷동산 돌멩이도 그립거든

호 새: 마음에 둔 동네 '이쁜이 곱분이'는 없구유?

돈 키: 그리움은 원초적인 자유야. 크게 부풀면 애국심으로 승화하잖아. 개인이든 타짜든 잘다스려야 삶이 익는거야. 덧칠해서 넓게 건너뛰면 노자가 주장하는 "무위자연無爲自然"사상이나 루소의 "자연으로 돌아가라"는 맥락에 닿을 수 있는 이야기야. 자연스레 물길이 나듯 소리(향響)든 향기(향香)든 고향(향鄕)이든지 대상이 무엇이든 그리움은 사람에게 피어나는 맛이라고 생각해.

호 새: 옛고향을 그리며 '향수'를 함께 불러봐요.

> "흙에서 자란 내마음
> 파아란 하늘빛이 그리워
> 함부로 쏜 화살 찾으려
> 풀섶 이슬에 함추름 휘적시던 곳,
> 그 곳이 차마 꿈엔들 잊힐 리야."

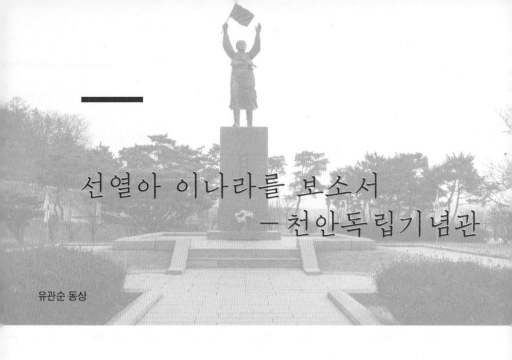

선열아 이나라를 보소서
ㅡ 천안독립기념관

유관순 동상

돈 키: 오늘은 "대한독립만세"의 의미를 찾으러 천안 독립기념관에 갈거야.

호 새: '대한'과 '독립' 그리고 '만세'가 어울린 장소야.

돈 키: 글자의 의미는 장소에 따라 울림도 있고 한낱 낱말에 머물기도 하거
든. '대한'은 '큰' 뜻이라지, 큰나라가 만세를 왜 불렀을까? 특히나 대
한제국에서 말이지.

호 새: '독립'은 스스로 홀로 서겠다는 것이네요?

돈 키: 그래. '독립'은 일제식민의 굴레를 벗어나는 일이지. 긴세월을 설움과
압박에서 지냈잖아. 독립을 이루려 얼마나 많은 의인들이 목숨을 잃
었겠어. 만세는 하늘을 향해 두 팔을 치켜올리며 독립을 기원하는 함
성이야. '3·1 독립만세운동'은 억눌려 응어리진 함성이 터져나와 한반
도 전역에 한겨레의 만세물결을 이룬 세계 최초의 비폭력 운동이야.

호 새: 정말, 만세소리가 큰울림이었네요?

돈 키: 자연이 빚는 천둥소리보다 장엄한 소리야. 태어나며 지르는 고고성

보다 깊은 울림이지. 민족대표 33인을 비롯한 방방곡곡에 이어진 만세소리는 한민족의 큰울음이거든. 홍쿠공원 폭탄의 굉음, 하얼빈 총소리, 청산리 김좌진 장군과 봉오동 홍범도 장군 등 우렁찬 독립운동 지휘관의 호령도 국토산하를 달군거야. '독립'을 위한 일념으로 이국 땅에서 풍찬노숙한 지사들의 뜨거운 발길이 헤이그, 중경, 상해, 만주, 연해주, 동경, 하와이 등까지도 뻗어갔거든. '엄마 찾아 삼만리' 길 떠난 주인공 '마르코'처럼 꿋꿋한 정신으로 '독립'을 이룬거야.

호 새: 이곳은 1910년 한일 합방으로 잃어버린 내나라를 찾기위해 헌신한 분들을 기리는 곳이네요.

돈 키: 그래, 하늘의 쉼터, '천안'이야. 단정한 마음으로 왼편 가슴에 손을 얹어야 해.

호 새: 매년 3·1절엔 '아오네 장터' 만세 재현이 이루어지네요.

돈 키: 왜 '아오네' 뿐이겠어. 서울을 비롯해 전국에서 뜻을 기리지. 내고향 화성제암리에도 기념관을 조성해 큰 기념행사를 하거든. 이곳에는 기념행사로 '유관순 마라톤대회'가 열리더구나. 기념행사를 통하여 나라를 위한 지성인의 사명과 청년의 진정한 용기가 무엇인지를 깨닫게 해주는 걸거야.

호 새: 100년의 세월이 흘렀어요.

돈 키: 용서는 하되 잊지는 말아야지. 우리 스스로도 반성해야 해. 타짜들이 나라를 위해 무엇을 해야 하는지를 말이지. 고조선, 부여, 가야, 백제, 고구려, 신라, 발해, 고려, 조선, 대한제국, 요즘에 이르는 동안 뼈저린 아픔들이 왜 발생했는지. 그 치유를 위해 얼마나 긴세월을 보내야 했으며 갈등이 있었는지. 그당시 타짜들의 엉크러짐과

독립기념관 전경

외침과의 상관성을 성찰해야 해. 역사공부는 왜, 왜, 왜와 어떻게를 되뇌이며 내일을 열어가는 거야.

호　새: 몇줄 글로 되겠어요? 타짜들의 부패와 분열, 갈등이 우선 원인이 아닌가요?

돈　키: 그래. 큰 마음을 지닌 지도자가 필요해. 그래야 백성이 편안하고 행복한 거야.

호　새: 타짜들은 뭐했대유?

돈　키: 주변에 봉분들이 많지 않더냐? 대개는 '학생부군신위學生府君神位라 씌어 있는데 '학생' 대신 신분이 높은 분들이 얼마나 많겠어. 가서 물어보렴. 인물의 참됨은 비석에 새긴 문구보다도 구전에 의해 옮겨지는 거야. 백성이 우러른다는 뜻이지.

호　새: 독립기념관은 타짜들이 반성하는 자리요, 예비타짜들 다짐의 장소네요.

돈　키: 그래, 제 나라 지키고, 제 백성 섬겨야 할 타짜들이지. 큰분들이 현충원에 들러 새해 다짐을 하지 않더냐?

호　새: 요즘은 다짐을 깜빡깜빡하나 보죠?
　　　　주인님, 천안에 왔으니 나긋나긋한 능수버들처럼 명물 호두과자 맛을 보자구요. 어느 목사님이 들려주셨다면요. 할머니들이 손주들 코를 풀때 '흥흥'해서 우리나라가 그리 빨리 경제성장했다구유. 근데, 이곳은 능수버들도 '흥흥' 나불대니 얼마나 좋아요.

돈　키: 그래서, '천안' 삼거리 '흥'이 아니더냐?

호　새: 능수버들이 낭창낭창하니 명물 '호두과자'가 혀에 살살 감겨요. '낭창낭창 살살녹이며' 살라는 뜻인가요?

정림사지

호　새: 이른 아침에 박찬호 야구장에서 출발하니까 힘찬 투수폼과 캣처폼
　　　으로 하루를 열어보죠. 포토죤이라 생각하고 던져보세요.

돈　키: 저, 간다. 휘~익~, 볼이야! 오늘은 공부 많은 대학동기 성박사가 안
　　　내할거야.

김기자: 고대국가 백제의 왕도를 유람하니 흥미롭네요.

성박사: 순서를 바꿔서 부여에 먼저 다녀오면 일정이 편할거야. 금강줄기
　　　따라 부여에 이르는 큰길이라 수변풍경이 장관이야. 백제는 패망의
　　　역사라 문화유적이나 유물이 별로 남아있지 않아. 정림사지에 5층
　　　석탑뿐이고 왕흥사에도 터만 남았어. 다행히 무령왕릉이 발굴되어
　　　그옛날 백제의 융성을 살필 수 있게 되었어.

돈　키: 부여(사비)시대 절정기의 왕성 절터야? 꽤 규모가 큰 사찰인 듯해.
　　　세계문화유산에 백제역사 유적지로 등재되었어. 백강전투 후 탑신
　　　에 당나라 장수 소정방이 남긴 "대당평백제국비명大唐平百濟國碑銘"
　　　을 보면 가슴에 뭔가가 들어설거야. 텅 빈 공간에서 그 당시 백제가
　　　처한 상황을 회상해보면 어떨까?

김기자: '서동요'의 주인공 무왕이, 정림사지 건립 1세기 후에 조성한 연못 '궁남지'도 사비시대 절정기 작품이라네요. 근데 선화공주가 썸탄 마망태는 안보이네요.

성박사: 우리나라 최초 인공연못이야. 그만큼 축조기술이 뛰어났어. 연꽃, 국화, …. 사계절 풍경이 볼만해서 사람들 발길이 잦아. 부여(사비)는 백제와 왜의 연합군이 나당연합군에 패하여 역사속으로 사라진 무대인 탓에 일본학생들이 수학여행을 오는 역사유적지기도 해.

돈 키: 백제가 왜의 태생적 고향이지 않을까? 백제로부터 불교 문화나 오경박사를 통해 문물이 전래되고, 특히 나당연합군에게 사비성이 함락되자 백제부흥을 위해 백강(백마강) 전쟁에 수만명의 지원군이 참전했잖아. 백제와 왜의 깊은 관계를 살필 수 있는 소중한 사료야.

성박사: 백제시대 역사문화연구가 활발해지고 살필 수 있는 백제문화단지도 조성됐어. 이곳이 패자의 모습만을 보이진 않아. 고대4국 가운데 동북아시아 해양국 백제의 발자취가 점차 밝혀질거야. 먼저 부소산성扶蘇山城으로 가볼까?

성박사: 백제가 율령을 갖춰 나라의 기틀을 운영한 기록이 660년 세월이야. 한성에서 웅진(공주), 사비(부여)로 천도해 패망하기까지 근초고왕을 비롯한 여러 왕들의 업적이나, 겸익, 왕인, 오경박사등 훌륭한 역사문화가 있었어. 허나 남아있는 사료가 적어 안타까운 일이야. 이곳 문화해설사께서 상세히 들려줄 거야.

해설사: 백제문화는 한마디로 삼국사기 백제본기에 등장하는 '검이불누 화이불치儉而不陋 華而不侈'라 할 수 있습니다. 궁남지, 정림사지, 무령왕릉 정도만 살펴도 그 의미를 헤아릴 수 있어요. 단지, 빈 터에 남은 5층 석탑에 패망의 비명이 아픔을 전할 뿐입니다.

성박사: 패망의 역사를 생각한다면 낙화암 삼천궁녀도 의자왕의 무능함을 나타내기 위한 꾸밈일거야.

돈 키: '삼천'은 불교적 용어로 접근할 수 있으나 '삼동네'라는 생활말을 빌리면 그냥 '많다'거나 '여럿'으로 이해하면 될거야. 의자왕 말기에 흐트린 치세를 들춘 걸거야.

해설사: 멀리서 왔으니 팁을 드릴게요. 고란사 뒷켠에 '고란초 약수'를 한 모금 마시면 3년씩 젊어진다니 마셔보세요….

김기자: 전 국민이 마시면 우리나라가 초고령사회에서 벗어나겠어요?

돈 키: 역시, 기자답네. 그래, 저 아이들 유치원에서 왔는데 얼마나 밝아? 부소산성에 한 서린 궁녀들 넋이 백화를 피워냈나봐.

호 새: 주인님, 고란초 약수를 많이 드셨어요? 아이들과 찰칵하던데 좀더 마시면 친구가 되겠어요.

김기자: 뒷켠에 전시사진을 보니 이승만 대통령께서도 마셨나 봅디다.

돈 키: 호새야, 가는 세월이 멈추겠냐. 저 강물이 마르겠냐. 고란초 냉약수에 정신이 번쩍드네.

돈 키: 백화정자에 서보니 주변이 절경이네. 고란사 종소리도 들리고 물새 우는 소리 들릴 때 마음을 놓았겠네 저 아이들 해맑은 웃음소리가 잠든 고혼을 깨우겠어. 삼충사三忠祠에 모신 성충. 홍수의 충언도 황

산벌의 계백장군의 분전의 아픔도 저 강물처럼 말없이 흘러가네

김기자: 백제는 왜와 편먹고 신라와 당이 한편되어 백강(백마강)에서 격돌
한 동북아시아 국제 해전이니 지속적인 연구가 필요할 것 같아요.

돈 키: 백(마)강 전투로 백제는 멸망하고 이어 고구려도 역사속에서 사라졌
어. 순망치한이지. 왜도 일본으로 변신했으니 고대 동아시아 역사
의 흐름이 확 바뀐거야.

성박사: 현재의 부여는 백제의 왕도라 건축 제한이 있어. 고대왕도로서의
자격을 갖추려 한창 연구중이야.

돈 키: 고대왕도의 품격이 인근 행정수도인 세종시에 큰 보탬이 되겠어.

성박사: 점심때 되었어. 구드래돌쌈밥이 별미거든, 가볼까?

고란사 이정표

검이불누 화이불치 儉而不陋 華而不侈
─공주무령왕릉

돈　키: 수백 년의 세월을 한나절 눈팅, 귀팅으로 다들여다 보기엔 참 어려운 일이지. 마음도 발길도 바쁘네. 부여나 이곳 공주도 최소 일주일 정도는 머물러야 깊은 맛을 느낄거야.

성박사: 세상을 놀라게 한 송산리 고분군의 무령왕릉과 금강을 굽어보는 공산성이나 부여 국립박물관과 더불어 백제문화의 저장고 공주국립박물관, 백제 시조인 온조왕을 비롯한 웅진시대 왕들을 모신 숭덕전, 제민천이 흐르는 시내거리, 공주감영터, 하나 둘 들어서는 한옥, 의미있는 역사를 지닌 교회와 성지 등 시가지와 어울린 여러 무늬를 살피면 대충 들어서는 게 있을거야.

김기자: 좋은 역사공부가 되겠어요.

돈　키: 삼한 중에서 마한연맹체가 백제로 이어지고, 백제가 나·당연합군에게 패하여 역사 무대에서 사라졌어. 왜 그랬을까? 그 역사문화를 생활양식이나 유적, 유물을 통해서 살피는 것도 홍미롭거든. 내고향에도 백제시대 축성된 산성과 사찰, 고분들이 산재하거든. 전문적인 것은 학자들 연구내용을 살펴야겠지.

성박사: 백제문화를 '검이불누 화이불치儉而不陋 華而不侈(소박하나 초라하지 않고 화려하나 사치스럽지 않다)'라 해. 무령왕릉이 대표적인 사례지. 고분발굴로 관광객이 늘어나 공주지역경제에 큰 도움을 주고 있어. 특히 출토된 4,600여점 중 송산리 고분의 지석은 백제사뿐 아니라 동아시아 해상 교류를 살필 수 있는 중요한 사료야. 고대에는 강줄기 주변이 생활터라 구석기시대를 비롯해 유물들이 지속해서 발굴될테니 새로운 사실이 계속 밝혀질거야.

돈 키: 한강유역에의 한성백제시대의 위례성, 몽촌토성, 풍납토성도 그렇지만 금강유역에서의 공주·부여백제시대에도 공주석장리, 나성리, 공산성, 부소산성… 모두 강줄기 주변에 형성된 백제시대 유적이드만.

김기자: 무덤이 역사적 타임캡슐이네요.

돈 키: 무령왕릉이 세상에 드러나 백제를 둘러싼 고구려, 신라, 왜, 남북조…. 등 주변과의 교류사를 설명하는 키를 건넸어. 역사는 승자의 기록이야. 무령왕릉의 발굴로 이전 주장과 다른 세상을 만나게 되지. 흩어지거나 허술한 설들을 이어주는 중요한 사료거든.

성박사: 백제의 발길이 남북조시대 양나라나 왜와도 널리 교역한 사실로 미루어 백제는 해양대국이었을거야. 관련한 사료도 일본과 중국사료에도 등장하니까 새로운 사실들이 점차 밝혀질거야.

돈 키: 백제는 한성에서 웅진, 사비로 천도했잖아. 공주, 부여, 익산은 백제의 육상벨트요. 금강의 물길은 왜와 "남북조"까지 이어지는 수상벨트라 보면 되겠네. 한마디로 발길을 이었다는 뜻이야. 백제가 망하

武寧王, 諱斯摩晬或云隆
王大王之第二子也
身長八尺 眉目如畫
仁慈寬厚, 民心歸附

무령왕의 이름은 사마 혹은 융이니
보대왕의 둘째 아들이다.
신장이 8척이오, 눈매가 그림과 같았으며
인자하고 너그러워서 민심이 그를 따랐다.

『三國史記』「百濟本紀」

백제 제25대 무령왕

지 않았으면 어땠을까를 가정하기보다 해양으로 진출한 백제의 개방성을 주목해보면 어떨까? 거기에다 웅진시대 계획도시 '나성리'도 행정수도 세종시의 한자락이니, 마치 백제가 꿈꾸던 영화를 대신 하는게 아닐까?

김기자: 백제는 '검이불누 화이불치'의 이미지를 남겼고 무령왕은 금동신발을 남겼어요.

호 새: 주인님은 뭘 남기시려구요?

돈 키: 뭘 남겨! 그냥 쭈욱 걷는 거야. 아마 발길은 남겠지. 가수 故 최희준 선생이 그러지 않든. "….정일랑 두지말자 미련일랑 두지말자…." 초상나면 망자의 신발을 대문밖에 두었어. 어릴적엔 신발벗어 던지기 놀이도 있었고. 어떤 작가분은 "아홉켤레 구두(신발)"로 인생길을 그려냈어. 산사람이든 망자든 신발과 발길의 의미는 큰 거야. 이곳의 신발이 왕의 신발이요, 발길이니 어떻겠어?

김기자: 주인님은 어떤 발길을 남기려구요?

돈 키: 글쎄, 마라톤이 취미니 백제왕도 공주–부여를 잇는 '금강–백마강 강변 마라톤'에 달려보려나?

호 새: 내두 '백마白馬'이니 뛸라요.

대전부르스 – 대전, 세종

대전역

호　새: '….대전발 영시 오십 분' 새벽 열차도 아니고 아침에 '차표 한장 쥐
　　　고' 어디로 떠나요. '….나처럼 울지도 몰라….'하던 '잊지못할' 그
　　　여인과 '사랑 갈무리'를 하러 가나요.

돈　키: 그래, 세 갈래길 한밭에서 '대전부르스' 두어 스텝 밟으련다.
호　새: 세월 좋수다. 남들은 엉덩이 진물 나도록 공부하던디요.
돈　키: 그렇게 공부해서 남줘야 좋은 세상이야. 오늘은 외길을 걷는 연구단
　　　지 박사님과 자칭 '이 나라의 정직한 호랑이'라는 군대동기 이교수

가 그곳 이야기를 들려줄 거야. 세상이 KTX속도 만큼이나 변화하니 오징어, 땅콩에 맥주 한잔 나누던 통근열차의 낭만도 오래전 흑백 영화야.

호 새: 이왕이면 "대전부르스" 노래비 찰칵하고 싶은데 치웠다네요.

돈 키: 왜, 그랬지? 70년전에 탄생한 노래지만 여러 가수들이 부른 히트곡 이야. "나만이 울줄이야" 가려고 하지 않은 길이니 우는거야. 근데 사랑만 그런가? 인생도 그런거지. 사람은 울면서 큰다잖아. 밤에만 울겠어? 낮에도 울고 속으로 울고 목놓아 울기도 하는거지. 그렇게 지지고 볶어대며 제모습 피워내며 제길 걷는거야.

호 새: 세상살이가 뭐 산나물인가요? 지지고 볶다니요? 요래요래 밀고 땡 겨 돌며 춰야지요.

돈 키: 그래, 네말대로 허리굽혀 설렁설렁 살아야한다마는 '가지 않은 길' 을 노래하는 시인도 있드만. 여기는 두 갈래 아닌 세 갈래길이니 우 짜노?

호 새: 어째긴요? 빵좀 먹고 생각해봐요. '성심당'이라고 복빵이라 부르대요.

돈 키: 성심聖心이라. 종교적 성인聖人인가? 성인成人, 특히 왕이 갖춰야 할 삶의 수행자세인 귀耳, 입口, 자리王의 합어인 성聖자의 큰마음心을 담은 빵이네. 몸가짐을 경계하는 백신일세.

돈 키: 와서보니 대덕연구단지가 코리아 과학벨리네요. 한국화학연구원, 전자통신연구원, 기계연구원, 원자력연구원, 생명과학연구원, 카이 스트과학원…. 휘익 외관만 둘러 봤거든요. $E=mc^2$ 공식 정도는 기 억해요. 까막눈에 꺼먹안경썼으니 감안해서 쉽게 설명해주세요.

이박사: 글쎄, 내연구 분야도 예단하기란 쉽지 않아. 다만 노벨수상자나 ,과

학 연구분야에 전문가들 이야기론 반세기정도 지나면 화학, IT, 물리…. 등 제 분야가 생명공학분야로 치중할거라네. 기초과학에 돈을 더한게 공학이니 자연스레 그리된다 봐야지.

이교수: 많은 고급두뇌가 제 역할을 다하려면 지속적인 투자와 배려가 있어야 해. 대덕연구단지에도 말이지.

돈 키: 조선시대 천재 과학자요 기술발명가인 '장영실' 동상이 카이스트내에 있드만요. 그의 정신을 이으라는 뜻이겠죠. 전국에 고급두뇌 분포를 표시하면 이곳은 불타는 가을산이네. 까막눈이 생각해도 어여 우리나라도 노벨수상자가 나올만큼 큰 지원이 필요하겠어.

이교수: 세종시에도 들른다며?

돈 키: 응, 역사를 살피면 외침시나 미래시대를 위해 천도했거든. 행정수도 이전은 21세기 천도라 봐야하나? 단재 신채호선생께서는 고려시대에 서경천도^{西京遷都}를 "조선역사상1천래, 제일대사건^{朝鮮歷史上一千年來,第一大事件}"이라 했을 정도야. 일설에 신흥세력 불파와 구세력 유파의 세력다툼으로 보기도 하나 천도시에는 여러 이유가 있잖아. 세종시로의 이전도 갈등이 심해 채 내연한다고 봐야 할거야. 저기 청사가 보이네. 세 갈래길보다 세 방향으로 뻗어날 대덕연구단지 모습을 기대해야지. 인근에 영험한 계룡산과 고대왕도도 있으니 그 품격을 높여야겠지.

이교수: 뿌리공원에도 간다구?

호 새: 뿌리라구요? 산삼뿌리요 인삼뿌리요?

돈 키: 그보다 중요한 내 아버지의 아버지….를 밝히는거니 소중한거야. 나의 정체성이요 코리아 정체성인거지. 이 땅에 피는 풀꽃처럼 뿌리내

려 살아온 발자국이 역사문화야. 부풀리면 한반도에 뿌리내려 '경로
효친'문화로 인류사회에 기여한 선조들을 생각하는 장소지.

돈 키: 교통요충지에 대전역을 축으로 대덕연구단지, 갑천, 현충원, 거기에
다 '나'란 존재를 생각하는 뿌리공원도 있네. 수신修身보감인 성심빵
도 있구말이지. 둘러볼 곳이 많아. 세종시 위치가 의미롭구만. 위쪽
에 하늘쉼터' 천안天安'이요 아래에 세 갈래길을 잇는 한밭이잖아.
고대왕국王國(공주, 부여)의 물길이 왼편이요, 하늘길 청주淸州가 오
른편이니 세상마루 세종世宗시가 들어있는 거지. 땅길地道, 물길水道,
하늘길天道을 잇는 길지에 천도遷都를 한걸까?

용필이형, 세상은 잠들지 않는데 왜 울어요? "…울지 말고 일어나 삘릴릴리… 웃
음꽃핀다~" 서울, 아산, 대전 찍고, 대구, 부산 밀고, 광주, 목포 챙겨야지요. 킬리만
자로표범이고 싶다며 울긴 왜 울어요. KTX 타고 바람같이 달려 노래해봐요.

대전세종청사

돈　키: 고대왕국 제왕들의 발길을 품은 중원, 지금의 충주忠州와 선인들 발
　　　　길이 머문 단양丹陽을 가보려해.

신방구리: 온달산성, 장미산성, 충주고구려비, 단양적성비, 충주탑평리7층석
　　　　탑(중앙탑), 박물관, 충주탄금대彈琴臺, 단양팔경…. 들를 곳이 많
　　　　네요?

돈　키: 우선 국보들을 봐야지. 고구려 위세인 충주고구려비나 통일신라의
　　　　치세를 살필 수 있는 중앙탑과 고려말 보각국사탑 보게 될거야.

모마시지: 중원경이라면 지리상으로 중앙이란 뜻이네.

돈　키: 지명이야 시대별로 다르지만 통일신라시대엔 그렇다고 봐야지.

신방구리: 왜, 그렇게 백제, 고구려, 신라가 그곳을 두고 세차게 다퉜대요.

돈　키: 해설사께서 설명하드만. 충주일대가 철鐵의 생산지였다잖아. 백제
　　　　위세로 미루어 일본에 건넨 '칠지도'도 이곳 철로 만들었을거라잖
　　　　아. '철을 지배하는 자가 세상을 지배하리라' 말에 잇는 이야기야.

모마시지: 이곳에서 발견된 비문의 의미가 크겠어.

돈　키: 금석문이라 해서 기초사료중 하나야. 호랑이나 곰이 영역을 표시하
　　　　듯 승패의 발자국이나 협약으로 나라간 경계거든. 고구려 광개토대

왕비를 비롯해 진흥왕순수비, 단양적성비, 백두산정계비 등 무수한 비문이 그를 뒷받침하잖아. 자국 이익을 위해 역사를 왜곡하지만 학자들의 정밀한 연구로 종종 밝혀지곤해. 역사歷史의 사史자가 '중심을 잡는' 뜻이래. 과거는 현재를 받치고 지금이 미래를 낳는거라 역사를 지금의 잣대로만 평가하면 문제를 낳을 수 있어.

신방구리: 누암리고분군에 230여기에 하구암리 고분군을 보태면 이일대에 1000여기나 조성되었대요.

돈　키: 해설사 말씀으론 "통일신라가 충주지역을 중원경, 부도副都로 격상시켜 사민정책을 펼쳐 귀족들이 이주했을거래". 고대사에 흔히 나타나는 일이니까 대가야인 악성樂聖 우륵于勒도 그런 경우로 탄금대에서 가야금을 연주했을거야.

모마시지: 가야금 곡조가 슬펐겠네. 악성이 타는 현의 울림이 솔숲을 날았겠지. 강물과 어우러져 향수를 달랬을 그때를 상상해보자구. 이곳에도 백제, 고구려, 가야, 통일신라, 고려, 조선시대의 발자취들이 켠켠히 쌓여 있어 대강을 살필 수 있겠어.

신방구리: 요충지라잖아요. 해설사 윤선생님 말씀처럼 "영남을 연결하는 육로요 달천과 남한강이 만나는 수륙 교통의 중심지"라 구석기시대에서 근세에 이르기까지 민초들의 생활터래요. 그러니까 임진왜란시에 신립장군도 휘하 팔천군사를 거느리고 배수진을 쳤겠죠.

모마시지: 박달도령과 금봉이의 러브스토리 짠한 천등산 박달재 넘어갈거지? 단양팔경 다볼거야?

돈　키: 팔경중 한 곳인 사인암舍人巖을 들러보려고. 우리에게 탄로가歎老歌로 귀에 익었는데 호가 역동易東인 우탁禹卓선생 발자취가 있는 곳이야. 고려말 지부상소持斧上疏의 꼿꼿한 기개를 보인 분으로 성리학의 종조宗祖라 불리워. 퇴계선생도 우탁선생을 심사로 섬겼다고

고구려비

해 . 내 후손으로서 발치에서나마 날벼린 사인암의 기상을 살피려구. 왕에게 충간하는 상소문이야 율곡 선생 '만언소'와 남명 선생의 '단성소'도 유명하나 시퍼런 지부상소의 기개는 조선시대 조헌, 윤지완, 최익현 문신으로 이어지거든.

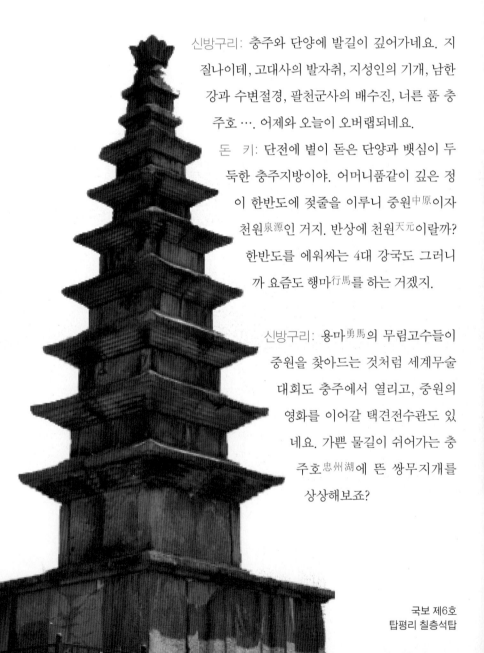

신방구리: 충주와 단양에 발길이 깊어가네요. 지질나이테, 고대사의 발자취, 지성인의 기개, 남한강과 수변절경, 팔천군사의 배수진, 너른 품 충주호 …. 어제와 오늘이 오버랩되네요.

돈 키: 단전에 볕이 돋은 단양과 뱃심이 두둑한 충주지방이야. 어머니품같이 깊은 정이 한반도에 젖줄을 이루니 중원中原이자 천원泉源인 거지. 반상에 천원天元이랄까? 한반도를 에워싸는 4대 강국도 그러니까 요즘도 행마行馬를 하는 거겠지.

신방구리: 용마勇馬의 무림고수들이 중원을 찾아드는 것처럼 세계무술대회도 충주에서 열리고, 중원의 영화를 이어갈 택견전수관도 있네요. 가쁜 물길이 쉬어가는 충주호忠州湖에 뜬 쌍무지개를 상상해보죠?

국보 제6호
탑평리 칠층석탑

돈　키: 반만년 역사의 빅데이터를 갖춘 코리아야. '다섯바다 물을 길어 먹을
　　　갈아라…. 줄기찬 맥박 속에 뻗어가리라….' 이곳에 건국대학교 교가
　　　에도 있드만. 대한大韓의 젊은이들이 5대양에 대해大海드라마를 연출
　　　할거야.

호　새: 충주사과 맛이 좋구만유. 백마白馬인 내도 천마天馬이니 비마飛馬처럼
　　　살아야겠네유….

사인암

한반도 소나타

경기 남부편

安城市場賣買（取引）光景（米穀市場一部）

안성장 옛모습(1924년)

맞춤랜드 – 안성

호 새: 안성하면 안성맞춤인가요?

돈 키: 안성에선 만든 유기의 품질이 뛰어나 전국적으로 유명세를 갖게 된 데서 유래한 랜드도 유명하나, 시민 발길을 붙잡는 남사당놀이와 전국 3대장으로 꼽던 안성장도 볼만할거야. 삼남지방의 길목이라서 살필 역사문화가 많아. 근세에 원곡만세고개라든가 교과서에 실린 〈의자〉, 〈해〉를 쓰신 시인 조병화, 박두진…. 귀에 익은 분들의 작품세계도 만날 수 있어.

호 새: 남사당놀이라구요?

돈 키: 남사당놀이는 풍물놀이를 비롯해 버나, 살판, 어름, 덧뵈기, 덜미라 부르는 여섯마당이야. 풍물가락에다 대접돌리기, 땅재주, 줄재주, 탈놀이, 인형극이 이어지는데 볼만해. 그중 줄타기는 줄타며 재주부리는 어름산이 재담이 한바탕 배꼽을 쥐게 되지. 놀이패 우두머리가 꼭두쇠인데 안성태생의 바우덕이가 유명세를 가진 꼭두쇠였어.

호 새: 외줄타면 기분이 어떨라나요?

돈 키: 흔들리는 줄에서 중심을 잡기가 쉽겠어. 아슬아슬 재주를 보는 이나 두근두근 타는 이도 출렁출렁하며 어울려야 신명이 나지. 외줄타는 어름산이 재주가 세상살이의 표현이야. 꼭 우리네 삶 같거든.

호 새: 부채들고 사윗대는 동작이 재미나겠어요?

돈 키: 폴짝폴짝 사사삭 휘청휘청…. 떨어질 듯하던 어름산이가 "아이고 애 떨어질뻔 했잖아" 하더라구. 어름산이도 애인데 뱃속애 떨어진다니 한바탕 웃는 거야. 재주도 흥미롭지만 던지는 말이 익살이거든.

호 새: '미리내' 성지도 세간에 알려진 곳이라면요?

돈 키: 순교한 김대건 신부를 모신 곳인데, 교인들이 모여 사는 마을에 불빛이 은하수 같아 '미리내'라고 불리웠어. 화성에 왕림본당에 이어진 유서 깊은 신앙지라 천주교사에 큰 분들의 발자취를 살필 수 있을 거야.

호 새: 장터하면 할머니국밥 아니에요?

돈 키: 장터는 지방특산물의 교류센터야. 소금을 비롯해 유기, 어물, 죽제품, 피류…. 수 없는 생활품이 보부상에 의해 오고 가지. 장날이면 큰 장터가 열리니 풍물놀이가 어우러져 구경거리야. 근세들어 오산, 수원장으로 이어지는 큰 장터였어. 장터에서 한잔 걸칠까? 100년 전통의 설렁탕이라니 가보자구. '동동 구루무'도 있으려나.

호 새: 제 입맛에 딱이에요.

돈 키: 가을엔 홍당무고 날이 차 국밥이 맞춤이네. 옛 생각에 찾지만 다양한 퓨전음식에 길들여져 입맛도 머뭇거려.

호 새: 맞춤랜드, 미리내, 장터 휘익 둘러봤으니 어디로요?

돈 키: 안성천 살피러 갈거야. 황구지천, 진위천을 이어받아 평택호에 이르는 큰 물이야. "청망이들" 지명을 남긴 큰 전투가 안성천을 두고 벌어졌어. 경기만 풍도 앞바다에선 해전이 뭍에선 안성천에서 전투를 했거든. 청나라 패전으로 조선의 지배력이 일본에게로 넘어가 아시

아 세력판도가 바뀐거야.

호　새: 안성바우덕이와 안성맞춤이 홍미롭네요.

돈　키: 세상에 나를 맞추는 거야. 눈맞춤으로 썸을 타고 몸맞춤이 생명을 탄생시키니 말이지. 눈높이에 맞춰 세상이 흐르니 안성맞춤은 큰 말이야. 생활어 맞춤 브랜드랄까. 한마디로 '딱'이라 해야하나?

호　새: 맞춰 살자구요. 끈 떨어지거나 줄 끊어지면 오리알이에요. 줄 잘 서고 줄을 꽉 잡아야지요. 사는게 줄타기라네요. 그럼, "…. 임자가 따로 있나…." 하는 의자는 어때요?

돈　키: 뭔 소리야. 이거, 세상이 왜 이래. 누가 그러더라만 '사내 가는 길 묻지마라'고 말이야. 조병화 시인이 그러시지 않든 "…. 아침을 몰고 오면 어린분에게 묵은 의자 비워 주시겠다고…." 운동화 끈(줄)매고 아침을 몰고 달려봐. '안성맞춤' 회전의자가 기다릴거야.

남사당패 줄타기

삼배구고두례三拜九叩頭禮
—광주 남한산성

호　새: 긴 시간 돌고돌아 들은게 많아요.

돈　키: 글쎄, 많은 것을 보지만 단순한거야. 무엇을 보고듣던 전체속에 일
부분에 불과해. 왜 일어났나 그 흐름을 살피고 어떻게 할 것인가 물
음이 역사공부야.

호　새: 수어장대守禦將臺는 왕궁을 지키는 지휘소가 아닌가요?

돈　키: 장대는 여러 산성에서 볼 수 있지만, 수어장대는 역사적 의미가 매
우 큰 곳이야. 후금(청)과 대항하기 위해 도성을 나와 왕이 머문 궁
성이 남한산성이야. '수어'가 말해주네. '남한산성' 영화에서 명분과
실리를 극명하게 다루드만. 대의를 위해 항전해야 한다는 김상헌(
김윤석분)과 후일을 도모하자는 최명길(이병헌분) 사이에 고심하는
인조(박해일분)의 모습이 꽤나 인상 깊었어.

호　새: 어렵네요. 돈키님은 어느 쪽이에요?

돈　키: 네 관점을 말해보렴. 명분이냐? 실리냐? 그보단 왜 그 지경에 이르
렀는지가 답답할 거야. 개인의 삶에도 그런 경우가 종종 일어나 어

운 상황을 겪어.

돈 키: 임진.정유왜란을 겪은 지 불과 1세기 남짓 후에 정묘·병자호란을 겪은 거야. 전쟁이 하루 아침에 일어나겠어? 무엇을 대비했는지 살펴야지. 타짜들의 식견이나 시대배경, 무엇보다 중요한게 백성의 사기야. 삼전도비三田渡碑의 치욕이나 전쟁승패에 매몰되기보다 왜 그랬는가에 방점을 놓아야지. 어느 시대나 전쟁중 타짜들의 뒷모습을 볼 수 있으나 무엇보다 군주가 명군이어야 해. 경청과 수양을 담은 성聖자가 성군聖君에 붙는 이유겠지. 백성과 나라를 위해 필요충분 조건이야.

호 새: 일상 하나하나에 잘하란 뜻인가요.

돈 키: 우리네 범부야 그리저리 사는거지만 타짜는 백성과 나라미래를 품어야지. 눈을 가리고 귀를 막으면 백성의 삶이 고달파. 올림픽예선전일거야. 실점을 한 후에 어떤 선수가 말하드만. 수비수 한 사람의 잘못이기보다 그런 상황이 되지 않도록 선수 모두가 상대의 공격 흐름을 읽어야 한다고 말이지. 테스형을 불러댄 가수도 민초들이 깨어야 나라도 제대로 된다구 말하대.

호 새: 눈, 귀 열어 흐름을 읽으란 뜻이네요. 웹서핑을 할까요? 윈드서핑을 할까요?

돈 키: 저기 무망루無忘樓 현판을 봐봐. 영조 때 설치되었다네.

호 새: 삼배구고두례三拜九叩頭禮 치욕을 잊지 말라는 뜻이에요? 그 뜻을 이루려 아들인 사도세자도 뒤주에 가뒀나봐요. 된서리 내리고 잠도

오지 않았을 텐데….

돈 키: 왕권보다 신권이 우위였던 시기라 흔히 말하는 당파싸움으로 추론하는데…. 패거리 욕망이 비벼져 사태를 야기하고 백성은 멍드는 거지.

호 새: 저편 남한강에 인조仁祖의 눈물도 흐르겠어요?

돈 키: 무망루나 삼전도비는 이땅의 주홍글씨지. 백성이 얼마나 많은 피눈물을 흘렸겠어. 그나마 눈물조차도 흘리지 못한 경우가 많았을텐데. 인간이 부족하기에 우주 이치를 거스르지. 사회는 늘 갈등이 일어나. 상상해보렴. 보태고 부추기면 얼마나 그 갈등이 파도치겠어.

돈 키: 저 멀리 한강 너머엔 북한산성이 있거든. 다 짝이 있는 거야. 젓가락, 신발…. 쌍을 이루어야 세상이 돌아가는 거야. "남한산성 올라가…. 꾀꼬리도 짝을 지어…." 짝을 이루어야 붕붕 뜬다네.

호 새: 여름에 왔을 때 도토리묵 무침과 막걸리가 짝이라 그런지 술술 넘어가드만요. 오늘 막국수와 어때요?

돈 키: 그려, 해 떨어지기 전에 후루룩 한그릇 들자고.

수어장대

기氣를 기器로 나타내다
─이천, 여주, 광주도자기

돈 키: 기를 기技로 나타낸 기가 도자기야. 비취빛 청자, 도예가 심수관의 내한, 도자비엔날레….그 도자기陶瓷器 전통을 잇는 고을에 가 보자구.

호 새: 도기는 뭐고 자기는 뭐예요?

돈 키: 산소를 충분히 공급해 연료가 소모되는 산화소성 방식은 도기라 하고 산소를 차단해 불완전 연소를 통해 발색을 유도하는 환원소성 방식은 자기라 하지. 그 환원방식에 의해 유명한 청자나 백자가 탄생하는 거래.

호 새: 광주, 여주, 이천 지역별로 생산되는 도자기가 다른가 봅니다.

돈 키: 광주는 왕실 도자기를 주로 생산하고 여주·이천은 생활도자기를 생산했다지. 전통을 살리고자 도자기 비엔날레 축제가 개최해 명성을 옛적 명성을 이어가고 있어.

호 새: 원래 토기에서 비롯된 그릇 아닌가요?

돈 키: 그래 맞아. 고대 고분에서 발견되는 토기에서 알 수 있지. 토기는 정주문화의 사료야. 정주생활은 식량 저장용기가 있어야 가능해. 기술이 발전하며 햇볕에 말리던 공정이 색재료를 흙에 섞거나 유약에 배합하여 가마에 굽는 과정에 이른 거지.

특히 왕실과 귀족사회에서 사랑받던 상감청자는 기법이 독특해 국제미술품 경매시장에서 높이 평가받는 예술품이야. 기술이 뛰어나다는 거지. 송나라 사신 서긍이 저술한 '선화봉사고려도경' 고려견문록에도 상감청자 우수성을 평했어. 조선시대엔 청화백자가 유명했어. 임진왜란과 정유재란 때 기술이 뛰어난 도공들이 일본으로 끌려갔거든. 그 후손 가운데 도공의 맥을 이은 분이 바로 심수관이란 도공이야.

호 새: 도자기도 그릇인데 뭘 그리 애지중지하나요?

돈 키: 기본적으론 생활필수품이지. 자연을 화폭과 병풍에도 그렸지만, 그릇에도 담아 거실이나 서재에 어울리니 품격을 낳는 거지. 흔한 플라스틱 제품과는 차원이 다른 정신이 담긴 자산이야. 강태공의 전매특허 '복수불반분覆水不返盆'이나 '대기만성大器晩成'이란 성어도 그릇에 담긴 정신과 품위를 비유하는 거야.

호 새: 그런 전통마을인 여주, 이천, 광주 남한강 물줄기도 수려水麗해 수라상에 오를 만큼 쌀이 유명하네요.

돈 키: 쌀만 그렇겠어. 고사찰을 비롯해 역사지가 많아. 세상을 들먹인 큰 주먹들도 꽤 있었어.

호 새: 질그릇이 생활용기 아닌가요?

돈　키: 흙으로 구워 만든 것이라 우리네 모습이야. 투박하지만 쓰임새가 많아. 어린시절 돌팔매로 장항아리나 김치독을 깨곤해 야단을 맞았지. 깨지기 쉬우니 성경에서 인간을 질그릇에 비유하잖아. 흙의 변화이니 토기든 도자기든 근본은 쓰임새야. 강아지 밥그릇이냐 예술품이냐는 소유주체가 쓰기 나름이지.

호　새: 연적, 술병, 항아리, 탁자…. 다양한 모양으로 우리곁에 있네요.

돈　키: 대청마루나 서재에 놓인 도자기가 집안의 분위기를 돋워. 독특한 자연미가 배어나는 도공의 장인정신이 깃든 예술품이야. 내 취향을 표현한 그릇이니 자기 삶의 정신을 나타낸다고 할까?

호　새: 그럼, 제 그릇은 뭐에요?

돈　키: 네속을 어찌 알겠어? 용마勇馬도 비마飛馬도 있다만 그냥 돈키호태의 애마愛馬가 좋잖아!

호　새: 값나가는 골동품은 얼마나 될까요?

돈　키: 값도 값이려니와 그런 가치는 혼이 스민 예술성의 평가지. 천년의 고려청자나 조선백자의 이름이 국제경매차트에 상위 랭크된 이유일거야. 장인정신이 오랜 세월을 건너오잖아.

호　새: 그럼, 요즘 시세가 형편 없던데 사람의 이름값은 얼마나 될까요?

돈　키: 글쎄…. 얼마나 되려나. 말값보다는 나을까?

환상의 나라―용인에버랜드

호 새: 에버랜드! 환상의 나라인가요?

돈 키: 글쎄, 국제어니 의역하면 그렇다고 봐야 하나. 뉴질랜드, 디즈니랜
드, 드림랜드, 그린랜드….땅에 붙은 말이니 생각해보렴.

호 새: 자연농원이 에버랜드로 개명되었네요.

돈 키: 장소에 어울리는 상상을 자극하는 이름이야. 용인에는 에버랜드를
비롯해 백남준아트센터, 도립박물관, 민속촌, 국악당, 호암미술관,
이영미술관, 등잔박물관 ….참 볼 것이 많아.

호 새: 둘러보니 소감이 어때요?

돈 키: 뜻이 좋아도 지역과 공간이 어울려야 발길이 잦아. 큰 사업비를 들
여 지어도 찾는 이 없어 울상인데 여기저기 들러보니 미술사는 물론
비디오 아트라든가 경기도의 정체성, 선인들의 생활모습, 작가의 미
술세계…. 많은 걸 공부했어. 한 공간에 훌륭한 작품을 감상할 기회
를 갖게 되니 고마운 일이지.

호 새: 에버랜드에 오니 아이들이 꽤 신나 해요.

돈 키: 왜, 청년들도 찾는 공간이야. 테마 별로 눈길. 발길을 끌잖아. 백화

점이 철따라 구색을 맞추듯 말이지. 제 모습들을 어울려 피워낸 공간디자인이야. 자녀 교육이나 정서에도 큰 도움이겠어. 보태면 창의적 공간은 호기심을 돋우거든. 널리 알려져 해외 발길도 끌어야지. 역사문화는 배경이고 계절별 테마행사는 이음쇠야.

호 새: 철따라 벚꽃, 튤립, 장미, 국화꽃 축제에 오면 내마음이 꽃이 될까요?

돈 키: 때 지나지 않았어?

호 새: 나이들어도 마음은 청춘이래요.

돈 키: 그래 와보니 뭐가 좋든?

호 새: 그냥 좋은 거죠. 뭔 사족을 달아요. 나오니 좋고, 동행해 좋고, 이것저것 둘러보니 좋고, 들으니 좋은 거지요.

돈 키: 그냥 좋단 말이지. 고개 넘어섰네. 그래, 그냥이란 말에 경험이 녹아들었어. 설명 없이도 공감하는 바지.

호 새: 맞아요. 세상살이 그냥 사는 겁니다. 괜히 끙끙거릴 필요 없어요.

돈 키: 그건 아니지. 네가 설익어 고개를 넘었네. 치열한 삶속에 녹아든 정제어가 바로 '그냥'이야. 그냥이란 말이 헐렁한게 아냐. 꽤 깊은 말이거든. 바라봄도 헤아림도 들어 있어. 참말, 정말, 거짓말이 다르나 '그냥'은 나아감과 물러남이 없어 대화를 편하게 해줘. 분별이 없는 말이거든.

호 새: 얼추 돌았으니 쉬었다 가요.

돈 키: 다리품 많이 팔았네. 저쪽에서 쉴까?

호 새: 어때요?

돈 키: 그래, 나두 그냥 좋아. 올 때마다 오감이 울려드니 말 그대로 에버랜드네.

호 새: 수원, 신갈인터체인지에요.

돈 키: 용인은 화성, 수원, 의왕, 성남, 광주, 이천, 안성, 평택 무려 8개 시군에 연접한 큰 도시야. 몽고장수 살리타이를 사살한 승장 김윤후의 처인성 전투나 잃어가는 '효' 정신을 깨우는 '생거진천 사도용인', 수원화성의 입지를 점지한 실학자 반계 유형원 선생 등 많은 역사적 이야깃거리가 있어. 지구촌 반도체 시장의 큰 얼굴인 삼성반도체 공장도 이곳의 자랑이고.

호 새: 초겨울 사진을 유튜브에 올려 볼까요.

돈 키: 겨울바람이 세차야 살아있다는 걸 깨달아.

에버랜드 야경

하늘아래 마을
— 성남, 판교, 분당

호 새: 오늘 성남으로 발길을 하나요?

돈 키: 모란시장, 판교테크노밸리, 하늘 아래 분당을 휘이 돌아보려고.

호 새: 모란시장에 요즘에도 보신탕이 끓어요?

돈 키: 국제행사를 앞두고 매스컴에 야단이 났어. 여론도 분분했지. 어떻게 애완동물을 식용으로 하냐고 말이지. 먹고 살기 어려운 시절 단백질 보충과 병약자에겐 보신 음식이거든. 어쨌든 강아지는 인간과 친해져 방안에 들어섰고 전용 미용숍과 장례식장도 있으니 그 옛말 한여름 '댑사리 밑에 개팔자'라는 말이 실감나네.

호 새: 그런 팔자가 강아지만 그런가요? 사람도 흙수저니 금수저니 그러던데….

돈 키: 별별거 있는 재래장이라 발길이 많네.

호 새: 점찍었으니 테크노파크로 가봐요.

돈 키: 판교테크노밸리라고 불러. IT(information technology), BT(biotechnology),

CT(Computed Tomography), NT(Nanotechnology) 등 첨단기술 융·복합단지야. 수도권 지리적 여건을 십분활용해 국제경쟁력을 갖췄을 거야. 인프라에서도 우선은 정주 여건인데 자료에 20~30대가 65%에 이른다니 눈길을 끄네. 외투기업, 벤처기업&이노비즈 인증, 기업부설연구소 지표가 이곳에 생명력이야. 테크노밸리가 판교신도시의 경쟁력이거든.

호 새: 여기 온 특별난 이유가 있어요?

돈 키: 4차 산업시대이잖아. 융·복합기술이 새시대를 여는 거야. 의료나 산업현장, 실생활에 활용된 사례는 이미 널리 알려졌어. 문외한이나 발치에서나마 그런 감을 가져야 시대흐름을 쫓을 수 있거든. 포도밭에 서성거려야 달콤한 포도향을 맡을 수 있잖아.

호 새: '백문이 불여일견하고 백견이 불여일행'이라니 그런 길을 걷지 그랬어요?

돈 키: 삶에는 여러 갈래길이 있어. 그 길 걷는 분도 있고 내도 내길 걸으니 제 길을 걷는거야. 가지 않은 길을 구태여 되뇌일까?

호 새: 획기적 신제품 개발로 인생 봄맞이 다시 안될까요?

돈 키: 진시황도 불로초 구하려고 했어. 기계가 생각하는 시대야. '새처럼 날 수 있을까?', '기계도 생각할 수 없을까?' 엉뚱한 생각들이 AI시대를 맞았어. 고대인 평균 수명이 기껏해야 30~40대였는데, 이즘 생명공학의 발달로 100세시대라니 이곳 밸리의 성과도 일상에 곧 다가설거야.

호 새: 천당아래 분당으로 가봐요.

돈 키: 신도시는 한시대의 사민정책이야. 수도과밀화해소 방편으로 한강

건너 인근에 이주정책을 펼쳤으나 주거, 교육, 편의시설 인프라 부족으로 이내 베드타운이 되었어. 이에 나라가 90년대 초반부터 200만호 주택정책을 펼쳐 부천중동, 안양평촌, 군포산본처럼 분당도 1기 신도시야. 해를 거듭하니 동네 자생력이 돋드만.

호　새: 자치시대인데 왜 그리 야단스러워요?

돈　키: 지지고 볶으면 세상은 발전하는 거야. 탁한 물길이 풀, 흙, 모래에 어울려 정화되듯 사람도 세상도 어울려야 진화되드만.

호　새: '분당' 하길래 어느 정당이 분당하나 했어요.

돈　키: 내도 붕당朋黨인줄 알았어. 하늘아래 분당盆唐이라 부르니 좋으네. 청자는 하늘빛을 담았어. 말이 씨가 된다지. 하늘을 담은 터전이라 부르니 좋구만.

호　새: 사람도 그릇이니 바른 생각을 담아야 하죠?

돈　키: "태산이 높다하되 하늘아래 뫼이로다." "이리저리 살펴봐도 하늘아래 분당이로세."

호　새: 오가는 발길이 "루루랄라"네요.

판교 테크노밸리

칙칙폭폭이 날다
— 의왕철도박물관

호　새: 눈 내리는 차창가 풍경이 어떨까요?

돈　키: 겨울 기차를 타는 흥부역 맡았어? "눈내리는 겨울밤에 어디로 가나
　　　　형님께서 저러시니 애달프고나" 초등학교 때 '흥부전' 연극무대에
　　　　서 부른 노래야.

호　새: 저 레일바이크도 흰 눈 쓴 채 멈추었어요. 겨울호수라 적막하네요.
　　　　관람이 안되네요. 지난번에는 공사중이라 못했는데….

돈　키: 주위라도 둘러봐야지….

호　새: 근현대 철도사를 살펴려구요?

돈　키: 웹서핑하니 최초 철도부설에서 이즘에 이른 역사와 미래철도까지
　　　　그렸드만.

호　새: 말이 기차로 발전한 거네요.

돈　키: 꼭 그런건 아니나 편리한 이동수단이야. 옛적 '역참驛站'이란 통신제
　　　　에서 비롯했으니 역말을 기차가 대체한거야. 1899년 종로통 전철과

그해 9월 경인선(제물포와 노량진), 1900년도엔 한강철교가 부설되어 서울까지 운행되었어. 1905년 경부선, 1906년엔 경의선…등을 연이어 개설되었으니 큰 변화가 일어난거야. 단지 일본이 지배하던 때라 공출물자 이동에 활용된 점이 아픈 대목이지. 왔으니 부근에 물류기지도 눈팅할까?

호 새: 칙칙폭폭에서 전철은 물론이요, 쌩하는 KTX, SRT가 달리니 놀랍네요.

돈 키: 곧 유라시아 횡단 열차가 달리고 자기부상 열차도 등장한다네.

호 새: 자율운행자동차, 자기부상열차, 하늘엔 드론, 우주에 로켓 꼭 판타지 영화 같아요.

돈 키: 도시공학자와 과학자들이 연출할 프로젝트가 이미 시작되었어.

돈 키: 그런 퀀텀점프가 어제오늘 일이 아니야. 역사학자는 어제를 살피고 미래학자는 내일을 예측해. 어제, 오늘, 내일은 물리적 개념일 뿐이야. 1차, 2차, 3차 산업혁명이나 이즘의 인공지능 AI시대의 경계를 살피면 점점 빠르게 점핑하고 있어. 인간의 삶도 그렇고.

호 새: 점점 나만 생각하는 시대로 진화하네요.

돈 키: 현재 시점에서 과거 평가나 미래예단은 편견과 기우일 뿐이야. 선인들께서 Now & Here라 말씀하잖아. 달리는 기차내에 우리도 진화하는 거야.

호 새: 쌩하니 달리니 이쁜이 곱분이도 못 보고 하얀 손수건 흔드는 플랫폼의 낭만은 옛이야기네요.

돈 키: 그럴 파트너는 있냐? 세상이 변해도 내 할 일 하면 되는거야. '철마'

나 '자기부상열차'도 그렇다 이해하면 되는거야. 세상이 시끌시끌해도 때맞춰 의연한 지도자들이 등장하거든.

호 새: 맞아요. 줄행랑 유비를 태워 협곡 단계檀溪를 뛰어넘은 '적로'란 말이 그랬어요.

돈 키: 나라를 구한 인물들도 그랬어. 우리네 범부와 다르지. 장판교에서 조조군을 막아선 배짱있는 장비나 열두 척으로 왜군에 맞짱 뜬 충무공, 동양평화를 위해 몸을 던진 안중근의사…. 우리가 읽었던 사례로 두려움을 깨고 나선 사례야.

호 새: 이즘엔 '이불속에서 호랑이 잡는다'는 말인가요?

돈 키: 저 얼어붙은 호수도 때가 되어 어져녹져 제몸 풀면 새들이 날아들드만. 제모습 피우려면 때를 맞춰야지.

호 새: 꿋꿋한 중심이 바로 내일을 여는 힘이네요.

의왕 철도박물관

시화호 방조제 — 안산대부도

돈 키: 어른들 말씀에 집에만 있으면 병난다 했어. 코로나는 염기엔 약하다
니 바닷가로 Go!

호 새: 쏴아아~ 파도소리 들리네요. 노을에 갈매기와 폼나는 댄싱만 하는
거죠?

돈 키: 그렇다고 길가며 눈감냐 귀막냐. 닿는 대로 가보자구.

호 새: 지난 여름에 심훈의 〈상록수〉 관련해 쭈욱 둘러봤으니 이번엔?

돈 키: 안산은 반계의 학풍을 이은 성호선생의 발자취가 있어. 조선시대는
성리학이 치세에 바탕을 이뤘어. 허나 명분에 치우쳐 중기 들어 실
용사상 실학이 기호학파를 중심으로 번졌고, 탕평과 개혁을 서두른
영.정조.순조시대에 영향을 미쳤어. 특히나 1622년 출생한 유형원,
1681 이익, 1694 유수원, 1712 안정복, 1727 위백규, 1731 홍대용,
1736 이긍익, 1737 박지원, 1741 우하영, 1741 이덕무, 1748 유득공,
1750 박제가, 1762 정약용, 1788이 규경, 1801 최한기…. 알려진 여
러 실학자가 각분야에 두드러진 저술을 남겼어. 토지개혁의 농업을
중시하는 중농학파와 상공업진흥과 생산.유통개혁으로 부국강병하

자는 북학파의 중상학파가 큰 흐름이야. 요즘 읽어봐도 눈길을 끌 거야.

호 새: 입시준비하며 귀에 익은 학자들이죠?

돈 키: 조선팔도에 어찌 그들뿐이겠어. 도성과 지방문중 양반들에겐 큰 흐름이었을거야. 깨어난 주장이 참 많아. 유형원의 수원화성의 입지를 비롯해 이익의 간척사업, 홍대용의 중화를 벗어난 세계관, 고산자의 '청구도'에 제문을 남긴 최한기의 경험주의 주장은 혜안이겠지. 기호지방에 집중된 실학연구 범역도 전국으로 넓혀졌어. 사상은 시대조류거든.

호 새: 정책에 반영했으면 융성 했겠어요.

돈 키: 사림의 정신세계가 중화사상과 파벌에 매몰되었거든. 어느 시대나 변하지 않으면 망하는 거야. 신사상 물결을 외면해 구한말에는 어려움이 맞닥뜨렸어. 어쨌든 실학자들의 저술은 시대조류를 밝히는 인문적 유산이야.

호 새: 왕조의 리더나 참모들이 파벌로 나라를 망친거네요.

호 새: 저쪽이 공단인가봐요?

돈 키: 공업입국의 큰 돋움 터, 반월산업단지야. 때를 맞춰 한양공대 반월캠퍼스도 둥지를 틀었어. 요즘들어 외국인 근로자들이 집단거주를 이룬다네. 고용여건이 크게 변한거야. 최근 들어서 선진국에선 스마트밸리,

시화호 전망대

팩토리, 빌리지, 하우스 등 깊이 다루고 있어. 지역이미지도 미래로 뻗어갈 힘이거든.

호 새: 단원 김홍도가 안산의 풍광을 한 폭에 담는다면 뭘 그릴까요?

돈 키: 글쎄, 남양팔경의 '대부황금낙조'를 그릴라나? 탄도항 등대를 그릴라나.

호 새: 방아머리 해수욕장 모래밭을 걷는 연인은 어떨까요?

돈 키: 씨름판에서 엿파는 시대가 아니야. 조력발전소 전망대에서 훨훨나는 갈매기나 멀리 오가는 유람선이나 요트는 어때? 랜선파티를 즐기는 시화호 청춘들이 상상되거든….

호 새: 떠들썩이던 시화호! 어때요?

돈 키: 해수가 유입해 철새들 날아온다드만. 공부 많은 분과 타짜들 헤아림이 아쉬웠던 사례야. 현재와 미래의 줄다림은 늘 어려운 일이나 가공된 데이터로 그르친 사례도 많아. 경직된 사고로 시대흐름이 바뀌듯 방파제가 조류를 바꾸니 풀어야 할 숙제야.

호 새: 어깨너머 얘기론 치세는 치수라대요. 흐르는 물은 썩지 않는다지요. 열면됩니다. 닫으니 문제지요. 저 너른 바다를 향해 가슴을 활짝 펴봐요. 갈매기 '조나단'처럼 꿈을 띄워봐요. '호새와 함께 2020년말 시화호에 다녀갔다'라 말이죠.

돈 키: 짧고 굵게 써볼까? 자, 야~호~!

꿈을 실은 배 – 평택항

돈 키: 무려 7km에 이른 당진 송악과 평택 포승을 잇는 서해대교야.

호 새: 짙은 안개로 29중 추돌사고로 떠들썩했는데 이젠 괜찮겠죠.

돈 키: 선배말을 빌리면 드론을 이용해 안개를 제거하는 연구를 한다네.

호 새: 오늘 점심은 송탄부대찌개에요?

돈 키: '최네집'에 발길이 이어져 유명세를 지닌 부대찌개야. 통학 시절을 돌아보면 그곳 친구들은 미군부대 영향인지 영어를 잘하고 옷도 세련된 것 같았어.

호 새: '평택이 부른다'고 홍보하대요.

돈 키: 송탄과 군지역이 통합되고 대기업 공장단지 건설과 정주단지 확충이 이루어져 시규모가 커졌어. 송탄 미군부대로 인해 이국적 모습에다 군사도시의 모델이지. 부르니 가보는 거야. 길따라 가니 사람이 모여 돈이 돌고, 돈이 흐르니 세상이 도는 거지. 평택을 경유하는 경부, 서해안 고속도로, 1번 국도, 전철, SRT 게다가 바닷길 평택항이 있어 물류가 흐르는 거지. 중국을 오가는 물길과 하늘길이 트인 지역이야. 교통거점 도시야.

호 새: 이백리물길 황구지천이 닿는 평택호에 가보죠.

평택항 야경

돈　키: 근세에 내륙물길도 큰 변화를 맞았어. 하천과 바다가 닿는 연안에 간척사업이나 방파제로 인해 호수가 탄생해 지형을 바꾸었어. 화성, 시흥, 안산 세 지자체에 연한 시화호나 화성내의 화성호, 평택 화성에 걸친 남양호, 평택 아산간의 평택아산호, 아산 당진간의 삽교호, 군산시 김제시 부안군에 걸친 새만금호가 그런 사례야. 산업용수든 발전용이든 자연생태계를 훼손해 비싼 댓가를 치른 셈이야. 획기적인 활용방안이 필요할거야

호　새: 백사장을 걷는 분들이 많네요.

돈　키: 하이킹 모습도 보이네. 수원에 이르는 200여리 황구지천 멋진 수변길이야. 다듬어 교통물류 도로로 활용하면 훌륭할 거야. 길에는 사람 마음을 끄는 무엇이 있나봐. 실크로드나 차마고도, 백두대간, 올레길, 부채길…. 그런 길따라 걷고 싶은 마음이 일거든.

호　새: 세종로, 원효로, 을지로, 충무로, 삼성로, 쌍용로, 효행로, 만세로…. 나름의 이름에도 그 의미가 담겼나봐요.

돈　키: 길 뿐이겠어. 동네나 강, 산도 그렇지. 평택은 아예 중심 도로를 '평택로'라 했더만.

호　새: 호수에서 길타령을 하네요.

돈　키: 길 따라 왔다가 길따라 가는거야. 내길 따라 걷다 가는거야. 왔다가 그냥 간다잖아. 그 그냥에 동방길, 남극길, 우주를 담은 선인이 걸어간 길도 있고 돈키호태 유람길도 있는거야. 어찌 보고들은 길만 있겠어?

호　새: 이 평택호 만호리 둑방길에도 무수한 발길이 나겠어요.

호　새: 항만과 비행장이 있는 도시라서 외국여행을 가는 기분이네요.

돈　키: 기분만은 아닐거야. 옛날 학승이나 최근 들어선 보따리상들이 바다 건너 중국에 다녀오는 곳이잖아. 바다에 나서고 싶어? 어른들 말씀이 이곳에서 표주박 띄우면 당진 인근 국화도에 이른다니 국화도에나 다녀오든가?

호　새: 날이 차운데 그럴 수 있나요. 시원한 여름에 밀짚모자 쓰고 다녀와야죠.

돈　키: 부두에 배를 보니 생각이나드만. "꿈길밖에 길이 없어 꿈길을 가니…" 황진이 노래처럼 꿈길을 걸어야지. 쉼없이 걸으면 다다를거야.

호　새: 뿌~우웅! 꿈을 실은 작은 배 대양으로 떠나요.

서해대교

한반도 소나타

영남편

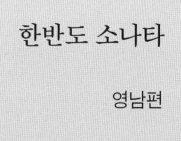

울릉도

울렁울렁 처녀가슴 - 울릉도

울렁울렁 울렁대는 가슴 안고
뱃머리도 신이 나서 트위스트
아름다운 울릉도

아가씨들 예쁘고
둘이 먹다가 하나 죽어도 모르는 호박엿
울렁울렁 울렁대는 처녀 가슴
오징어가 풍년이면 시집가요
트위스트 나를 데려가세요.

돈 키 : 바닷바람이 시원하지. 울릉도 트위스트 뱃전에 날리면 신날텐데….

호 새 : 울릉도 아가씨에게 한눈팔을 생각마시고 저 뱃머리에 서봐요. '돈키
호태와 호새'를 '잭과 로즈'에 비견하겠어요. 눈감고 제등에 올라서
봐요. 어때요?

돈 키 : 와! 바다가 넓네!

호 새 : 이거 뭐 이래요. 장단 맞춰야지.

돈 키 : 쏘리 쏘리. 해본 소리야. 울릉도 마라톤대회 참가 후 오랜만에 오는 거야.

호 새 : 말이나 뛰는거지 혼자서 달렸다 말이에요?

돈 키 : 마라톤 삼총사라고 함께 뛰는 동창들이 있어.

호 새: 혹, 다른 사연이 있는 거 아니에요?

돈 키: 그래, 왼쪽 눈 찡긋하면 아줌마가 달덩이가 되어 살이 통통한 놈으로 회를 치시거든. 둘이 먹다 둘이 죽으면 모르는 맛이지. 덤으로 울릉살이를 듬뿍 챙겨주시거든. 바닷바람 쐬인 부지갱이 나물밥도 맛스럽고 그맛에 유람하는 거야.

호 새: 신라 지증왕 때 이사부가 정벌한 우산국이 울릉도라면서요.

돈 키: 그래, 고려시대엔 여진족 해적도 침범했다니 동해뱃길의 해양사를 밝혀갈 단초이지. 늘 궁금하던 사안이었어. 내륙중심으로만 고대사를 배운 탓에 해양사에 깜깜이야. 한반도는 수십만년전 알래스카를 건너가는 길목이야. 특히 옥저, 동예, 고구려, 신라, 발해, 고려시대에 걸친 동해에 고대해양사가 우리의 정체성에도 대륙사 못지않게 큰 보탬이 될거야.

호 새: 그 차원에서 독도를 다루면 이해될 것 같아요.

돈 키: "울릉도 동남쪽 뱃길 따라 이백리…." "독도는 우리땅"(박문영작사.작곡)이라고 정광태 가수가 목놓아 불러 애국심을 더살찌게 했으니 큰 일을 한거야.

호 새: 1952년 '이승만라인(평화선)'이 해상 철울이었네요. 내땅을 내땅이라고 노래 부르니 서글픈 일이네요.

돈 키: 북쪽에는 중·러와 동해에는 일본과 서해는 중국과 남해는 중·일과 갈등이 상존해. 쇄국정책이 낳은 후유증이라고 해야지. 스스로 우물안에 가두었으니 답답한 일이지. 근원을 찾는 일이 바로 나를 밝히는 일이거든. 북쪽으로 금와왕, 고주몽, 광개토대왕, 서해엔 근초고왕, 동해로는 지증왕, 어부 안용복, 이승만 대통령, 남해엔 태종.세

종대왕, 해상왕 장보고 등이 해상울을 넓혔거나 영토의 가치를 알린 분들이지. 대마도에서 최익현 지사, 헤이그 이준열 열사, 하얼빈 안중근 의사, 홍구공원 윤봉길 의사, 센프란시스코 장인환.전명운, 동경 최팔용을 비롯한 600여 유학생…. 많은 지사, 의사, 열사들이 우리에게 내나라 내땅의 소중함을 일깨워 주었어.

호 새: 미래에도 갈등을 빚는 국가들이 지속될까요?

돈 키: 글쎄, 경제적으로야 국경선이 옅어간다지만 옛말이 그르지 않아. "바다를 지배하는 자 세계를 지배하리라" 3면을 바다로 두른 해양국가 코리아 타짜들이 새겨야 할 귀절이지. 독도는 바닷길 목이야. 눈을 아주 크게 떠야 돼.

호 새: 그렇다고 저더러 저 바닷물 마시란 말씀은 아니죠?

돈 키: '두만강수음마무'란 말이 있다잖아. 동해수를 마시면 큰바다로 날지 않겠어.

호 새: 호박엿이나 살까요?

돈 키: 왜, 엿이나 먹으라고?

독도

문경새재는 웬 고갯가
─영남지방

호 새: 고개 넘으면 영남지방인가요?

돈 키: 그래 충북괴산과 경북 문경지역 사이의 그 유명한 문경새재야. 새도
날아 넘기 힘든 고개라 조령, 새재라 한다지만 날아가는 새도 떨어
뜨리는 권세를 이룬 길이기도 해.

호 새: 반가운 얘기가 들리는 문경이라면요?

돈 키: 요즘이야 북상하는 벚꽃이나 남하하는 단풍 소식이 고개를 넘나들
지만 조선시대만해도 장원급제나 양반들 영전소식이 들려올테니
문경이라 하지 않았을까? 들리는 소문에 볼 것도 많고 맛난 것도 많
다드만. 옛영화를 꿈꾸려 토함산에서는 피리를 불고, 철갑선을 만
드느라 포항에선 쇳물을 끓이고, 울산은 '울산 큰애기' 호강시킬려
고 자동차들 큰배에 싣고 해외로 떠난다잖아.

호 새: 안동, 경주, 포항, 김해…등에 가는 길이네요?

돈 키: 그 옛날 성쇠를 살필 수 있는 고개야. 통일신라시기에 도성인 경주
와 부도(중원경)인 충주로, 고려시기엔 도성인 개성과 피난처 행궁

인 안동.상주로, 이조시대엔 도성 한성으로 오가는 길이었어. 경부
선과 고속도로 발달로 옛이야기가 되어가네.

호 새: 천등산 박달재에 박달도령과 금봉이 러브스토리 들은지도 꽤나 되
　　　었는데요.

돈 키: 러브스토리만 들리겠어. 영남지방과 중앙을 오가는 통로라니 옛적
　　　에는 홍건적 말발굽소리에다 왜군의 조총소리, 동란시에는 소련탱
　　　크소리도 고개 너머로 들렸을거야. 그때마다 백성의 통곡소리도 하
　　　늘에 닿았겠지.

호 새: 힘든 세상살이 고개를 넘느라 노래도 절로 나왔겠어요?

돈 키: 아리랑고개라잖아. "문경새재는 웬 고갠가…." 진도아리랑 첫구절
　　　에 등장하거든. 정선, 밀양, 진도아리랑…. 버전이 많은데 공통인 어
　　　귀가 님이야. 그님이 정든 님이든 고된 삶이든, 아니면 나라를 담았
　　　든 간에 불러도 들어도 몸이 울리는 거야. "~구부야 구부구부가 눈
　　　물이 난다~" 길손들 한소리에 산새들도 장단을 맞췄을라나? 그 고
　　　개너머로 유람을 하는거야.

호 새: 유람은 먹는게 재미라는데…. 군대후배가 문경에서 오미자 농사를 짓
　　　는다면요?

돈 키: 그래 영남지방엔 귀에 익은 곶감, 사과, 과메기, 자갈치, 굴, 멸치….
　　　먹거리가 많드만.

호 새: 홍당무는 없나요?

돈 키: 동해에 번쩍 서해에 번쩍했다는 홍의장군이 있다만서도.

호 새: 어데로 말머리 돌릴까요?

돈　키: 글쎄 어디부터 갈거나? 정자모도 써봐야지, 청라언덕, 금강송단지, 우포늪, 남해대교도 봐야 하구. 팔공산, 금오산, 연구단지…. 여기저기 다가보고 싶은데….

호　새: 자치시대라구요. "날좀 보소 날좀 보소 동지섣달 꽃 본 듯이 날좀 보소…." 밀양아리랑 노랫말이 일러주니 가다보면 알겠지요.

돈　키: 그래, 낙동강 물줄기따라 남해까지 가보는 거야.

호　새: 왜 팔꺾어 경례하던 충성대에 안 들러요?

돈　키: 한순간이나마 나라를 가슴에 담았다는 건 소중한거야. 내가정도 버거운데 내땅 내나라를 품었거든. 세월이 흘러도 정신적 버팀대야. 영천에도 들러야지. 흙바닥에 뒹굴며 몸에 배인 땀의 가치는 소중한 자산이거든.

호　새: 주인님, 가끔 그걸 잊나봐요? 발길을 흐트리대요.

돈　키: 가슴펴고 가야할텐데…. 나를 다스리는게 쉽지 않아. 작심 하루라 한숨만 나오네.

호　새: "날따라 해봐요 이렇게" 준비됐습니까?

돈　키: 준비됐습니다.

호　새: 전방을 향하여 애인 이름 복창 3회 실시!

돈　키: ○○아~, ○○아~, ○○아~~.

솔바람 소리
─울진금강송단지

금강송

호　새: 주변에도 소나무숲인데 그 먼곳까지 가요?

돈　키: 금강송 군락지라니 볼만할거야. 태백산에 동행한 일행이 함께 갈거야.

돈　키: "숨쉬는 땅, 여유의 바다" 울진이라. 그곳에는 여러 사람만 있으면 되
　　　는거네.

농장맨: 지난번 태백산도 그렇고 이번 금강송단지 원행인데 기대해보죠.

게스트: 이름이 크네요.

해설사: 선호도를 조사하면 60~70% 국민이 소나무를 좋아해요. 우리생활과
　　　친숙해 그만큼 마음이 편안하다란 뜻이죠

리틀맨: 굽은 소나무가 선산도 지킨다잖아요.

농장맨: 정이품송은 예의도 차린다죠.

해설사: 이상적이 유배지인 제주에 방문하자 그 답례로 완당 선생이 그려 준
　　　세한도에는 기상이 꼿꼿하지요. 한겨울에도 굳센 기상을 잃지않는
　　　우리삶에 최적화된 나무랍니다.

돈　키: 금강송이라 이름한 연유가 있나요?

해설사: 일본학자에 의해 이름이 지어졌어요. 보통은 적송이라 부르나 울진, 봉화, 금강산에 분포된 소나무를 금강송이라 부르니 금강산에서 이름을 차용한 것 같아요. 다행히 이지역이 오지인 탓에 일제시대에도 남벌되지 않아 군락지가 그대로 보존되었어요. 햇볕을 받아야 성장하는 특성의 양수라서 활엽수 참나무와는 잘어울리지 못해요.

농장맨: 이즘엔 조경수로도 인기있던데….

해설사: 이곳 단지는 힐링이나 치유센터로도 이용합니다. 어릴적 먹던 송화다식이나 솔송편, 송이버섯 등 먹거리도 제공하고 피톤치드 효능은 편백보다 좋다고 합니다. 특히 강도가 높아 건축목재로 이용되지요.

돈　키: 한대성 식물이라서 온난화로인해 생장여건이 악화되어갈텐데 해송은 어떨라나요?

솔박사: 해송은 껍질이 검어 흑송이라 부르며 일명 곰솔이라고도 해요. "철갑을 두른 듯 바람서리 불변함은 우리 기상일세…." 애국가에서의 철갑은 철이 녹슬면 붉어지듯 나무의 붉은 몸통을 나타낸 거예요.

돈　키: 금강송을 곧게 솟은 소나무로만 생각했는데 굽은 나무가 있네요.

솔박사: 햇볕드는 개활지인 경우는 구태여 하늘로 솟을 필요가 없는 거지요. 금강이듯 삼나무나 편백보다 강도가 높아 배건조시에 목재로 많이 사용되었어요. 충무공의 해전승리에 화포의 위력을 받친 발사시의 충격을 견뎌낸 금강송 강도가 한요인이였거든요. 그런 강도라서 충파로도 왜선을 제압할 수 있었던 겁니다.

돈　키: 가까이 보면서도 모르는게 참 많네요.

솔박사: 지금의 푸른 솔숲은 산림녹화정책이 성공한거지요. 일제시대와 6·25

동란을 겪은 탓에 벌거숭이던 모습이 반세기만에 푸르렀어요. 그렇게 국토녹화에 기여한 식목일이 이제는 육림의 날로 변했구요.

호 새: 솔바람소리가 피리나 거문고소리 못지않게 은은하다네요. 귀를 기울여보세요.

돈 키: 솔향은 어떻고?

호 새: 재질, 가루, 껍질, 진액…. 쓰임이 발끝에서 머리까지 소용하니 버릴 게 없네요.

돈 키: 우듬지에 새들도 앉지 않드만. 어느 시인이 그러대. 가던 길에 솔방울 툭, 떨어지니 오솔길이 다 환하더라고….

호 새: 금강송 솔향이 한민족의 품성인가보죠? 요즘 사람은 코로나와 싸우는데 소나무는 재선충과 싸우대요. 그 시인이 노래했드만요. 빨래는 얼면서도 마른다고 말이죠.

리틀맨: 입산통제 기간이라니 죽변항이나 영진항에 들러 오징어나 구경하죠?

게스트: 구경만 하자는 거야? 씹어보자는 거야?

울진 죽변항

정신문화의 수도 – 안동

호　새: '정신문화의 수도' 안동인가요?

돈　키: 어떻게 영남학파로 자리잡았을까? 이 고장엔 안향, 우탁, 이제현, 김
　　　　계행, 이황…. 성리학의 물줄기가 흐르거든.

호　새: 의미로운 장소가 많겠어요. 주먹왕 김두한도 안동김씨라던데….

돈　키: 안동댐, 역동서원, 묵계서원, 도산서원, 병산서원, 하회마을, 학봉고
　　　　택 등 들러 볼 곳이 많드만….

호　새: 유림 본산으로 칭할지면 자리펴고 안동소주에 안동찜닭 먹기는 틀
　　　　렸네요.

돈　키: 아니야. 안동 간고등어 조림 밥상 차릴거야. 짠한 사랑가 들려주는
　　　　월영교도 돌아볼 거구.

호　새: 매년 이곳에 역동 우탁선생 제향에 오시는데 역동서원은 지명이나
　　　　성현들의 호와는 관계없이 "역동"이라 붙이대요?

돈　키: 우탁선생이 역을 해득하여 후학들에게 강학한 까닭이지. 고려후기
　　　　문인으로서 지부상소의 원조랄까? '탄로가'와 한시 여러 편이 전해
　　　　와. 퇴계 선생께서 사액서원을 청원하고 현판도 썼다니까 정신적
　　　　사부로 모신 셈이지.

호 새: 퇴계선생의 도산서원을 '추노지향鄒魯之鄕'이라 하던데….

돈 키: 군동기들과 둘러보니 공자의 후손이 도산서원에 공자.맹자의 고향
인 추나라와 노나라처럼 예절이 바르고 학문이 왕성한 곳이라 휘호
를 남겼다네. '퇴거계상' 별호가 의미하듯 물러나 자연에 머물며 높
은 경지의 성리학 기틀을 이땅에 마련했다는 뜻일거야. 서원의 현
판은 명필 한호 한석봉께서 썼다고 설명을 들었어. 제자를 키운다
는 건 힘든 길이여.

호 새: 현실에 참여한 율곡과 달리 제자를 키웠으니 학파를 형성했겠어요.

돈 키: 영남지방 거유 남명 조식, 여현 장현광…. 더불어 많은 유생들을 키
워냈고 교류를 했어. 고봉 기대승이나 율곡 이이, 제자 추연 우성전,
겸암 유몽룡, 서애 유성룡, 학봉 김성일…. 많은 유생들과 오간 서찰
이 전해와. 학문의 논점이 오가거나 제자들에 대한 사랑을 담은 거
야. 학문이 깊었으니 백천의 지류를 낳아 관련된 연구논문이 많아.

호 새: 왜의 형국을 살피고 돌아온 부사 학봉선생이 토요토미 히데요시의
전쟁준비 형국에 대해 정사 황윤길과 왜 견해를 달리 했을까?

돈 키: 학자들 연구를 살펴야겠지. 스승은 선조에게 성학십도를 가르쳤어.
제자는 현장을 직소하였어. 시비를 떠나 안타까운 일이야. '청출어
람청어람'은 세상이 발전하는 힘이지. 공.맹사상의 유교는 자성을
깨우는 불가나 인간과 신의 관계를 소명하는 기독사상과는 달리 지
기수양의 방편이요 경세섭리를 밝힌다고 할까. 학문은 앎을 실천하
는 참공부라 생각해. 공자가 살아야 나라가 산다고나 할까? 시비를
가리는 것보다 무엇을 배우고 실천하는거야.

호 새: 달과 노니는 이태백을 살피면 되는거네요?

돈 키: 세상을 다스리는데 무엇이 필요한지를. 그를 해석함에 시대변화와
원용하는 주체로의 자각이 필요한데…. 동산에 올라 달을 읊었건만

뒷짐지고 올라갔을까? 구두신고 갔을까? 정자모쓰고 갔나를 다투는
격이랄까.

호 새: 고려시대 공민왕이 홍건적란 때 이곳까지 도성을 옮겼나봐요?

돈 키: 조선시대 인조 임금이 남한산성에 산책을 가셨겠어? 의주까지 선조
　　　임금이 시찰을 가셨겠어?

호 새: 주군과 참모가 세상공부를 크게 해야한다는 거네요.

돈 키: 사극에 '전하 소인을 죽여주시옵소서' 다음 장면은 임금이 머리띠
　　　둘러매고 두통약 먹잖아. 나라가 기울어가는 징조야.

호 새: 왕노릇 힘들겠어요. 버릴 수도 죽일 수도 없으니 말이죠.

호 새: 주워들었는데요. 이곳에 까치구멍집이 있다드만요. 통풍때문인가 봐요?

돈 키: 선인들은 한옥 대청마루나 거주공간에 통풍을 위해 베르누이 유속
　　　원리를 생활화했어. 그 지혜로운 자손들이 이 땅에 지지고 볶고 사
　　　는 거야. 불교, 기독교와 어울려 국민의 정신적 모태의 한 기둥인 성
　　　리학의 틀이 마련된 곳이 이곳이야. 영남학파 한주류이자 권문세
　　　가의 한줄기라 봐야지. 어찌보면 상소문이나 이즘의 댓글들이 그게
　　　다 세상살이 까치구멍집이지. 큰 학문을 이룬 퇴계선생도 가슴이
　　　애린 까치구멍집이 있거든.

호 새: 대보름맞이 하회탈춤 중에 '주지마당'의 복이나 '할미마당' 푸념도
　　　세상살이 까치구멍이겠어요.

호 새: '정신문화의 수도'이니 국학진흥원에 들러 한밤 새워보시죠?

돈 키: 유교, 불교, 기독교…. 이나라의 정신적 깊이를 갈무리한 고장이야.
　　　근세 큰 성직자들과도 한동안 인연맺은 동녘의 편안한 곳이야. 큰

터라 큰 빛이 들어 가파른 디지털 세상을 떠 바칠 거야. 어쩌면 이 나라의 까치구멍 터라 생각해야지.

호　새: 단양에 장회나루 건너 매화나무와 두향도 여전하겠죠?

돈　키: 안동유람이 삼삼하니 시 한수 읊어볼까나.

바람따라 700리 길 안동이라
청춘이 울던 그시절 그 인연들
선인의 천년 세월을 이으려나
월영교 어울은 발길이 곱구나

하늘에 이치를 어찌 알라마는
이곳 저곳 피어 난 제 얼굴이
선인들 길 가던 제 모습이려
닿은 발길 물결에 울렁일거나

—월영교에서

월영교

산정불심
─합천 해인사

가야산 해인사

호　새: 협천이라 하지 않고 합천이라 하네요? 황강이 합천을 가르며 낙동강
　　　에 합류한다면요?

돈　키: 세 지역이 합쳐진 고장이라는 설도 있고 한자음을 가차한 경우로도
　　　볼 수 있어. 가야, 백제, 신라 상호교류나 싸움이 강을 타고 바다건너
　　　왜에 이르는 큰 장소야. 특히 5~7세기 신라의 융성과 가야의 쇠락을
　　　살펴볼 수 있을거야.

호　새: 고대의 왕들도 이즘의 통치자들처럼 대개 강이나 바다건너서 큰일
　　　을 했나봐요.

호　새: 장경각에 뭔 경판이 저리 많대요?

돈　키: 오다가 관리소에서 들으니 가야산의 만물상이 유명하드만. 세상은
　　　군상이 모여 사는 곳이니 그릇 크기에 맞추다 보니 그리 법문이 많
　　　은 거지. 부처님 팔만 법문을 새겨 놓은 장소라 생각해봐.

호　새: 홍보실장이 여기가 한국 화엄종의 1번지라던데 그뜻 헤아리다 한세
　　　상 다 저물겠어요

돈　키: 어찌 자성의 깨움에 그리 많은 법어가 필요할까? 왜, 들어봤지? "산

은 산이요 물은 물이다"처럼 늘 마음자리 그곳에 다다르면 내가 부처가 되는 거야. 그러니 "자등명 법등명" 법어처럼 스스로 등불 삼아 진리의 등불을 밝히라는 뜻일게야. 크고 넓은 시·공간을 초월한 절대적인 깨달음인 화엄에 이른 부처님 말씀을 모신 화엄십찰중의 한 곳이라니 짧은 머무름도 의미있는 거야. 두 손을 모으면 어디서나 마음자리에 들어선다는 깨움터야.

호 새: 주변의 고령토가 토기에 그만인가 봐요.

이박사: 고령토는 백토인데 유명세를 지녔어. 이곳은 가야국 6국 중에 대가야국에 위치한 곳이고 가야역사 박물관을 들르면 세세히 알 수 있을 거야.

돈 키: 그래, 고령토 유래는 차치하고라도 산, 물, 땅…. 등 만물각주이니 제정신이 깃든 그릇이 이름이건만 흙이 이름을 지녔네. 사람도 제 이름값을 해야 하는데…. 가야 이름이 400년~600년 정도를 존재했으니 고대역사를 다시 살펴야 할거야. 지배세력이 수차례 바뀐 역사의 흔적이 곳곳에서 밝혀지고 있거든.

호 새: 토기가 저장 용도만은 아니니 대장경도 고령토판에 새기면 어떨까 싶네요? 때 되었으니 쉬어가지요?

이박사: 산채비빔밥 어떠려나?

가든맨1: 식사하러 가능교? 따라 오이소. 집사람이 직접 담근 장맛이 일품이거든요.

호 새: 오토바이 타고 와서 안내하니 이것도 인연이니 한번 가보자구요?

돈 키: 음식점이 한산하네요.

가든맨1: 코로나 때문에 음식점들 개점휴업이에요.

가든맨2: 많이 잡수이소. 입맛에 맞을 거라예.

돈 키: 저기 걸린 '산정불심' 글자에 정이 그득하네요.

가든맨1: 취미로 쓰는데 이곳 주민들 마음이지요.

이박사: 된장맛에 음식맛이 그만이네요.

가든맨2: 사람도 그렇지만 장도 푹 발효되어야 제맛난다 아닌교.

호 새: 이곳 분들 큰 깨움터 곁에 계시니 한 소식들 하시겠어요?

가든맨1: 한소식이 별건교? 제 때에 꽃피고 단풍들어 이곳에 오가는 분들과 웃고 지내면 제일 아닌교? 다섯놈 키웠는데 모두 밥술이나 먹고사니 된거 아닌교?

가든맨2: 제일들하고 사네 못 사네 말 없으니 큰 복이라예.

이박사: 부모님이 경우가 밝으셔서 자제분들이 복을 받나봅니다. 건강하세요.

호 새: 공기 맑고 물 좋고 인심 좋으니 여기가 자연이네요.

돈 키: 자성의 소리를 낸 분들이야. 병의 근원은 집착이라는데 부처님 제자 중 출가제자 못지않은 깨달음으로 선행을 한 유마거사가 있었어. 공간 확장에만 집착하는 성직자들에게 울림이 있는 본이지. 어려운 일이나 주변에서도 찾아볼 수 있는 얘기야. 법당에서 두 손 모으지 않아도 고승들 말씀이 본성대로 행하면 바로 누구나 부처라잖아.

호 새: 그 본성이 새벽에 깨어나 새벽기도를 하나봐요?

돈 키: 어쩌면 전해오는 속담은 선인들 경전인 셈이야. 밥술이나 먹고살면 그만이라는 트인 말을 들으니 가야산이 바로 해인이네. '참을 수 없는 존재의 무게'가 있는 말씀이야

호 새: 국난 극복을 위한 대장경의 역사적 의미를 이어 코로나 극복을 위해 22세기 대장경 조판은 어떨까요?

호 새: 근데요. 밥술이 밥하고 술은 아니죠?

돈 키: ???

팔만대장경

봄의 교향악
─대구청라언덕

청라언덕

호　새: 대구에 가면 누가 가이드 해주나요?

돈　키: 옛말에 "소도 언덕이 있어야 비빈다" 했어. 대구가 큰 언덕이란 뜻이
니 비빌 곳이 많아. 어제 전화로 비벼대 군동기가 도와줄거야.

이박사: 합천에 다녀왔으니 천천히 계산성당, 청라언덕, 제일교회, 근세로,
김광석거리, 팔공산 순으로 들러 보자구.

이박사: 가야산에서 너무 지체한 것 같아. 날이 어두워지기 전에 다 들릴지
모르겠어. 이곳이 천주교 3대교구 중 하나인 135년 역사의 계산성
당이야. 저 건너편이 청라언덕이구. 계산성당은 로마네스크 건축양
식을 살필 수 있는 건물이야. 선종하신 김수환 추기경께서 사제서
품을 받은 곳이지. 탑이 쌍탑인데 저기 보이는 경북지방 최초인 개
신교 제일교회 탑도 쌍탑이야.

돈　키: 큰 언덕, 달구벌에 쌍탑이라니 섬김의 상징이네. 쌍을 이뤄야 은혜
로운 길이 열리나봐. 한 손은 때론 교만으로 비치기도 해. 두 손이
섬김이요 만남이야. 만남이 사랑이고 창조의 힘이라고 해야 하나.

사랑이 넘치면 두 팔벌려 서로 포옹하잖아. "편편황조 자웅상의"라
니 세상도 어우러져야 아름다울 것 같아.

호　새: 청라언덕이네요. 라인강을 굽어보는 로렐라이 언덕이나 예술혼이
　　　 불타는 몽마르트 언덕에 비견해보죠. 봄날, 머플러 날리며 오르는
　　　 화사한 여인의 뒷모습이 제격일라나요? 소슬바람에 코트깃 올린 채
　　　 말없이 오르는 바바리맨이 어울릴라나요?

이박사: 언덕을 오르면 오른편에 이땅에 19세기 말부터 20세기초 건너온 선
　　　 교사들의 자취를 살필 수 있어. 캘리포니아 건축양식이라든가, 대
　　　 구사과의 연원을 이루었을 사과나무 식재, 예배터…. 등등이나 특
　　　 히 옛시가지 모습을 그릴 수 있어. 저기 "동무생각(이은상 작사, 박
　　　 태준 작곡)" 시비가 있네. 찰칵해보자구.

돈　키: 아릿한 시를 만날 때마다 시심속에 늘 여인이 서 있어.

호　새: 아파야 시가 지어지나봐요. '애이불비'의 소월이나 '나도 가야지'의
　　　 목월의 가슴을 왜들 그리 아프게 했대요? 누구에게 물어봐야 하죠?

이박사: 시인이라 아픈거야? 일본에 유학 다녀온 지식층도 조국 현실이 안타
　　　 까워 시를 노래했을 거야. '서시'나 '광야'도 그렇잖아. 내려가면 이
　　　 상화 시인 고택에서 당시 문인
　　　 들의 활동을 살필 수 있어.

돈　키: 문인들의 활동도 그
　　　 렇지만 대구에서 국채보상운
　　　 동이 처음 시작됐다니 근세의
　　　 의미로운 곳이야.

청라언덕 시비

이박사: 동란시 피난살이 탓에 문인들도 이곳에 모였어. 고택에서 알 수 있었
　　　어.

이박사: 젊은이들이 모여들어 이 김광석거리가 여름엔 북적북적거려.

호　새: 가슴을 태운 열정의 라이브였어요. 저기 기타치는 동상옆에 서봐요.
　　　찰칵하게요.

돈　키: 한 청년이 노래로 전설적 인물이 되었어. 영혼을 태워야 그 불길이
　　　세상을 밝히나봐. 그 노래들이 이즘에도 불리우니까 말이지.

호　새: 100세시대래요. 그러니 늙수그레 허리 굽지말고 뒤로 젖혀 목청껏
　　　불러봐요. 빠삐용도 바다에 누워 하늘 향해 한소리 하대요. 세상 제
　　　멋으로 사는겁니다.

이박사: 날이 어두워져서 팔공산은 어떻게 하지?

호　새: 팔공인데 보름달뜨면 판쓸이 하겠네요.

돈　키: "동무생각"에 흘러간 내 청춘도 그려보고 근세로에서 선지자들이
　　　어둠을 헤치던 몸부림도 생각해 봤어.

이박사: 통화하며 그리 궁금해하던 것을 발견했나보네. 마음으로 "유레카"
　　　했겠어.

호　새: 아예 낙동강에 몸을 담그면 어때요?

이박사: 대구도 정주인구가 감소하는 추세야.

돈　키: 이상화 시인이 "온몸에 햇살을 받고 푸른 하늘 푸른 들이 맞붙은
　　　곳으로 꿈속을 가듯 걸어만 간다"지 않는가. 올해도 청라언덕에
　　　봄의 교향곡은 울릴걸세. '북팔공 남비슬'이 대구를 에워싸고 있
　　　다지 않나?

호　새: 두 손이 섬기니 달구벌은 따뜻할겁니다.

대구제일교회   대구계산성당

김광석 길

천년의 세월
　－고도경주

대피리

돈 키: "토함산에 올랐어라 해를 안고 앉았어라 가슴속에 품었어라…. 천년
　　　의 풍파 세월 담겼어라…." 가수 송창식이 부르던 경주불국사 구름
　　　을 품어 안개를 토하는 토함산의 스케치야.

호 새: 저 멀리 감포 앞바다 문무왕 해저능인가요?

돈 키: 그래, 우리는 누구인가? 의문을 준 비문을 남겼어. 역사공부를 하는
　　　재미야. 학자들의 논거는 신라는 흉노족의 바다건너 이동으로 백
　　　제, 마한, 고구려와 다른 계통이란거야. 대륙의 중원을 위협한 기상
　　　을 이어받았다는 거야. 북방유목민들의 이동했던 실체를 알 수 있
　　　는 기마도나 금장식, 화폐…. 발굴된 부장품들이 뒷받침한다드만.

호 새: 사학자도 아니고 대충 훑고 가요. 원효대사, 혜초대사 왕오천축국도
　　　처용가도 얘기해야죠.

호 새: 경주거리 원효대사의 수허몰가부誰許沒柯斧, 아소지천주我斫支天柱 도
　　　끼 이야기는 어떨까요?

돈 키: 7세기중반 원효대사의 도끼송이야. 이로 인해 과부재가 금지법이
　　　만들어졌을라나. 태종무열왕이 귀가 컸던지 두뇌회전이 빠른건지

과부 신세인 요석공주와 맺게해서 이두문자를 집대성한 대학자 설총이 탄생해.

호 새: 신라가 935년에 멸망했으니 200년을 떠받친 거네요.

돈 키: 무슨 소리야. 원효대사를 고대 신라에만 묶으면 되겠어. 일심사상인 무애가나 '대승기신론소' '금강삼매경' 등은 이시대에도 통하고 필요한 사상이니 하늘기둥의 약속을 지킨거야. 어쩌면 무애가나 도끼송은 헌강왕 때 유행하던 러브송 처용가류의 전신이 않을까?

호 새: 도끼송 부르면 그리되나 보네요.

돈 키: 선사들의 게송도 세상의 울림이야. 울림은 남긴 분들이 그리 행동했음이지. 목으로 부르는 노래보다 몸에 혼이 녹아들어야 세상을 울리지. 야호 메아리는 밭두둑 냉이캐는 누이에게나 들리는거야.

호 새: 때 아닌 뻐꾸기 소리에 옆집 누이가 연지곤지 찍드라구요. 여하튼 도끼가 역사에 자주 등장하네요

돈 키: 그래, 불목하니가 장작을 패는 도구이자 선비의 기개로도 표현됐고 고려말 무인 이의민은 부월로 권력도 검어줬었어. 옛 산신령은 금도끼 은도끼로 인성을 감별하는 도구로 사용했드만.

호 새: 세상일이 노래로 술술 풀리나 보네요.

돈 키: 노래가 사람 마음을 울리게 하거든. 보았잖아. 방탄소년단이 부르니 젊은이들이 열광하는 거.

호 새: '제길을 가라'는 유엔에서 멋진 스피치가 인상적이었어요.

돈 키: 게임에 매몰된 젊은이들에게 "신선놀음에 도끼자루 썩는 줄 모른다"라는 옛말을 가차해 '정신 차리고 제일하라'는 뜻일거야.

호 새: 일천년 역사의 궤적이 몇 줄에 담길 수 있을까요? 그 옛날 북방 유목민

족이 이곳에 이르듯, 세상 피리부는 사람들이 이곳에 이르렀나봐요.

돈 키: 그래, 피리는 '피리부는 소년'이나 인도 마술사, 중국, 잉카제국, 일본…. 도처에서 볼 수 있는 악기야. 소재를 달리해 흙피리, 풀피리, 버들피리, 대피리, 뿔피리, 보리피리…. 수없이 진화해왔어. 어쩌면 우리삶이 소리따라 길따라 가는거야. 우리도 옛적 그소리를 찾아 길 따라 경주를 찾아온거야. 신라 신문왕 때 근심을 더는 피리라고 〈만파식적〉 이야기가 전해져. 그에 연원해서 최근에 세계피리축제도 열렸어. 소리가 산넘고 물건너 다가오는 것처럼 우리삶도 산넘고 물건너 아리랑 고개를 넘잖아. 피리소리가 우리 삶의 리듬이지. 소슬바람에 고향이 생각나게 가슴을 적시거든.

돈 키: 혜초 대사가 성덕왕 시기인 8세기초 남긴 〈왕오천축국전〉은 세계 4대 여행기로 13세기 후반에 쓰여진 마르코 폴로의 〈동방견문록〉, 14세기 초반의 오도릭의 〈동유기〉 그리고 14세기 중반의 〈이븐 바투타 여행기〉가운데 가장 오랜 기행기래.

호 새: 그럼, 고산자 김정호 선생처럼 이 호새도 한반도에선 처음이네요?

돈 키: 그래, 그러니 똑바로 걸어야지. 서산대사가 말씀하셨어.

踏雪野中去(답설야중거): 눈 내린 들판을 밟아갈 적에는
不須胡亂行(불수호난행): 그 발걸음을 어지러이 걷지 말라
今日我行跡(금일아행적): 오늘 걸어가는 나의 발자국은
遂作後人程(수작후인정): 뒤에 오는 사람의 이정표가 되리니

호 새: 걸어야지요. "울지말고 일어나 피리를 불어라. 삘릴리 삘릴리~ 무지개 연못에 웃음꽃 핀다"니 말입니다.

경주고분

돈 키: 역사를 담아 미래를 열어간다는 소리야.

타임캡슐센터 – 경주박물관

호 새: 박물관에 또 가요?

돈 키: 경북일대와 경주일대의 유물이 소장된 박물관이야. 역사를 품어 미
      래를 통찰하는 타임캡슐센터야. '백문이불여일견百聞不如一見'이요
      '백견불여일행'이라잖아. 수만년전을 볼 수 있는 곳이고 시대의 변
      화를 한곳에 모았으니 축시법을 쓰는 여행장소야.

호 새: 기록과 유물로 당시 문화를 엿볼 수 있는 거네요?

돈 키: 역사는 승자가 쓰니 왜곡되거나 파괴되지만 깨진 파편 조각을 모아
      이으면 그시대를 복원할 수 있어. 이곳은 한반도의 고대 천년의 역
      사를 살필 수 있는 귀중한 공간이야.

호 새: 저기 성덕대왕신종 아닌가요?

돈 키: 흔히, 에밀레 종이라 부르는데 엄마를 부르는 모성을 일깨우는 스토
      리로 리메이크하면 세상을 울릴까도 싶어.

호 새: 서너 시간을 박물관에서 머문 특별한 이유가 뭐죠?

돈 키: 어떻게 천년 역사를 지탱했고 왜 신라가 문을 닫게 되었을까 궁금했
      어. 시대를 끌어간 인물 중심의 사관, 일테면 전쟁이나 사건이 그간
      의 역사공부였거든. 오늘은 다양성과 진취성, 창의성 등을 살피려
      발길한거야. 미래를 통찰할 수 있는 박물관의 기능은 아무리 강조

해도 지나침이 없어. 호기심이 깊이를 더 할 때 재미를 느끼거든.

호 새: 어떤 눈으로 보느냐가 중요한거네요.

돈 키: 관점은 다양할거야. 허나 인간이 어떻게 군집을 이뤄 결핍을 채우고 풍요를 누리도록 다스리는 과정은 예나 지금이나 같지 않을까?

호 새: 역사관의 부재는 혼돈이 따르겠어요?

돈 키: 일정 범역에 살아가는 구성원이 그 정체성이 모호하면 어찌될 까? 생활문화에 눈을 두면 타짜의 모습이나 대외관계를 모두 알 수 있을 거야.

호 새: 기획전시관이나 월지月池에서 발걸음이 머물던데 특별한 이유라도 있어요?

돈 키: 유리라는 보석이 이곳까지 흘러온 고대 지구촌 무역이나 월지에서 본 신라인의 세계관이 새롭드만. 경주땅에 전래된 불교나 간다라미술, 처용가, 사자토기, 유리잔 등을 보며 교과서에서 얼핏 스친 궁금증을 해소했거든. 이즘에 미국, 영국, 유럽…. 등 각지로 신사상을 구하려 떠나듯 고대엔 중국이나 멀리 천축국으로 떠난거야. 기록이 전하는 분 가운데 한 분이 혜초대사야. 교통도 발달하지 않은 8세기에 일이니 뭔 생각이 들지 않아?

국보 제29호 에밀레종

호 새: 예부터 지구촌은 어울린 거네요.

돈 키: 그게 안되면 싸움하는 거야. 역사가 말해주잖아. 영명한 군주는 백
성을 편안케하고 그렇지 못한 군주는 들들볶아 농기구가 산으로나
거리로 뛰쳐 나간 거야. 타짜들이 검소해야해. 본을 이루면 대중이
공명하거든. 말과 행동이 다르니 시끄러운거야. 호새야, 너는 뭘로
이름을 남길래? 살찐 말? 뛰는 말 아니면 나는 말?

호 새: 뭘 남겨요? 그냥 뛰다 걷다 눕는거지요.

돈 키: 그래, 세상이 여러 갈래길이야. 만족하면 되는거야.

호 새: 경주박물관이 루브르 박물관, 대영박물관, 스미소니언 박물관에 비
견하나요?

돈 키: 규모보다 나름의 특색이 의미가 있겠지. 친절히 박물관 사정을 소개
해주신 주무관 설명대로 기획전시가 의미롭지. 시민들 발길이 이어
지는 가치있는 일이야. 천년고도의 박물관이니 나름대로 의미가 있
는 곳이지.

호 새: 고향을 그리는 피리를 불까요? 엄마를 찾는 종을 칠까요? 감포 앞바
다 햇살을 담은 유리잔을 부딪쳐 볼래요?

돈 키: 얼마나 힘들겠어. 산넘고 강건너 이곳에 왔잖아. 햇살이 주루룩 주
루룩 흘러내리니 '찬찬찬' 부딪쳐 볼까나.

친구야 ─ 포항

포항공대 시계탑

돈 키: 오늘은 영일만 친구 만나러 간다.

호 새: '바닷가에서 오두막집을 짓고 사는 어릴 적 내 친구' 찾아가나요? 바다길 밝히는 호미곶에서 일출을 맞나요?

돈 키: 아침 해는 세상 만물을 깨우는 거래. 그보단 이번엔 지구촌 밤바다 밝힌 '등대지기' 일터 모음센터 등대박물관에 들러 볼참이야.

호 새: 먼저, 과메기 한 접시 먹고 둘러 보죠.

돈 키: 먼저 먹자구? 배부르면 눕게 돼. 둘러 봐야지. 예의 차릴 때나 'Lady First' 하는 거구, 주먹들 세계는 상대를 제압할 때 먼저 날리는 거야. 썰하면 과거 6일 전쟁이라고 아랍연맹과 이스라엘과의 전투가 있었어. 이스라엘의 선방이 승리를 가져왔거든.

호 새: '먼저'가 심오한 뜻이네요. 선제적제한이론인가요. 선행된 여건이 뒷부분 자원을 무용지물로 만드는 거래요.

돈 키: 하이테크가 시장 진입을 하면 기존 기술이 우위를 잃게 되지. 치열한 기술개발 경쟁이 바로 그 때문이야. 안보면에선 국가 존망을 가늠하거든.

호 새: 미래전략적 사고와 뒷받침할 기술이 관건이네요.

돈 키: 바로 국력이야. 미래를 향한 전략적 사고 집단과 기술개발에 필요한
경제력이 필요해.

호 새: 포스코나 포항공대가 바로 그 축이겠네요?

돈 키: 이곳도 그런 인재를 충원하는 곳 중 한 곳이야.

호 새: 포항제철 용광로 쇳물이 산업화에 크게 힘을 보탰겠어요.

돈 키: 자동차, 조선…. 모든 산업 분야에 영향을 미쳤어. 그 옛날 청동기시
대에서 철기시대로의 변화 만큼이나 중공업 산업화를 가져왔거든.

실버맨: 저기 제1정문에 쓰인 문구를 보세요. "자원은 유한 창의는 무한"의
제철신화를 이룬 "박태준" 회장님 말씀인데 나라를 끌어갈 분들이
새겨야 할 큰말인 것 같아요. 이름을 크게 남긴 분입니다.

호 새: 화석에너지가 고갈되니 기후협약으로 신.재생에너지가 뜬다면요?

돈 키: 그중 하나가 수소활용이야. 원자의 융합이 큰 에너지를 발생한다고
들었잖아. "바람과 함께 사라지다"처럼 '스틸과 함께 수소이동하다'
가 되는 거야. 수소차 핵심부품에 이곳 스테인리스강이 사용된다니
지구촌경제에 선방을 날린셈이야.

호 새: 그럼, 말은 필요없겠네요?

돈 키: 수소차만 타고 다니냐? 쓰잘데 없는 말 되지 말고 두 눈뜨고 앞으로
달려. 알간?

호 새: 때 되었는데 과메기 한 접시 어때요?

돈 키: 잘 아는 아줌마 있냐?

호 새: 인근 맛집 찾아가면 되지요. 다 오실 땐 단골손님 되는 겁니다.

돈 키: 쏜살같이 내달린 세상이야. 젊은날 시를 띄운 영일만 아줌마에게 가

야되는데…. 저기 오복집에서 곰탕 어때?

호 새: 그럼, 구룡포에서 립스틱 짙게 바른 다방마담에게 눈 찡긋하며 차도 한잔 하는거죠?

돈 키: 그래. 도라지 위스키 한잔하면 파도소리가 색소폰을 대신해 운치있 겠어.

호 새: 얼얼해서 지구촌에 선방을 날릴 싱크탱크 포항공대에 들를 수 있겠 어요?

돈 키: 뭔소리야? 이태백도 노래하드만. 인생득의수진환 유유음자유기명人 生得意須盡歡 惟有飲者留其名이라고 말이야.

호 새: 수소경제 표준화 로드맵에서 사용한 귀절인가요? 선술집 사장님 말 씀인가요?

실버맨: 포스코, 빨간명찰 해룡해병대, 호미곶등대박물관 들렀으니 포항공 대에 들어가서 시계탑아래에서 찰칵하시죠? 학생들을 보면 젊은날 외국에 나가 타워크레인 기사를 하며 키운 내자식들만큼이나 대견 하거든요.

　　　　호 새: 이곳을 살피니 "모모"는 철부지가 아니 라 생을 밝혀가는 시계바늘이 바로 저 학생들 이네요.

　　　　돈 키: 부모들이 등대였다는 것을 아는 청 년들이니 장차 세상을 환히 밝히는 빛이 이 되겠지.

　　　　돈 키: 포항은 이나라 지킴이 팔각모 무적

호미손

해병 해룡의 굳세고 용맹스런 정신이 깃든 곳이야. "흘러가는 물결 그늘아래…." 친구들이 부르던 그 노랫소리가 들리는 것 같아.

실버맨: 호미곶에 왜 손이 둘이겠어요. 살다보니 '내 손안에 들었소이다' 보다는 '손에 손잡고'가 시대에 어울리나 싶어요.

호 새: 에구, 주식값이나 떨어지지 말아야 할텐데…. 저기 찰보리빵이나 사 먹자구요.

등대박물관

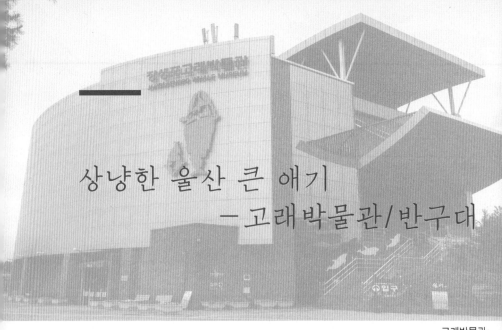

돈　키: "내 이름은 경상도 울산아가씨 상냥하고 복스런 울산아가씨…." 울
　　　 산 온 호새가 소식을 전하는데 울산에는 멋스런 자동차도 많지만,
　　　 울산이라 큰애기 제일 좋대나….

호　새: 주인님도 자동차회사 다녔잖아요? 자동차하면 생각나는게 뭐죠?

돈　키: 차 이름을 말해 볼까? 프라이드, 르망, 엑셀……

호　새: 호랑이 담배피우던 시절 이야기네요. 수소차 아세요? 자율주행자동
　　　 차시대라구요.

돈　키: 그래, 코티나를 시작으로 귀에 익었던 포니….현대자동차의 수소차
　　　 넥소에 이르도록 자동차 시장에 기아, 현대, 대우 삼사가 트로이카
　　　 를 형성했어. 자동차는 500여 종류에 2만여 부품으로 구성되어 자
　　　 동차 산업은 타분야에 크게 영향을 미친다고 해.

호　새: 철판, 나무, 고무, 유리, 섬유, 전자, 화학, 음향…. 정말 두루두루 관
　　　 련이 있네요.

호 새: 백사장의 애마부인보다 자동차매니아 울산아가씨와 한 찰칵하는게 훨 낫지 않아요?

돈 키: 고집하면 안된다며. 백사장에선 애마와 걷고 울산아가씨와 드라이브도 해야지.

호 새: 옛날이나 삼돌이를 찾았지 요즘 세상 어디 그런가요. 마도로스도 있고 고급 두뇌들과 과기대 청년들도 있어 눈들이 하늘에 닿지 않을까요?

돈 키: 스포츠카를 타고 올걸 그랬나?

호 새: 태화강변도로 달리면 폼나겠어요.

돈 키: 십리대숲길이 명품이라는데….

호 새: 회초리 만들려구요

돈 키: 대숲 바람소리 들어봤어. 바람소리 머금은 대피리가 세상을 울리는 거야. 자성을 일깨우거나 몸에 쇠를 달아 적을 혼내는게 대나무야. 푸르러 세상을 버티는가! '명사십리' 해당화니 '청죽십리' 강바람이려나. 대숲사이로 흐르는 아침햇살에 마음이 반짝거리네.

호 새: "자, 떠나자 동해바다로…. 고래잡으러" 청춘들이 간다니 우린 "Free Willy" 감상하러 박물관에나 가보죠.

돈 키: Will you be there! 호리호리 마이클 잭슨이 부르지 않았어? 돌고래 쇼를 볼 때마다 좀 인간에 내재된 욕망도 보게되네. 이즘엔 인간도 길들여 돌아가는 세상이 되었으니….

글 맨: 박물관에서 보니 범고래, 귀신고래, 긴수염고래, 향유고래…. 20여 종류에 달한대요. 천전리 각석에는 뭍동물이 새겨져 있는데 이곳

반구대 암각화에 고래사냥은 석기인들의 생활을 살필 수 있는 귀한 자료입니다. 동해 인근이 고래 서식처였을 겁니다.

해설사: 인류의 최초 고래사냥으로 유네스코에 등재된 의미로운 곳입니다. 고래의 생태모습—수초사이를 헤엄치거나, 등에 업은 새끼, 물뿜는 모습, 작살, 부구, 배로 이끄는 모습—놀라울 정도로 섬세히 묘사되었어요. 고고학계가 7천년까지 년대를 추정하니 반만년 우리역사도 재음미해볼 수 있는 자료입니다. 요즘 사인댐으로 수몰되는 경우가 발생해 안타까운 여건입니다.

돈 키: 진경 생물도감이네요. 진경산수화의 연원도 조선중엽에서 올라서야 할 참이구요. 알타미라 동굴이나 라고스 동굴벽화는 어찌 관리하고 있으려나 모르겠네….

호 새: 반구대암각화나 다뉴세문경, 직지심체요절, 상감청자, 반도체에 이르도록 우리에겐 특별한 DNA유전자가 있나봐요.

글 맨: 울산은 현대자동차나 미포조선으로도 유명하고, 울산항은 SK 등 여러 회사의 액체물류를 다루는 세계 3대 허브항이기도 해요. 스웨덴 '말뫼의 눈물'이 생각나요 유명했던 정주영 회장이 1달러에 수주한 골리앗 크레인이나 독특한 배 건조방식으로 보여준 배포와 창의적 사고를 젊은세대가 배워야겠지요. 대왕암이나 슬도의 바람소리는 자연이 울산바다에 안긴 선물이에요. 아마도 반구대암각화는 7천년 전까지 이르는 이땅에 발붙인 우리민족의 연원이겠구요.

돈 키: 그러니 "해봤어?"라는 큰 소리가 "Boys be ambitious"를 품었다는 말이네요. IT, BT, 신재생에너지시대에 어떻게 리메이크 할까요?

호 새: '울산 큰 애기' 한번 더 불러봐요.

돈 키: 저편에 멋진 쏘렌토, 아반떼, 티볼리…. 젊은 친구들이 늘날씬 울산 아가씨들 모시러 가나보네. 설악산으로 울산바위 구경가려나?

호 새: 울산바위가 설악산에 있다구요?

돈 키: 강원도에 금강산을 만든다는 사발통문이 돌아 왕발인 지방 바위들 이 너두나두 갔대나봐. 울산바위가 도착할 즈음 만땅이 되었다해서 설악산에 털석 주저앉아 버린 까닭이래….

호 새: 뭔 스토리가 옛스러워요. 집단지능 플랫폼이 있잖아요. 공모해 흥미 를 돋워야죠. 태화강, 대숲길, 학성공원, 울산대교, 고래박물관, 울 산항, 자동차, 석유화학, 대왕암, 동해, 슬도, 반구대를 소재로 리메 이크하는 거죠. 성냥 3개피로도 지구촌을 울렸어요. 인어공주는 코 펜하겐 뿐아니라 세계도시에 십여군데나 있답디다. 울산바위 형제 들이 나서야지요. 바위는 공간이동이 많아 트랜스포머처럼 자동차 로, 액체로, 고래로, 때론 바람소리로도 변신할수 있어요.

돈 키: 내는 비단구두 사오는 '오빠생각'에 그저 '바위고개'만 생각나는데….

호 새: 봄이에요 봄! "삼돌이가 부르는 사랑의 노래…." 저~ 소리가 안 들려 요. 빨랑 빨랑 붙잡아야지. "동그라미 그리려…." 맴돌다간 흰 고무 신(백신)도 히치하이킹 한다니까요.

반구대

치마폭을 날리며 ─ 낙동강

돈 키: "낙동강 강바람에 치마폭을 날리며…."

호 새: 뭔 치마폭이래요? 핑크색 머플러가 날려야지요. 옛적 낙동강이 아니잖아요.

돈 키: 봄바람에 절로 마음이 동하잖아. 그래, 노래로 스쳐갈 강이 아니지. 뭐부터 얘기할까?

호 새: 길이가 531km라 대한민국 내에서 1위 한반도에선 3위라면요?

돈 키: 길이도 길이려니와 강원도 함백산에서 발원해 경상북도, 대구, 경상남도, 부산광역시에 걸쳐 무려 22개 지자체를 경유한다니 영남지방의 물길이자 문화라고해야 할거야.

호 새: 왜 낙동강이래요?

돈 키: 이설이 있지만, 가락국 동편에 흐르는 강이라 그리 부르게 된 것이라 봐야 한다네. 낙동강의 서편에 가야가 존재했고 동편에 신라가 있었으니 말이지. 6가야가 낙동강 유역에 형성되었다고 봐야지. 이를테면 가야의 생활터전 인 셈이지.

호 새: 낙동강하면 우선 생각나는 게 뭐예요?

돈 키: 강바람, 낙동강 오리알, 낙동강전선, 을숙도, 페놀사건, 4대강사업…. 많네.

호 새: 그 낙동강 줄기따라 천리 수변길이 장관이겠어요?

돈 키: 옛적엔 안동까지 이른 내륙물길이라대. 역사의 강줄기니 현대에 이르도록 얼마나 많은 애환을 담아흐를까?

호 새: 빼어난 수변경관이 감돌아 을숙도엔 철새들이 날아드나 봐요?

돈 키: 철새들만 날아들겠어. 예부터 많은 여인들이 노래했어. 어부단가, 어부사시사, 오대어부가를 비롯해 근세에 청마 유치환 시인 등 많이들 노래했어. "겨레의 어머니여, 낙동강이여" 그 모습이 장엄할 정도지. 상상해봐. 박정규 화백은 80미터 "낙동대강강" 화폭에 담았다대. 10여년 전엔 국제일보 배승원 논설주간의 역사기행 "낙동강 문화-그 원류를 찾아서" 글도 의미로웠구. 이 모두가 낙동강이 낳은 산물이야. 낙동강엔 남강, 황강뿐아니라 백천이 흘러들고 배후지에 호수와 늪이 있어. 귀에 익은 우포늪도 그중 하나야. 천리 물길이 긴 세월 그려낸 자태겠지.

호 새: 그 수려한 자태를 각 지자체에서 관광개발한다고 야단인가 봐요.

돈 키: '경전문노'라 했어. 그 지방에 태어나 뼈를 묻을 분들이 지혜를 모아 100년대계를 그려가야지. 나는 걷거나 마라톤을 좋아하니 일천리 낙동강변 울트라 마라톤 코스나 천리 수변트레킹, 하이킹코스가 마련되면 좋겠네. 강변이 제격이거든. 22개 지자체가 협의해 국제그랜드페스티벌을 개최하면 멋질거야. 강변에 솔, 버들, 코스모스···. 갈대숲길을 따라서 어때?

호 새: 을숙도에 철새가 날아오듯 철따라 낙동강변에 매니아들이 날아오는 거네요. 태백에서 출발해 정신문화의 수도, 안동···. 큰 언덕 달구벌, 고대왕국 가야 김해, 인근의 천년고도 경주···. 국제항구 부산에 이

르는 영남의 '강변천리' 코스네요.

돈 키: 용수 탓에 낙동강 유역에 댐이 18개나 된다네. 유산이 수몰되어 아쉬움이 많겠어.

호 새: 낙동강이 큰일을 하네요. 김해평야도 만들어내고 하구엔 철새도 날아드니 찾는 발길이 많겠어요. 부산에서 화성까지 걸었담요? 한번 강원도 발원지부터 물길 따라 걸어보자구요.

돈 키: 그리 꿈꿀 수 있는 것도 불과 70년 전 6·25동란시 낙동강 방어선이 무너지지 않았기 때문이야. "낙동강아 잘있거라 우리는 전진한다…." 어릴 적 귀에 익은 노래야. 바다에 풍덩 사라질 나라의 운명을 뭐라해도 바로 낙동강이 지켰거든.

호 새: '낙동강 오리알'은 뭐래요?

돈 키: 날아드는 청둥오리에게 물어볼까? 그말을 황금오리알로 바꾸는게 이즘에 타짜들이 할 일 일거야. 물이 생명수거든.

호 새: 분명히 황금오리죠? 황금거위가 아니라 다행이네요. 그럴싸하게 시 한 수 읊어봐요.

돈 키: 들어볼래. '아, 낙동강이여. 땡큐! 월튼 워커 제너럴' 어때?

호 새: 손에 손잡고 말이죠.

거북아 거북아
─가야박물관

호 새: 500여년간 존재한 나라라면요?

돈 키: 변한이라 불려지는 김해지역 중심의 소국연맹체라 하는데 흥미롭
잖아. 가야하면 귀에 익은 말이 수로왕, 허황옥, 철, 토기, 여전사,
우륵, 김유신, 구지가, 낙동강…. 특히 성산가야, 대가야, 고령가야,
아라가야, 본가야, 소가야 등이 고작이나 실은 그렇지 않을거라 생
각해.

호 새: 상상의 나래를 펼쳐 썰해봐요.

돈 키: 가야는 큰 물줄기인 낙동강 유역부터 부산지역까지 형성된 나라로
가락駕洛이라는 국명에서도 볼 수 있듯이 말 마자와 물 수자가 내재
해 있으니 북방문화와 남방문화의 교차지점에 형성된 나라라고 볼
수 있어. 예를 들자면 철, 유리, 말은 북방문화일테고 이에 인도 허
황옥의 도래나 구지가, 쌍어, 나전칠기에선 남방문화를 엿볼 수 있
어. 특히, 악성 우륵이나 명문세가 김유신, 여전사 등의 사료는 가야
의 세력이 강성했다는 방증이겠지.

호 새: 삼국사기에 가야에 관한 서술이 왜 몇줄 뿐이래요?

돈 키: 13세기말에 일연이 쓴 삼국유사에도 가락국이 등장하는데 그보다 1세기 전 12세기중엽 편찬된 삼국사기에는 가락국에 대한 내용이 별로 없었다는 점에 의문이 들어. 후대에 쓰인 역사서에 가락국에 대해 더 자세한 기록이 있으니 아마 신라에게 복속된 까닭에 가야의 역사가 제외되지 않았을까 생각해.

호 새: 인도에서 가야까지 이만리 바닷길을 어찌 왔을까요?

돈 키: "가야"에 대해 쓴 소설이 있드만. 어느 분은 "가야공주 일본에 가다" 일본 최초 왕조의 개국시조가 된 과정을 썼어. 한.일.중. 인도 간에 해상교류의 고대사 원형을 살필 수 있는 이야기야. 고구려는 국내성과 평양성, 백제는 한성, 위례성, 사비성 그리고 신라는 금성에 나라수도가 있었으나 가야는 낙동강 유역에 분포했거든. 고대사를 삼국이 아닌 사국으로 재조명하면 두리뭉실하던 가야 고대사의 실체와 야사들의 가치와 지명의 의미도 좀더 분명해질 거야.

호 새: 기록이 중요한 거네요. 문자가 없거나 우리처럼 한때 제 말을 잊는다면 큰일이네요.

돈 키: 우리나라는 덩치는 작지만 말과 문자가 있어. 문자도 지명도 변하나 때론 기록도 조작되거든. 매장된 유물이 발굴되어 종종 기존 학설이 뒤집히곤 해. 과거를 살피는 고고학의 의미로운 면이지.

호 새: 북쪽으론 부여와 고구려요 남쪽 바다로는 가야와 탐라네요.

돈 키: 서역에서 유리가 건너오고 기술도 전해져 바다건너 왜로도 이동했을거야. 부풀리면 낙동강유역에 둥지를 튼 가야인의 해상기질이 요즘 5대양 6대주를 넘나드는 우리에게로 이어진다는거야.

호 새: 불교나라인 인도 공주 허황옥이 1세기경 도래해서 수로왕과 결혼했고, 이차돈은 6세기 중엽 법흥왕 때 순교했다면요? 8세기 초에는 혜

초대사가 천축국을 여행했으니 가야문화를 깊이 다루면 재미있겠어요. 1세기경 로마와 한나라간 교류사실에 비추어 가야 수로왕 이야기도 이제 재조명해야겠어요?

돈 키: 30만년전으로 거스르는 한탄강 유역의 아슐리안식 석기의 발견으로 기존의 모비우스학설이 뒤집혔어 7,000년 전으로 추정되는 반구대 암각화에 고래사냥의 섬세한 묘사를 생각해봐. 기원전 4세기에 알렉산더의 인도원정이 있었다지. 한나라와 로마간 1세기경에 외교사실도 있고 말이지. 동시대 1세기경에 수로왕가야국과 허왕옥인도와의 교류 사실을 한낱 설화로 생각해야겠어?

호 새: 북방에서 가야를 거쳐 왜로, 서역에서 중국을 거쳐 고구려, 백제, 가야로의 뭍길이나 물길을 이어가니 500년의 가야문화는 특히나 고대해양사에 한축이겠어요?

돈 키: 〈인도의 향불〉(손로원 작곡 전호승 작사 현인 노래) 노래가 생각나네.

공작새 날개를 휘감는 염불소리
…
두 손 비는 인디아 처녀
파고다의 사랑이냐 향불의 노래냐
…인도의 밤이여

…
벵갈사의 종소리에 애달파진다
…
춤을 추는 인디아 처녀
파고다의 사랑이냐 향불의 노래냐
…인도의 밤이여"

호 새: 파고다가 뭔뜻이래요? 신탄진, 아리랑, 파고다…. 담배이름인가요?

돈 키: 파고다는 불상이나 사원을 뜻하나 우리에겐 최초 도심공원인 파고
다(탑골공원)에서 3·1운동이 일어난 곳이라 역사적 장소야.

김해 박물관

해운대의 사랑이여
－부산해운대와 용두산공원

돈 키: "푸른물결 춤을 추고 물새 날아드는 해운대의 밤은 또 그렇게 지나
가는데…."

호 새: 뭔 노래해요? 야경이 휘황찬란하네요. 피난살이 애환이 서린 곳이라
면요.

돈 키: 귀에 익은 영도다리, 국제시장, 광복동거리…. 짠하던 곳인데 이제
고층건물 불빛에 젊은이들이 북적거리네요.

호 새: "이별의 부산정거장", "굳세어라 금순아"도 그렇고 "돌아와요 부산
항에, 해운대 연가, 부산갈매기"도 이제 가물가물해요.

돈 키: 최근들어 국제회의나 영화제가 자주 개최되니 그럴거야. 바다와 어
울린 바다와 어울린 풍경이야 변할까? 저기 갈매기들도 여전히 춤
추고 있네.

호 새: 내일 부산역, 부산항, 베스코, 해양박물관, 동백섬, 자갈치시장, 용두
공원, 광안리, 태종대, 범어사…. 다 둘러 볼 수 있을까요?

돈 키: 그냥 지금은 야경을 즐기자구. 백사장에 시끌대는 저 젊은이들이 보
기 좋구만. 우리도 걸어볼까?

호 새: 추억속에 머릿결 날리던 숨겨둔 늘씬한 애인이라도 있나보죠?

돈 키: 마음에 밤비가 내리거든. 낭랑한 해운대연가(이호준 작곡, 정찬우 작사 전철 노래)에 그 감정이 살아나네. 들어볼래.

> 솔밭 길을 걷던 우리들의 사랑 얘기가
> …
> 영원히 날 사랑한다 맹세하던 그대
> 널 널 널 사랑해
> 떨리는 내 입술에 키스해주던 너
> …
> 해운대에 사랑이여~

돈 키: 어때?

호 새: 파도소리에 어울려 그럴듯해요. 젊은 사람들이 밀려드네요. 정월이라 그런지 입구에 신수비결 묻는 장소가 꽤 있대요. 우리도 물어볼까요?

돈 키: 좋으면 믿을거야. 나쁘면 버릴거야. 그냥 재미로 보는거지. 믿으면 안돼. 마음에 새겨야지. 모래밭에 모래성을 쌓으면 파도가 그냥 놔두겠어. 세상도 그런거야.

호 새: 〈부산갈매기〉나 〈돌아와요 부산항〉에, 〈이별 슬픈 부산정거장〉이 메들리 연가네요.

돈 키: 노래속에 아련한 추억이 스며있어.

호 새: 해운대라니까 동백섬이 생각나네요?.

돈 키: 봄되면 꽃필텐데 돌아가는 연락선마다 용필이형이 목메어 부를까?

호 새: 그노래 자이언츠 응원가로도 불렀다드만요. 코로나로 꽝이네요.

돈 키: 내일은 용두산에 가보자구.

호 새: 에스컬레이터 탈걸 그랬어요.

광안대교 야경

돈 키: 백화점에 가보지 그래. 등산은 한발한발 오르는 맛이야. 한 계단 두
     계단 일백구십사 계단에 사랑을 심으니 얼마나 좋아.

호 새: 가위, 바위, 보하며 오를까요?

돈 키: 자갈치시장, 국제시장에 들러야지. 어여 올라가자구.

돈 키: 눈 감아봐. 감정을 실어 용두산 엘레지(작곡 고봉산, 작사 최치수,
     노래 전철)를 느껴봐.

> 용두산아 용두산아 너만은 변치말자
> 한발 올려 맹세하고...
> 한 계단 두 계단 일백구십사 계단에
> 사랑 심어 다져 놓은 …
> 아~ 못 잊어 운다

돈 키: 용두산아! 용두산아! 한번도 아니고 두번을 부르네. 작곡가의 설움
     에 한이 서려있어.

노 객: 어디서 왔는가요? 용두산은 일제식민과 6·25동란의 아픔을 품고 있는
　　　장소라오. 나잇살 먹은 사람은 가슴에 다들 한사연들 있어 자주 와요.

돈 키: 한 계단 두 계단 일백구십사계단을 오르면 그 시절 시름도 사위겠어요?

노 객: 부산시민이면 깊은 정이 스민 곳이라서 청마선생의 〈그리움〉도 그
　　　렇고 여러 시인이 노래했어요.

호 새: 사진사분들에게 이곳이 생업무대였다니 저기 충무공 동상과 부산
　　　타워가 한풍경이었겠네요.

노 객: 코로나로 부산타워도 문 닫았어요. 저기 롯데몰 앞편으로 남포역이
　　　있고 타워 뒷편 성당길 돌아내려 가면 광복동거리, 국제시장 길건너
　　　엔 자갈치시장 있으니 들러보소. 문화거리도 인근이니 버스타고 가
　　　도 볼만할거요.

돈 키: "국제시장" 짠하다고 하던대…. 둘러봐도 부산영화제의 주인공은
　　　아무래도 갈매기, 동백꽃, 고등어인가 보네.

호 새: 시장에 사람들 북쩍이겠지요?
　　　BIFF광장에 들러 씨앗호떡이나
　　　맛보자구요.

용두산 공원

오이소 보이소!
－ 자갈치시장과 국제시장

호 새: 800명이 사전 예약되어 오늘 관람이 안된다네요.

돈 키: 왔으니 팜플렛이나 얻어가야지. '불교의 바닷길' 기획전이 열리나 보네. 볼만할텐데…. 어여 돌아나가서 자갈치.국제시장이나 둘러봐 야겠어.

와인맨: 선배님, 저편 오륙도와 해양대학교를 배경으로 찰칵하시죠. 뒤편은 해 양관련 공공기관들입니다. 바다에 오면 가슴이 탁 트여 좋다 아닙니 까?

돈 키: 마침 화물선도 지나가니 잘됐네.

호 새: 바다 물길을 건너야 새로운 세상이 열린다면서요?

돈 키: 그러니 배타고 바다로 나서는거야. 중세 해양사를 살펴보면 미지의 세 상으로 탐험이니 마치 소설을 읽는 것처럼 재미가 있어. 상상이 보태 지는 거야. 무역상뿐만 아니라 과학자들에게도 흥미로운 일이었지.

호 새: 고대엔 항해가 어려웠겠어요? 지도도 변변하지 않았을텐데….

돈 키: 탐험가들엔 특별한 유전자가 있을 거야. 바닷길 탐험은 기원전으로 연원이 거슬러 올라가나 점차 메르카토르도법이나 피터스 구스도

자갈치시장

법의 지도가 발달해 지구촌 해상무역이 번성하게 돼. 내는 초등학교 겨울방학숙제로 세계지도를 그리며 스친 생각이 고작 대륙에 여러 나라가 있다는걸 알 정도였는데….

호 새: 바다에 인접한 나라들은 일찍이 바다로 나섰겠어요?

돈 키: 르네상스시대의 상상력이 15세기 콜럼버스를 비롯해서 여러 해양탐험가들이 바닷길을 탐험해 항로가 개척되었어. 포르투갈, 스페인, 네덜란드, 영국, 프랑스, 미국…. 등은 바닷길을 열어 강국이 되었잖아. 시사하는 바가 있잖아. 1세기 인도공주 허황옥이 가야에 도래와 9세기 해상왕 장보고의 서·남방해 활약, 15세기 초반 명나라 정화의 아프리카 진출, 16~7세기 일본 주인선 교류들이 우리 주변의 바닷길 해양사이니 한반도에 머무는 사관을 벗어나야지. 고대의 황해.남해사를 살피면 한반도의 실제 모습이 새로울거야. 국제정치는 바닷길 싸움이거든….

호 새: 자갈치시장에서 소주 한잔 어때요?

돈 키: 자갈치파는 시장인 줄 알았는데….

호 새: 그래, 부산하면 자갈치시장 아이가? 광복 후 귀환한 분들과 동란시 난민들이 어우러져 사고팔며 살아온 생활터랍디다.

아지매1: 어서 오이소!

아지매2: 뭐든 물어 보이소!

아지메3: 싸게 드릴테니 골라보이소!

호　새: 웃음이 갓잡아 올린 생선처럼 팔딱팔딱하네요.

돈　키: 웃는 얼굴로 싹싹한 인사받으니 왕이 된 기분이네. 심신에 생기 돋
　　　　우는 기충전소야.

호　새: 공인들이 저랬으면 좋겠어요.

돈　키: 몇번 가게였지? 꼼장어들고 함박웃음 짓던 아지매네 가서 웃음이나
　　　　담아 갈꺼나.

호　새: 길건너 국제시장이나 둘러보자구요….

아지메4: 앉으이소. 국수 한그릇 하이소.

호　새: 저기 씨앗호떡 파는 곳에 줄이 늘어섰네요.

돈　키: 저쪽은 깡통시장 이쪽은 BIFF광장, 책방골목, 용두산 공원인데….

호　새: 왠 깡통시장이래요?

아저씨1: 캔종류가 진열되어 그리 불러요.

돈　키: 주말이라 그런가 사람이 물결치네. 용두산 부산타워 높이 만큼이나
　　　　옛적에 이곳에 난민들 시름도 깊었을 거야. 남항의 애수가 담긴 〈굳
　　　　세어라 금순아〉는 현인선생이 불러 월남한 분들의 가슴을 적셨어. 피
　　　　눈물 흘리며 흥남부두를 떠나온 분들도 이곳 남항 부둣가에 일거리
　　　　찾아 살고자며 자갈치시장에서 피눈물 흘리며 오늘을 이룬 거잖아.

호　새: 창법이 독특해 흉내내기 어려워요. 한번 불러 보죠.

　　　눈보라가 휘날리는 바람찬 흥남 부두에 목을 놓아 불러봤다. 찾아를 봤다… 길을
　　　잃고 헤매였더나 …일사 이후 나 홀로 왔다. 일가친척 없는 몸… 이 내 몸은 국제시
　　　장 장사치다 …고향 꿈도 그리워진다. 영도다리 난간 위에 초생달만 외로이 떴다.

돈　키: 고향이 소중하듯 일가친척이 소중하다네.

호　새: 나라가 소중하단 말이네요. 거제도에 간다면요? 부산항아 잘 있으
　　　시소.

돈　키: 마도로스 가수 백야성 선생이 부른 노래야.

　"아 잘 있거라 부산 항구야

　미스 김도 못 잊겠소 미스 리도 못 잊어

　…. 아 또 다시 찾아오마 부산 항구야~"

호　새: 주인님! 미스김.미스리 찾다 거제행 버스 놓쳐요. 근데, 최고 멋진
　　　부산국제영화제 출품작이 뭐래요?

한려수도 그림같구나
─ 거제, 통영

호 새: 그 섬에 가고싶다고 왔으니 며칠 머물죠?

돈 키: 볼 곳이 많드만. 바람의 언덕, 학동몽돌해변, 외도….

호 새: 제주도 다음으로 큰 섬인데 그냥 지나가요?

돈 키: 서너 번 다녀갔어. 해변풍경이나 버스투어하자고.

호 새: 저편에 옥포조선소인가봐요?

돈 키: 문패가 여러 번 바뀌었어. 그림같은 풍광이나 실은 사연이 많은 곳
이야. 머리 아픈 일이 많았을 거야. 덩치도 크니 이해관계가 복잡한
셈이지. 1+1=2나 2-1=1이 말썽이나 매스컴에 이미 알려진 대로야.
그 후유증은 국민의 부담
이 되었거든.

호 새: 큰분들이 경영도
정치도 잘하지 않
나요?

고파 시비

돈　키 : 뭘 잘한다는 거지? 덧뺄셈, 아니면 나누고 곱하기? 우리는 길손이
　　　　 야. 그냥 마음 누이고 가면 되는거야.

호　새 : 몽돌해변에 몽글몽글 마음을 굴려봐요.
돈　키 : 걸어보니 맴이 정말 동그라지데. 긴세월 파도와 씨름했는지 둥글둥
　　　　 글해졌어. 손주 사랑하는 할메의 마음일듯싶어. 거무티티한 건 속
　　　　 이 타서 그럴테고 반짝반짝대는 몽돌은 생글생글 웃는 손녀들 얼굴
　　　　 일거야.
호　새 : 바람의 언덕에 풍차가 있던데….
돈　키 : 왜 돌진하려구. 세상이 풍차인걸 몰라. 센바람 불면 지붕만 날라가
　　　　 는게 아녀. 마음 단속해야지. 바람들어 몽땅 날아가는 겨.
호　새 : 날아야 세상구경 하지요. 저 갈매기 좀 봐봐요. '나처럼 해봐요. 요
　　　　 렇게' 훨훨 날잖아요.
돈　키 : 탁 트여 좋네. 저 바다 풍경이 시원하네. 훨훨 날아보자구.

호　새 : 버스 윈도우 쇼핑이네요.
돈　키 : 남쪽 바닷가니 "가고파(김동진 작곡 이은상 작사 박인수 노래)" 불
　　　　 러볼까. "내 고향 남쪽바다 그 파란 물 눈에 보이네. 꿈엔들 잊으리
　　　　 오…." 어때? 한산도-여수에 이르는 한려해상공원이야. 드론에 몸
　　　　 실으면 갈매기와 댄싱을 할 수 있으려나.
호　새 : '스카이 플라잉 갈매기와 댄싱을' 괜찮네요.
돈　키 : 노래(작곡 정두수 작사 박춘석 노래 이미자)도 들으면서 말이지.

　　　노을진 한산섬에 갈매기 날으니
　　　삼백리 한려수도 그림같구나
　　　…

빨갛게 빨갛게 동백꽃처럼

...바닷가에 타오른다네

호 새: 한려수도 물길이 삼백리라 하대요.

돈 키: 이적까지 귀에 익은 게 명사십리나 대밭십리 또 남도삼백리나 낙동
강 칠백리, 화려강산은 삼천리거든. 삼백리 바다물길이 제격이네.
충무공을 비롯해 어부들이 목숨을 바다뜰 삼백리길에 바쳤어….

호 새: 명량에서 노량, 당포, 한산도, 옥포, 부산포에 이른 '다도해와 한려해
상공원'은 '어부의 눈물'이 말없이 흐르겠지요. 괜한 생각마시고 꿀
빵 어때요? 천안 호두과자, 경주황남빵, 안흥찐빵 다 먹어봤으니….

돈 키: 통영꿀빵! 꿀빵이라. '구매 좋아요' 아직 안 누르신 분. 꾹! 눌러보세
요. 꾹 꾹!

통영

한반도 소나타

호남편

호남제일관문

꽃이 피면 화산이요 - 호남지방

호 새: 호남호남 하는데 잘생긴 남자란 말인가요 호남이 뭔말이래요?

돈 키: 조선말기에 비롯했다는 '호남가'에 호남지방 특색이 들어있어. 들어
볼래?

함평천지(咸平天地) 늙은 몸이 광주(光州) 고향(故鄕)을 보라하고

제주어선(濟州漁船) 빌려타고 해남(海南)으로 건너갈제

흥양(興陽)의 돋는 해는 보성(寶城)에 비쳐있고…..

우리 호남(湖南)의 굳은 법성(法聖) 전주백성(全州百姓)을 거나리고

장성(長城)을 멀리 쌓고 장수(長水)를 돌아들어

여산석(礪山石)에 칼을 갈아 남평루(南平樓)에 꽂았으니

삼례(參禮)가 으뜸인가 거드렁 거리누나

돈 키: 지리적으로 대략 금강 이남지역을 말해. 대관령고개 동서로 영동(관
동), 영서(관서)로 나뉘고 문경새재.조령 이남지방을 영남으로 부르
잖아. '호남'이란 명칭은 기상예보나 정치권에서 사용하는 지리
용어로 쓰이는 말이야.

호 새: 그리 고을마다 특색이 있어 그런지 호남분들 머리가 좋드만요. 들자

니 막걸리 한 보시기 들이키고 영산강 굽어보는 정자에 올라tj서 춤 사위에 부채를 펴들고 소리하는 선비 모습이 그려지네요.

돈 키: 삶도 녹아 들었으니 주변풍경에 흥이 돋아 절로절로 몸이 돌아갈 거야. 우리 가락의 멋이지. 판소리 두어 마당 곁들이면 제맛 날거야. 녹음방초에 꾀꼬리 울어대는 호시절에 춘흥이 돋우면 절세가인인들 눈에 찰까? 시 한 수 놓으면 무릉도원인게지.

호 새: "꽃이피면 화산이요 잎이피면 청산이라…." '강강수월래' 같은 남도 민요는요?

돈 키: 전라도를 중심으로 충청, 경상도 일부지방에서 불리는 민요를 통칭 남도민요라 한다네. 진도아리랑, 강강수월래, 밀양아리랑, 쾌지나칭 칭나네…. 흔히 듣던 노래들이야. 황해·평안지방의 서도민요, 경기· 서울지역에 경기민요와 어우러져 3대 민요라고 하드만. 여러 사람 이 마당을 빙둘러야 제격이지.

호 새: "붕어빵에는 붕어가 없어 어부가 탄식을 하는디…." 수궁가 판소리 는 뭐래요?

돈 키: "범 내려온다"더니 국악 소리공부하네. 고수의 장단가락과 추임에 소리꾼이 소리하는 몸사위 연극이라 생각하면 될거야. 모여서 어울 린 관객이 판이라 하거든 그게 한몫이야. 충, 효를 바탕으로 의리, 정절 등 조선 시대의 가치관이 배어있다 봐야지. 춘향가, 홍보가, 심 청가, 수궁가, 적벽가…. 완창하려면 서너 시간에서 무려 예닐곱 시 간에 이르니 득음 경지에 달하려면 고된 수련 과정이 있어야지.

호 새: '서편제'에 등장하드만요. 눈까지 멀게 하며 골을 찾아 득음에 이르 는 모습이나 떠났던 동호가 누이와 소리를 어르며 소리없는 강을 건 너 남매의 해후하는 소리맛이 짠하대요.

돈 키: 사랑, 우애, 효, 꾀…. 우리네 삶이 녹아있으니 내속도 풀어내는 거

야. 오페라와 뮤지컬처럼 우리에겐 판소리와 창극이있다 할거야. 희노애락을 표현하는거니 동서양이 다를게 있나싶어.

호 새: '적벽가' 버전으로 소리 지망생들의 '대양가'도 나올라나요.

돈 키: 호남지방에 소쇄원, 면앙정, 환벽당, 송강정, 식영정…. 이름난 정자들이 있거든. 정원의 풍광도 그러려니와 주인공의 삶과 어울린 시문이 가사문학이니 판소리의 연원에도 이른다고 하네. 어울려 교류하던 선비들의 글발이 사계 자연의 골·마루에 걸려 지금에 이른거야.

호 새: 호남지방은 먹거리 릴레이하는지 남원추어탕, 보성녹차, 장성장뇌삼, 신안소금, 고창복분자, 임실치즈, 영광굴비…. 꽤 많드만요. 장수長壽막걸리도 장수長水산 인가요?

돈 키: 마한.백제의 역사, 유불사상의 깊은 골에 근세사의 수레바퀴가 돌아드니 한옥, 소리, 춤사위, 비빔밥…. 이름 잇고 이즘에 공기관도 자리하고 새만금 조성이나 비엔날레축제, 정원박람회…. 큰행사들이 부쩍 호남지방에 에너지를 돋우고 있어. "비내리는 호남선 남행열차…."가 KTX로 발전했으니 휘이 둘러봐야지.

호 새: '호남가'에 등장한 곳을 다 들러요?

돈 키: 가고 싶은 곳 가는게 유람이야. 호남지방의 산, 강, 들, 바다를 사람 몸에 비유해 표현한 분이 있드만. 경향景鄕이라고나 할까? 여기에 글솜씨, 예술, 맛 등이 뛰어나 문향文鄕, 예향藝鄕, 미향味鄕이라고도 해야지. 의인의 모습을 표출한 까닭에 호남은 의향義鄕이라고도 하드만. 몇 군데 들러야 호남지방 맛을 느끼지. 음식맛도 일품이라니 가봐야지.

호 새: 산수유가 배시시 웃음꽃 흘리는데 '사랑가' 한 대목 듣자구요.

돈 키: 이애야, 이리와봐라 업고 놀자~

호 새: "어머나,어머나 이러지 마세요. 여자의 마음은…."

와! 섬이다!-군산, 고군산도

낚시맨: 비응항에서 2층 버스 타세요. 방조제 좌우전망이 탁트여 볼만해요. 야미도, 신시도, 무녀도, 선유도, 장자도 돌아나오는데 시간마다 운행해 둘러보고 나오면 바다내음이 몸에 스밀겁니다. 주말에 낚시하러 많이들 오는데 경기가 예전만 못해요. 이것저것 겪어보니 정주할 중소기업이 많았으면 싶어요.

호 새: 며칠 묵어가면 안돼요?

돈 키: 조개캐며 살거야, 카페·음식점 차릴거야? 휘이 둘러보고 나올거야.

실버맨: 여행오셨어요? 군산에 오래 살았는데 1899년 개항했으니 군산은 군산항이 브랜드죠. 근세 역사관에 가면 이곳 역사를 대충 알 수 있어요. 나당연합군과 백제와의 전투를 벌인 금강하구 기벌포라든가, "선화봉사고려도경"에 등장하는 송나라 사신 서긍이 고군산도에 들렀다든가, 고려시대 최무선장군이 왜적을 물리친 당시 진포대첩 등…. 그만큼 옛적부터 고려.조선시대에 이르도록 바다 건너 해상교류나 세곡선이 뜨던 곳이라 한때 한성부윤처럼 부윤이 다스릴 만큼 세가 컸어요. 일제시대에는 호남이 곡창지대라 대일 물동량이 이곳을 경유했어요. 호남평야는 나주, 김제, 옥구, 강경지역에 이른 뜰이

고군산도

거든요. 바다 매립이나 군 공항 설치, 도시 계획된 시가, 일본 가옥 등 일제시대의 유산이 곳곳에 남아 있어요.

돈 키: 오후에 역사박물관에 들러볼겁니다.

실버맨: 월명산에 수시탑이나 뒷편께로 군산대학에 이은 호수, 박물관 옆 인천상륙작전에 참여한 군함이 전시된 해양테마공원, "탁류"의 채만식 문학관, 철길마을도 들러 볼 만한 곳이에요. 군산은 큰 틀로 생각하면 장항항까지 넓게 어울려야 큰 변화를 맞을 것 같아요. 저 맞은편 장항까지 도로가 나 있으니 다녀오든가요. 이성당李盛堂 빵이 유명하니 한번 맛도 보구요.

호 새: 실버맨이 군산역사에 달통해 제대로 들려주셨나봐요.

돈 키: 공직에 계셨다니 나름 지역의 정체성에 통했을거야. 나이들면 중심이 서고 지역을 사랑하게 되는 것 같아. 나라밖을 나가도 절로 애국자 된다잖아. 태극기나 기업상호만 봐도 반갑지. 나라밖에 상호를 내건다는 건 큰일이야. 존경받을 일이지.

호 새: 역사관에서 본 고기 잡는 방법이 인상적인데요

돈 키: 뭐가?

호 새: 죽방렴, 석방렴 말이에요.

돈 키: 그거 어린시절 냇가에서도 고기잡던 방법이야. 손더듬어 잡는 것보다 흐르는 물살에 대발치거나 돌무데기 둘러 물고기 가두는 재래방법이지.

호 새: 또 뭐라든가요? 안강망, 주목망, 정치망이라 하드만요.

돈 키: 조수간만의 차이나 조류흐름을 이용하거든. 외발서기, 양발벌리기, 앉아잡기로 설명하면 되려나?

호 새: 외끌이, 쌍끌이, 트롤어선은 뭐구요?

돈 키: 바닷가에 오더니 아예 바다에 눌러앉으려고?

호 새: 멸치에서 고래까지 어떻게 밥상에 오르는지 궁금해서요.

돈 키: 그냥 스쳐가야지. 세상일은 나름 질서와 그분야 전문가가 있거든.

호 새: 연구자료를 서핑해보니 연안어업도 그렇고 원양어업도 여러 나라의 이해관계가 복잡하드만요. 준수해야 할 법, 협약, 협정….

돈 키: 영해와 공해 관련한 이야기야. 그러니까 전문가가 필요하지. 해당 기관이 대처하지만 무엇보다 국력이 받쳐줘야지. 영토가 좁은 코리아가 해양 과학국으로 변신하려련 분발해야겠지.

호 새: 새만금방조제 인근 섬구경에 별생각이 다드네요. "네가 만약 외로울 때면 내가 위로해줄게…." 윤복희 가수가 불렀나봐요? 어청도, 말도, 횡경도, 십이동파도... 다들 모였던데요. 끝편에 붙어볼까요?

돈 키: 군산에서 부안에 이르는 새만금방조제로 서남해 지형이 바뀌었어.

호 새: 백년후에 어떨라나요?

돈 키: 글쎄…. 조개와 철새들이 한숨을 내쉴지 아닐지 누가 알겠어? 해양 전문가가 답을 줄라나?

요내 달이 돌아와
― 익산, 서동공원

호　새: "서당개 삼년에 풍월 읊는다"더니 유람말 삼년에 문화유산해설 하
　　　겠어요.
돈　키: 봄되면 산에 들에 꽃피니 처녀총각 마음이 달뜨거든. 서동과 선화공
　　　주의 청춘사랑가나 들을꺼나.

통신맨: 서동이 익산 태생이라 매년 이곳에 서동축제가 열린다네.
돈　키: 고구려는 호동이고 백제는 서동이구만. 연애는 애들때 하나봐. 내도
　　　마음은 청춘인데 말이야.
통신맨: 세상 그리 가는거지. 마한관에 들르면 마한의 중심인 익산 금마 이
　　　야기와 백제로의 변화과정을 살필 수 있어. 커피숍에서 시간을 지
　　　체했나봐. 그냥 미륵사지터로 가보자구.

호　새: 와아, 터가 넓네요.
돈　키: 저 뒷산이 미륵산인가? 터에 햇살이 누웠나.
통신맨: 가슴이 확 트이는게 마음이 편안하네.

돈　키: 평등한 삶을 원하던 백제인들이 두 손 모으던 곳이라던데. 텅 비워 미래를 꿈꾸는 상상터려나.

호　새: "사랑을 하려면 불같이 뜨겁게…." 했을 서동이 선화공주 썸탄 이야기나 해봐요.

돈　키: 썸탄 주인공들 계보를 살펴야지. 북부여의 해모수와 유화부인, 고구려의 호동왕자와 낙랑공주, 바보온달과 평강공주, 백제의 서동과 선화공주, 천년세월을 건너 이도령과 춘향이, 심수일과 이순애…. 신의 자식에서 왕족, 귀족, 양반, 서민에 이르도록 시절따라 아리아리한 주인공들이야.

호　새: "사랑은 아무나 하나" 그 말이 맞나봐요. 짠한 스토리는 고사하고 이 즘은 'Me too'뿐이네요.

돈　키: 왜 없겠어?

통신맨: 여유로워야 사랑을 하지. 글을 쓴다니 익산에 서동-선화 축제를 사랑놀이로 꾸며보지. 젊은이들 발길이 살랑살랑 찾아들게.

호　새: "봄이 왔네 봄이 와 숫처녀에 가슴에도 님 찾아간다고 살랑살랑 익산 가네 산들산들 부는바람 아리랑 타령이 절로나네 응응응~"

돈　키: 봄이 왔네. 유튜브에 띄워 볼래.

제목: 서동-선화 사랑가 페스티벌
일시: 매년 봄.가을
장소: 서동공원
주제: 짠한 사랑가(서동역 및 선화공주역)및 짠한 댄스(좌동)
대상: 청춘남녀/기혼부부

특전: 수상자-국제썸페스티벌 참가기회

주최: 사랑연구회

후원: 익산시 사회단체연합회

협찬: 마생산자협회, 연극회, 의상협회, 디자인협회, 여행사….

호 새: 시나리오 예시 없어요?

돈 키: 청춘남녀는 사고가 통통 튀잖아. 창의적 대사와 댄스가 세상을 열어
가는거야. 생기가 돌면 그게 길이거든. 왕비의 청으로 미륵사지를
창건했다는데 요즘 청춘들은 어떨라나….

호 새: 노트북, 여행권….

돈 키: 글쎄, 봄날 청춘에 맞는 대사라…. 꽃반지는 어떨라나….

호 새: 코로나 땀시 뭐는 되겠어요?

돈 키: 사랑은 아무나 해. 사랑이 뭐야. 젊다는게 뭐야. 방법이 있을테지….

통신맨: 순두부 맛이 매콤달콤하네. 서동.선화 연애 맛이려나.

양반동네 맞는갑소
－전주, 한옥마을

호 새: 볼 곳이 많다면요?

돈 키: 지인들이 안내해줄 거야.

별동기: 전주 맛을 봐야지. 아침이니 콩나물국밥부터 들자구. 시내 한바퀴
　　　 돌면 전주윤슬을 듣게 될 거야.

팔복맨: 선비정신 살피려 어제 묵었다면요. 경기전, 강암서예, 한옥마을, 완
　　　 판문화원, 동헌, 향교, 동학기념관, 소리관, 한지관, 김치관, 최명희
　　　 문학관, 부채관 들른 후 점심 들고 박물관에 가보시면 전주지방 역
　　　 사를 대략 훑는 겁니다. "왱이" 콩나물국밥 드셨으니 전주맛 일미는
　　　 본 겁니다.

팔복맨: 살다 보니 이곳이 멋들어져 동네 신문에 하나하나 실어볼 참입니
　　　 다. 국밥, 비빔밥에다 한옥에 한지도 그렇고 소리까지 얹으니 어깨
　　　 가 들썩인단 말입니다. 조선을 창업한 태조의 본향 경기전의 품새
　　　 나 동헌의 위세도 그러려니와 완판문화원은 그 격을 높이드만요.

서도도 전주지역 선비정신의 한 가닥이구요.

박선비: 부채박물관을 지나며 든 생각인데 바람이 불어야 세상이 수승하드
만요. 의지가 모여야 물길을 이룬다는 겁니다. 부채바람 갖고는 안
될 것인께….

팔복맨: 연 날릴 때 지났잖어. 봄에 봄바람 불고 가을엔 가을바람 분당께.

돈 키: 제때에 바람이 불어야 세상 사는게 즐거운 거지. 동학기념관에서 녹
두장군 글을 보니 개인 치부보다 이웃을 챙기는 타짜들이 많아야 세
상이 환할듯 싶어. 근세에 큰 변곡점이 동학바람이잖아. 농민들이
보국안민의 기치를 내세우며 사발통문했어. 그 당시 모습에 이즘
매스컴 등장인물들이 오버랩되네.

호 새: '인내천'이란게 뭐죠? 사람이 하늘에 이른다는 거예요?

돈 키: '사인여천'이란 말처럼 너나 나나 존엄하니 하늘처럼 받들란 뜻이
래. 고부군수의 학정에 녹두장군도 등장하고 우금치, 황토현, 전주
성 등에서 농민들이 관군과 벌인 전투와 그후 일련의 역사적 흐름
은 깊이 생각해 볼 문제야. 행동강령중 부모에게 패악질을 징치하
겠다는 것은 유교적 맥락에 닿는다 싶어. 나라를 지키려 일어선 지
성인의 자각과 백성과의 소통, 앞선 사고등이 동학농민운동의 의
미일거야.

호 새: 탐관오리가 횡포를 부려 여린 백성들 목숨만 잃었네요….

팔복맨: 미래를 살피는 좋은 공간이 박물관이드만요. 가족들과 와야겠어요.
동네신문에 동네 어른들 이야기를 실어 볼랍니다.

박선비: 자세가 정신을 낳는다니 한번 선비 걸음 걸어보서.

팔복맨: 아따 박선비 뭔말을 고깝시로 한당께? 나가 한번 한다하면 할 수 있
응께 한번 지켜보드라고. 선배님도 먼발치로 지켜보시요 잉.

돈 키: 전주는 시가지가 박물관인 것 같아. 한지관 사장님 말씀처럼 반짝보
다는 꾸준한 방문과 상용이 있어야 좋을텐데. 정부가 뒷받침 해야겠
지. 깨인 분들의 몫이야. 잊혀진 후백제 견훤왕이 깨어나겠어. 사람이
오복을 갖고 태어난다는데 팔복동도 있으니. 대사습놀이 농악부.시조
부에 출전해보지? 내 구경 한 번 옴세. 어쩌겠는가? 해볼텐가?

팔복맨: 고것은 어려울테고 나가 전주박물관에는 자주 들락거릴 것인께.

돈 키: 오늘 값진 날이구만. 천년 시공을 뛰어넘은 전주지방의 고대사도 듣
고 멋을 곁들여 차맛을 보니 이 얼마나 즐거운 시간이야!

박선비: 고런 말을 "유붕자원방래 불역낙호아有朋自遠方來 不亦樂乎"라드만
요.

팔복맨: 아따 해피데이니 한 귀절 더 늘려야 재. 참말로 "학이시습지 불역열
호아學而時習之 不亦說乎"란께.

호 새: 말이 들어도 말같은 말들 하시니 전주가 양반 동네가 맞는갑소.

전주박물관

사바가 발 아래라
─ 남원, 광한루

호 새: 드뎌 광한루에요? 어쩌나 날이 저무는데….

돈 키: 상상해봐. 저 그네가 창공을 차고 나가는 걸.

호 새: 빈그네가 창공에 날겠어요. 제 눈에 오색댕기 처녀가 쪽물들인 남색
저고리에 분홍치마 휘날리는 모습이 그려지네요. 그 모습에 이도령
이 홀딱 반해 가슴에 불나니 방자가 짚신이 탄내나도록 쪽지 심부름
했겠지요.

돈 키: 봄색이 푸릇푸릇 하것다 무대가 광한루니 그럴만도 하지. 봄날인데
사내들 나뭇가지에 치맛자락 휘날리며 그네뛰는 처녀모습에 눈돌
아 갔겠어.

호 새: 그네를 타보긴 타본 거에요?

돈 키: 그럼, 시골 동네엔 큰나무에 대개 그네가 매어있거든. 군대에서도 '0
번 올빼미 준비됐습니까' '준비됐습니다' '도하' 유격코스에 물구덩
이 건너는 그네타기가 있어. 몸을 그네에 어울지 못하면 흙탕물에
곤두박질해. 그네 타는 요령이 여간하지가 않아. 줄잡은 두 손과 영

덩이, 허리, 다리가 박자를 맞춰야 하늘을 차고올라 붕붕 나르거든. 쌍그네는 두 사람이 호흡이 맞아야 제맛나고 보기도 좋아 세상살이도 매한가지드라고.

호 새: 이즘엔 청룡열차로 스릴을 느끼나보대요.

돈 키: 운치가 그네만 할까? 밤이면 천상의 달과 별이 물위에 뜨고 낮엔 버들가지 늘어진 호수에 원앙새 노닐고 무지개 오작교 아래엔 비단잉어가 쭈쭈거려려야 배경이 딱이지.

호 새: 선비들이야 한시도 짓고 풍류가락을 놓으나 이팔청춘 총각들은 그네 탄 처녀들 모습에 긴한숨을 광한루에 달아매겠어요.

돈 키: 주인공이 몽룡과 춘향이지 봄날에는 처녀 총각이 모두가 이도령이고 춘향인거야.

호 새: 어릴 때 동네 형들 쪽지 심부름 안했어요?

돈 키: 누이가 없어. 대신 옆집 뒷집 누이들이 괜스레 냉이, 달래캔다며 꽃치마 입고 들에 나가 때아닌 뻐꾸기 소리를 들곤 했지.

호 새: 남원이 판소리 고장이라면서요?

돈 키: 그리 전시관에서 설명하드만. 왜란·호란을 겪은 후라 여러 의미로 해석하드만서도 춘향(봄의 향기)이 세상천지에 진동해 서구에도 번안되었다잖아. 감칠 맛나는 스토리라 판소리나 연극도 관객들에게 인기가 있었다드만. 어느 작가가 그러드만, 소설이 히트하려면 아리아리한 사랑을 주제로 다루어야 한다고.

호 새: "저리 가거라 뒤태를 보자. 이리 오너라 앞태를 보자 아장 아장 걸어라 걷는 태를 보자…." 사랑가 대목이 무릉도원이네요.

돈 키: 그럼, "쑥대머리 귀신형용 적막옥방에 찬자리여. 헝클어진 머리….

앉아 있노라면. 생각나는 것은 임뿐이라 ….” 옥중가는 지옥이겠네.
“암행어사 출두야” 반전도 있어야 눈길도 끌구말이지.

호　새: 주인공보다 방자와 향단이 역할이 끈끈하드만요. 월매는 프로드만
　　　요. 이즘말로 원나잇 스탠딩한 딸내미를 꽃가마에 태운 거잖아요.

돈　키: 방자전을 보니 쪽지 심부름값이 후하드만. 남원에 순절한 ‘만인의
　　　총’에 잠든 분들이 있기에 춘향이가 그네도 뛰고 누군가 소설도 쓰
　　　고 판소리도 하는거야. 나라가 없으면 가당키나 하겠어.

호　새: 세상 그네를 멋지게 타는 나그네가 우리네 인생이네요.

돈　키: 글쎄 어느분은 “어디서 왔다가 어디로 가는가 하숙생이라 노래부르
　　　대. 그네(김말봉 작사 금수현 작곡)”는 왔다갔다하니 재미있잖아. ‘
　　　한 번을 구르니 제비가 놀라고 두 번을 거듭차니 세상이 발아래라’
　　　며 시름도 바람이 실어간다잖아….

호　새: 한두 번에 재미나겠어요. 세 번 구르면 어떨까요?

돈　키: 세상을 창조하는 거지. 하나, 둘, 셋! 하며 튀잖아.

호　새: 바람에 치맛자락만 날리는 줄 알았는데….

돈　키: 서문에 나가 추어탕이나 들자구.

호　새: 추어탕 들고 밤그네 가려구요? 방죽물을 흐려놓을 정도로 힘이 좋다
　　　니 두어 그릇 드셔야죠.

돈　키: 미꾸라지처럼 빠져나간다잖여. 그미물에게 참말로 배울게 많아.

호　새: 세상에 여기저기 미꾸리들 많드만요. 광한루에서 미꾸리처럼 빠져
　　　나가는 변학도에게 내패(마패)보이니 오리들이 잠수해서 찾드만요.
　　　어찌 되었을까요?

돈　키: 이곳에 인생그네 타시다 수레바퀴 돌리신 작가님을 정옥추어탕집에
　　　서 뵐거거든. 어찌 되었는지 여쭤볼게

너도나도 빛이야 - 광주, 빛고을

호 새: 광주, 빛고을이네요.

돈 키: 그래, 빛의 의미를 살펴야지. 무등산도 있으니 의미롭지 않아?

호 새: 무등산 수박 수박 하더니 이즘은 고창 수박도 뜨대요.

돈 키: 지인들과 점심에 만나기로 했으니 들어봐야지.

돈 키: 서석봉까지 어려워도 중머리재에는 올라가야지.

호 새: 무등산이라면요? 정상이나 중턱이나 무등이니 바람재나 토끼등까
　　　지만 가자구요.

돈 키: 무등이 좋기도 하나 나아감의 척도로 등급도 때론 필요하지 않을까?

호 새: 평준화가 그런 말 아니에요? 너나 나나 같으니 좋잖아요.

돈 키: 사람이 제모습이 다를진대 어찌 생각과 행동이 같을까? 그러면 발전
　　　이 없어.

호 새: 저기 두 분이 앉아 계시니 물어보자구요.

어른 1: 어디서 왔소? 중머리재까지 들러야 무등산 맛을 느낄거요. 내는 나
　　　주 사람인데 고향이 수몰되어 이곳에 정착한지 꽤 되니 고향이나
　　　매한가지요.

어른 2: 내는 남평에서 왔는데 이사람과 띠동갑이랑 어울려 이곳에 자주 와

요. 세월 잠깐이야. 젊은시절에 하고 싶은 것 다해보시오.

돈 키: 어르신, 편안해 보이시네요?

어른 2: 그냥저냥 사는 겁니다. 얼굴이 환하니 산 기운에 듬뿍 젖을게요. 신
　　　 나게 사시구랴.

교육맨: 함평갔다가 동기가 온다고 해서 서둘러 왔어. 무등산엔 다녀왔구?

돈 키: 산장에서 출발해 바람재, 토끼등을 경유해서 중심사로 내려왔어. 상
　　　 무대 OBC교육과정때에 무등산에 오른 기억이 나드만. 시간에 도착
　　　 하느라 뛰어 내려왔어.

교육맨: 90년대 초반까지 대한민국 육군장교의 초급장교 대부분이 상무대
　　　 를 거쳤으니까 국토방위에 광주지역이 의미가 있다고 생각해.

돈 키: 유격훈련시 '도피 및 탈출' 코스에서 붙잡혀 나무기둥에 거꾸로 매
　　　 달린 채 몽둥이로 발바닥 마사지를 받았던 기억이 아직도 생생하구
　　　 만. 그시절 단련된 강인한 정신이 세상살이에 큰 도움이 되었어.

돈 키: 근데 왜 빛고을인가?

보건맨: 다른 이야기도 있으나 조명과 관련해 이곳이 타지역에 앞서 시작했어. 그런 의미가 빛고을 이미지에 기여했을 거야.

돈 키: 빛고을이니 위상에 걸맞는 품신을 지닐거야. 무등산이 이곳에 위치하고 빛은 이곳저곳 무등일테니 큰사람 품이겠어? 어머니품처럼 환하고 푸근한 양지라 생각해야겠지. '빛이 있으라' 구약에 나오는 구절도 시공간의 움직임이라 한다잖아. 빛고을에 공간적 의미가 개인 삶이나 사회에도 빛이 되겠지. 바닷길을 밝혀주는 등대처럼 세상을 환히 비추는 큰등대가 되었으면 싶거든.

교육맨: 어찌 그일이 광주만의 일이겠어? 요즘, 자치시대라잖아. 빛고을이 이름값은 할거야.

돈 키: 어깨와 모자에 5만촉광 다이아몬드를 단 위관장교들 교육장 상무대가 빛고을에 있었던게 우연이 아닐거야.

교육맨: 호남지방을 의향이라 하지 않든가. 광주도 광주학생운동을 비롯해 여느 지역에 못지않은 빛을 발했어. 노래나 문학…. 여러 분야에서 이웃의 범주를 넘어 널리 알려진 미담이 있으니 그또한 빛고을의 의미를 더할거야.

돈 키: 신빙 소위의 호기롭던 광주상무대에 그 시절이 35년전일세. 빛고을에서 훈련하며 배인 그정신이 새로우이.

호 새: 무등산 서석대에 햇살은 어떨라나요?

교육맨: 햇빛이야 무등이니까 저 창밖에도 비추고 있구만.

돈 키: 하루하루 일상이 빛인 셈이지. 예나 지금이나 한결이니 제빛을 내야지.

보건맨: 생명체로 몸받아 태어난 그 누구도 세상의 빛이니 모두의 일이지.

청출어람 청어람
─나주, 천연염색관

실버맨: 나주는 천년 역사를 지닌 고장입니다. 미래를 위한 고장이지요.

돈 키: 들자 하니 왕건과 얽힌 샘물 이야기라든가 영산강변에 홍어축제가
　　　열린다던데….

실버맨: 역사가 깊어도 젊은이들이 머물 수 있는 여건이 돼야 할텐데….

호 새: 어디가요?

돈 키: 이 고장은 의미로운 발걸음이 될거 같아. 도로명이 백호로라잖아.
　　　이름값인가? 고구려대학이나 천연염색박물관, 낭만시인 임제문학
　　　관이 있다니 들러야지.

호 새: 어찌, 고구려 명칭을 이곳 지방에서 명명한대요.

돈 키: 백제, 신라, 가야, 고려, 조선 모두 대학교명으로 쓰이는데 이곳에 고
　　　구려대학이라니 진취적 그 기상을 이으려나?

호 새: 곤충산업과가 있드만요? 미래식량원으로 개발된다면요?

돈 키: 생소하지만, 친환경 먹거리야. 어릴적에도 메뚜기를 볶아 먹었거든.

곧 입맛 돋울 먹거리로 친숙해질 거야. 요즘에는 곤충에 비유된 개
그도 어울리드만.

호 새: 개그요?

돈 키: "번데기 앞에서 주름잡지마라"는 "공자 앞에 문자쓰지 말라"와 동격
이거든. 얼마나 쉽게 우리 생활말이냐? 아마 주변을 둘러보면 세상
에 얼굴 내밀게 많을거야.

호 새: 그런 지방특산물을 연구한 분이 있다면요?

돈 키: 한두 분이겠냐만 이곳에 천연염색에 대해 깊이 공부한 분이 설명해
주신다니 가봐야지.

쪽박사: 기후협약으로 이산화탄소 배출을 억제해야 하는 현실에 천연염색은
제때를 맞았어요. 국내 몇곳에서 천연염색을 대물리고 있으나 주변
의 인식변화가 필요해요. 왜 천연염색이 필요하고 사용해야 하는지
를. 용처가 옷감뿐만 아니라 피부미용, 의약… 다양하지요. 경쟁력
이 있는 산업이 될 수 있다고 봐요. 일본은 이런 면에서 앞섰어요.

돈 키: 설명을 들으니 농특산물 상품화를 통해 6차산업의 육성을 기대할
수 있겠어요.

쪽박사: 젊은이들의 관심과 정책 배려가 있다면 전망이 밝다고 봐요.

돈 키: "청출어람 청어람" '쪽빛동네 백호마을에 가다' 괜찮네요. 어쩌면 춘
향이 맵시나는 옷차림새는 쪽물 탓일 겁니다. "내고향 남쪽 나주 그
쪽빛물 눈에 보이네…." 영산강의 황포돛대도 쪽빛돛대가 될까 싶
어요.

호 새: 뭔쪽이 팔리는 개그하신대요?

돈 키: 쪽을 잘 팔아야 세상 즐겁게 사는 거야. 여기가 백호로야. 조선중기

천연염색관

낭만시인 임제林悌(1549~1587)선생의 호가 백호야. 문학관이 있드만. 이곳 태생인데 시 한 수로 쪽을 잘 판 것 같아. 송도삼절이란 쪽팔은 개성의 황진이黃眞伊(1506~1567)무덤을 찾아 시한수를 남겼거든.

청초 우거진 골에 자난다 누웠난다
홍안을 어듸 두고 백골만 묻혔난다.
잔 잡고 권할 이 없으니 그를 슬허하노라

호 새: 황진이는 누워서도 쪽을 높인거고 그 가치를 노래한 백호선생 쪽도 전해지는 거네요. 쪽빛잔 들고 쪽물들인 옷차림새 두 쪽이 만나 글판을 깔았으면 세기의 명작을 남겼을 법하네요.

돈 키: 그러니 훗날 영정조시대에 소설 춘향전이 탄생한게 아닐까?

호 새: 성주풀이나 한 대목 해보죠.

낙양성 십리 허에 높고 낮은 저 무덤은
영웅호걸이 몇몇이며 절세가인이 그 누구냐
우리네 인생 한번 가면 저 모양이 될 터이니
에라 만수 에라 대신이야

돈 키: 곤충 먹거리나 영산강 쪽빛이 백호의 기세로 지구촌에 뻗어나가길 기대하자구.

목포는 항구다 — 목포, 유달산

돈　키: 호새야. A=B다. 도시 가운데 가장 명쾌하게 정의된 곳이 목포야. "목포는 항구다"(작사 조명암 작곡 이봉룡)라잖아, 이난영선생이 부른 노랫말에 나오드만.

영산강 안개속에 …
삼학도 등대아래 …
…목포는 항구다
목포는 항구다 이별의 부두

목포는 항구라고 말이야. 항구라 그만큼 아픔이 있다는 이야기야. 담양에서 발원해 광주, 나주, 영암을 거쳐 삼학도를 품은 영산강의 종착지라네.

호　새: 옛적에 통통배들이 선창의 모습을 수놓았으니 아직도 그분이 부르던

사공의 뱃노래 …
삼학도 파도 깊이 숨어드는 때
부두의 새악시 아롱젖은 옷자락
이별의 눈물이냐 목포의 설움

"목포의 눈물"(작사 문일석 작곡 손목인)이 흐를까요?

돈 키 : 식민과 동란의 아픔이 삼천리 어느 곳엔들 없을까만 항구라 그 정이
　　　　더욱 깊겠지.

호 새 : 그정이 깊어 "흑산도 아가씨"(정두수 작사 박춘석 작곡 이미자 노
　　　　래) 가슴이 검게 타버렸대요.

돈 키 : 그노래는 사연이 있어. 작곡가가 흑산도 어린이들 서울구경 신문기
　　　　사에서 영감을 얻었다드만. 흑산도 아가씨만 그렇겠어. 순정을 바
　　　　친 섬아가씨들 맴이 총각들이 뱃길 나서면 어떻겠어? 당시 인기차
　　　　트 순위에 "섬마을선생"이 정상에 오른 이유일거야….

호 새 : 섬마을 선생은 여한이 없겠네요?

돈 키 : 서해의 남단항구야. 유달산, 근대역사관, 해양문화재연구소에 들러
　　　　볼 거야.

호 새 : 흑산도에 들러 홍어회가 어때요? 아니면 천사섬에 들러보죠?

돈 키: 심심한가보네. 신안천일염이나 사러갈까?

호 새: 한번 해본 말이에요.

돈 키: 건달생활을 칼들고 하냐? 동가숙서가식하며 유람하는거야. 원래 오늘 "님과 함께" 왕년스타 미남 가수 남진과 절친이며, 세칭 "목포 오거리 백작"으로 불리며 지역주의 타파 범국민실천운동위원회 배종덕 위원장님이 사람을 소개하기로 했어. 일정이 엇나서 휘익 둘러보고 떠나니 아쉬워. 목포의 홍어거시기부터 목포상고 운동장에서 벌어진 정치야사 사쿠라 이야기까지 이곳의 역사를 꿰고 있는 분이야. 아마 썰을 묶으면 베스트셀러가 될거야. 풍월도 능해 풀었다하면 홍어거시기가 말거시기처럼 부풀어 올라 웃느라고 시간 가는 줄 모르거든. 남이 가기 어려운 한길을 걷고 있는 깨인 분인데 팔자가 그렇다드만.

호 새: 사람은 태어날 때 제복 타고난다지만 말은 어째요?

유달산 표석

돈　키: 한여름 답사리 밑에 강아지 팔자보다 한반도유람 팔자가 낫지 않아?

호　새: 토사구팽은 있어도 마팽은 없다는 거네요.

돈　키: 0을 빼봐 마패! 암행어사 출두야! 어때? 검색어 순위 1위 변학도 저기 버선발로 줄행랑 놓네.

호　새: 그런 소리말아요. 카메라 들이대도 요즘은 쌩까대요.

돈　키: 변학도는 왜이리 많은지 암행어사도 마패를 꺼낼 생각을 도통하지 않으니 말이지.

호　새: 성인들 말씀이 분별하지 말라시니 눈감고 걍 살아요.

돈　키: 눈뜨고도 힘든 세상인데 아주 뚜껑 닫아줄까!

호　새: 유달산에 오르니 어때요?

돈　키: 정자가 세 곳에 있드만. '유달'이 풍류로 생각했거든 와보니 선비의 품을 말하나 봐. 놀 유遊가 아니라 선비 유儒자야. 그러니 정상에 정자는 천하를 둘러볼 곳이고 중턱은 서해바다를 볼거야. 내는 아래턱 정자에 들렀으니 목포항만 볼 수밖에.

아침맨: 맑은날엔 전망이 볼만해요. 해양문화재연구소로 가다가 들를 삼학도와 이난영 노래비는 세월 가니 목포의 전설이 되어가나 봅니다.

돈　키: 국도 1, 2호선 기점 기념비가 근대역사관 1관 앞에 있던데 목포-신의주와 신안(목포)-부산에 이르는 남북과 동서를 잇는 기점이네요. 오후에 목포를 떠나려던 참인데 도로기점에 서보니 "목포는 항구다" "목포의 눈물" 노래들이 의미롭네요.

호　새: 때맞추어 비도 내리네요. A=B, "목포는 항구다". 명쾌하네요.

바닷길을 나서다
─목포, 해양문화재 연구소

호 새: 드뎌, 그리 관심 갖던 해양문화재를 살필 장소네요.

돈 키: 가까운 바다는 고대유산의 수장고니 이를테면 타임캡슐이야. 알 수 없었던 일들이나 그 당시의 생활양식이나 나라 간 해상교류를 살필 자료실이지.

호 새: 고대해양문화를 살피려면 우리말의 변천과 한자 어원, 일본말도 알아야겠어요.

돈 키: 고고학자나 역사학자 국문학자들이 연구분야야. 그냥 그렇구나 이해하고 물길에 관한거니까 물수水자 정도는 공부해야겠지.

호 새: 샘이 냇물이 되고 내가 강물을 이루어 바다로 가는 거네요.

돈 키: 설문 해자로 어원을 살피면 샘천泉, 내천川, 강강江, 바다해海, 대양양洋의 의미가 분명해져. 마실 물인지 건널지 낚시질 할지를 아니면 수평선너머 배타고 나갈건지 말이지. 허니, 해양문화재는 풍랑을 만나 침몰한 보물선에서 발굴한 유물들을 정리한거야.

호 새: 어느 시기에 어디서, 누가, 왜, 뭘 싣고 어디로 가려다 발생했는지 살필 수 있겠네요. 엮으면 대하드라마 소재가 되겠어요?

돈 키: 연구를 깊게 해야지. 당시의 시류나 풍습, 언어, 생활양식…. 기본지식이 풍부해야 할거야. 이곳이 그런 장소일테니 들어가볼까?

호 새: 바닷길 기록이 재미있겠어요?

돈 키: 해양문명사를 살펴야지. 고대국가들이 서.남해상에서 싸움도 하고 오갔으니 찾아내야지. 원양 탐험가들로 정화, 바로톨로메우 디아스, 콜롬버스, 바스크 다 가마, 아메리코 베스푸치, 마젤란등이 등장하는 것처럼 우리 해양사에도 1세기 허왕옥의 가야도래나 사국시대의 서해상의 교류, 9세기장보고의 서남아시아 항로에 청해진, 고려시대의 무역항 벽란도, 12세기 초반 서긍의 고군산 입도, 12~13세기 베트남인 도래, 14세기 말 유구인 망명, 17세기 초반 벨테브레(박연)표류, 17세기 중반 하멜표류, 19세기초 홍어장수 문순득의 남방해로 탐험…… 등 드러난 인물을 통해서도 바닷길을 밝힐 수 있거든. 사국시대인 고대부터 근세에 이르도록 통상외교길에 보태지는 사료야.

호 새: 우리는 하멜표류기 같은 기록이 없나요?

돈 키: 왜, 홍어장수 이야기가 있잖아. 19세기초에 어부가 뜻하지 않게 태사도(흑산도 인근) 홍어를 유구, 여송, 마카오, 중국 등지에 홍보하러 세상에 나선 이야기지. 그시기는 서양에선 이미 다국적 기업을 17세기에 동인도주식회사를 설립해서 지구촌을 누비던 때였어. 중국은 명청 교체시기였고 조선도 나름 상평통보를 발행하는 등 나라 경제를 살피나 해상정책은 생각지도 못할 처지였어. 그런 시기에 홍어장수의 남방표류 이야기가 실학자인 정약전의 〈표해시말〉과 이강회 〈유암총서〉에 기록되어 전해오고 있어.

호 새: 신안 앞바다 유물 내용을 보니 고려청자는 중, 일, 베트남산보다 뛰어나다고 하네요.

돈　키: 송나라 사신이 "고려도경"에 기술한 말이나 의미가 크지. 강진이라
　　　 든가 여러 섬에서 도요지가 발견되니 해상무역의 인기품목이었을
　　　 거야. 자기와 어울린 차 문화도 유행하니 초의선사와 다산과의 차
　　　 담도 전해지잖아. 차생산지로 호남지방이 유명세 연유가 되겠지.

호　새: 신안선을 보니 어때요?

돈　키: 서해나 남해 연안에 침몰된 무역선
　　　 이 한둘일까? 바닷길의 의미를 살
　　　 피는 거지. 옛적에 청자를 실려 보
　　　 냈으니 이즘은 자동차와 반도체를
　　　 실어보내고 있잖아. 황해와 남해

신안보물선

　　　 를 넘어 먼바다에 꿈을 실어내는 동기부여를 하는 장소가 이곳이야.

호　새: 장보관에 있다면요? '당신의 꿈은 무엇이냐(What's your dream)?'

돈　키: 문을 열어 나서야지. 대양으로 말이지. 고래도 잡고 상어도 잡고 세
　　　 상을 낚아 동네어귀보다 태평양 바다위에 코리아가 떠야지.

호　새: 그래요. 높이 '홍' 하라고, 고흥高興에 나로호우주센터가 있나보네요.

돈　키: 중국은 기원전 3세기에, 일본은 16세기에 전국을 통일했어. 이에 반
　　　 해 우리는 10세기야. 그럼에도 근세사를 살피면 시사하는 바가 있
　　　 잖아. 트인 바다는 개방적이란 뜻이야.

호　새: 바다 타임캡슐을 살피니 세상을 깊고 넓게 바라보고 항해하란 뜻이
　　　 네요. 동남아시아 해상탐험기 "표해시말" 짝짝 대~한민국 이네요.

돈　키: "콜럼버스 달걀" 이야기 알지.

호　새: "문순득 홍어" 스토리 버전이 우리의 멋진(?) 해양사네요?

꿈꾸는 마을
- 순천,
국가정원/순천만

네덜란드 정원

호 새: 오늘 순천만에 영화시나리오 쓰러 가나요? 진도, 완도, 해남, 강진에
가볼 곳 많은데….

돈 키: 진도아리랑도 듣고 싶고 장보고관, 땅끝마을, 하멜기념관, 나로호우
주센터, 녹차생산지…. 다 가보고 싶은데 여의치 않네.

실버맨1: 벌교에서 주먹자랑 말고 순천에서 얼굴자랑마라는 옛말입니다.

호 새: 국가정원과 순천만 늪지와 순천의 이미지가 되가나 봐요?

실버맨1: 순천에 오셨으니 짱뚱어탕 드셔보세요. 정원엔 아직 꽃이 덜해 산
책하시면 될겁니다.

호 새: 뜨락 꽃밭에 나무 들어서고 물웅덩이 만들면 정원 아니에요? 꽃이
아직 이네요?

돈 키: '제인에어' 읽어봤지? "파도가 지나간 자리" 영화는 어때?

호　새: 뜬금없이 소설과 영화래요? 네덜란드 정원에 풍차보러 오는 줄 알았어요.

돈　키: 응, 나라별 정원의 특색을 볼 수 있다잖아. 유럽에 영주들 저택을 둘러싼 농장이 큰정원이거든. 장원이 정원으로 축소되었다고 해야하나? 서구풍이 이러저러 경로를 거쳐 우리 주변에 익숙한 거지. 중국, 일본에 이은 우리 동양식 정원과 서구식이 어떤지 비교 해봤어?

호　새: 소득수준이 어느 정도되어야 꾸밀까요? 옥상에는 좀 작거든요.

돈　키: 우리나라는 화려강산이라니 전국토가 정원인거야. 곳곳에 명산이 있고 강이 흐르고 거기에다 섬마저 있으니 욕심낼 것 없어. 바닷가나 강물이 흐르는 심산유곡에도 선인들이 멋진 정자를 지어놨으니 즐기면 되는거야. 강강수월래하는 다도해, 한려수도 해상공원, 몽돌해변, 강변 대숲길, 벚꽃길 등 철따라 자연정원이 꾸며지니 얼마나 좋아?. 도심 대문밖에도 수목원에다 호수공원도 있으니 말이지.

호　새: 내것이 아니잖아요.

돈　키: 큰생각하라고 국가정원을 만든거야. 나무, 풀꽃, 그에 어울린 국토가 우리네 정원이야. 그에 맞춰 살아야지. 서수남 하청일 가수도 팔도강산 유람하자고 하드만. 옆집 마당에 꽃피겠다, 문열고 나서면 냇물 흐르고, 봄되면 뒷동산에 진달래 개나리도 피드만. 파란하늘엔 구름이 두둥실 하구말이지. 이따금 심술쟁이 먹구름이 비바람 몰고와 말끔히 정리도 해주잖아. 발길 닿는 곳이 천연정원이라 계절따라 햇살, 온도, 습도도 알아서 맞추드만.

호　새: 어제는 꿈의 궁전에서 꿈꾸고 이곳에선 '꿈의 다리'를 건넜으니 질편한 습지에도 가보죠?

순천만 습지

돈　키: 어둑한데 보이겠어? 날쌘돌이 타고 휘익 둘러봐야지.

실버맨2: 저기 갈대로 막아놓은 뒷편이 습지에요. 흑두루미가 월동하는 곳
　　　　이라 람사르 협약에 의해 2006년 등록되었답니다. 갈대숲길을 걸으
　　　　면 장관입니다. 저녁 노을이 수로와 어울려 멋지다네요.

호　새: 수로가 S라인 곱네요?

돈　키: S라인이든 D라인이든 습지를 보러 다시 와야겠어.

호　새: 우리나라에도 여기저기 20여 곳이 등록되었는데 대개 늪지, 갯벌이
　　　　던데요.

돈　키: 멸종될 위기에 처한 동.식물이 서식하는 곳이라 보호를 하는거야.
　　　　인간이 벌린 개발과 부딪는 현실이니까 국제적으로 힘을 모아야지.

호　새: 방문 소감문 안써요?

돈　키: 그냥 들어선 감정이 의미롭지 뭘 이러쿵 저러쿵 할까? 가슴에 이는
　　　　감정자락이 테마정원이요 지켜야 할 정신이 습지보전이 아닌가해?
　　　　유람하느라 이곳저곳 기웃대다보니 선인들이 말씀하신 금수강산, 화
　　　　려강산 의미을 이해할 것 같아. 그터전에 살아온 삶의 주인공이 조상
　　　　이고 이은게 우리야. 실상은 우리도 희귀종 생명체들이잖아.

호　새: 옥스퍼드대 데이빗 콜먼(David Coleman)는 "저출산으로 인한 인구
　　　　소멸국가 1호"가 대한민국이래요. 2100년에 1/3로 줄어 2200년경엔
　　　　백만대 인구가 된다네요. 흙두루미를 위해 협약도 맺고 갈대밭도
　　　　조성하는데…. 저출산 대책이 고작 출산장려금으로 해결되겠어요?
　　　　사안이 막중하니 골방에서 머리를 싸매고 방법을 찾아야지….

돈　키: 이곳이 순천順天이야. 순천자는 흥한다드만. 출산장려를 위한 좋은
　　　　방법이 있긴 있는데.

지혜를 얻다 — 구례, 지리산

돈 키: 버스가 성삼재까지 가나요?

구례맨: 동절기 운행제한 기간이라 저편 섬진강 둘러 보신 후 아침일찍 날
쌘돌이를 타고 성삼재로 가서 노고단에 올라가야 할겁니다.

실버맨: 오늘이 구례장날이니 시간반 정도만 기다릴게요.

돈 키: 노고단까지 2.6키로니 왕복 시간반이면 될겁니다. 산악마라톤하는
셈치고 뛰어다녀 오지요.

파주맨1: 새벽 두시에 출발해 이곳에 왔어요. 운해를 보니 마치 선계에 들어
선 기분입니다.

돈 키: 바삐 뛰어오느라 주변에 눈길을 주지 못했는데 그림에서나 봤지 처
음 봐요. 선계에 오른 기념을 찰칵 부탁합니다.

파주맨2: 눈길이라 조심히 내려가세요.

돈 키: 찰칵 사진 보답차 파주가면 한잔 살께요.

호 새: 초면인데도 산대화라서 편한가요?

돈 키: 지리산이 큰산이잖아. 산에 오르는 사람들은 선인^{善人}들이야. 옛말

에 적선지가에 필유여경積善之家 必有餘慶한다했어. 구름위 산정상이 선계에 들어서 선인仙人들이 된 셈이지.

호 새: 해피데이네요. 약속 시간에 닿으려면 뛰어야 해요. 무등산에서도 이 곳에서도 뜀박질이네요.

돈 키: 때에 따라 느긋이 걷기도 하고 뛰기도 하고 쉬었다 가는거지 뭐. 지 리산의 유래가 여러 설이 있드만서도 너와 내가 다르다는 세상이치 를 일러주나봐.

호 새: 그래서 명산인가 보네요.

돈 키: 부풀리면 큰 산에서 들어 큰사람이 큰말씀 하시드만. 소음때문에 저 자거리에서야 되겠어?

호 새: 전라남북도와 경상남도에 걸친 삼도봉이라 품신이 깊어 섬진강을 낳았나봐요.

돈 키: 그 섬진강 물줄기에 매천 황현 선생의 의분도, 제봉 고경명 장군의 차자 녹천 선생 의기도 흐를거야. 그런 눈물이 흐르기에 봄이 되면 강변에 매화.벚꽃이 흐드러지게 피워낸 발길이 모여든다드만. 그 발길중에 어느 시인은 섬진강 텃밭에 호미놓고 예쁜 여자랑 구경 왔 다든가.

호 새: 두꺼비 소리는 안들리려나요?

돈 키: 왜군 쳐들어올 때 울었다던데. 그래서 섬진강이라 부른다드만서도.

호 새: 섬진강은 두꺼비가 백마강은 말이 이름을 남겼네요.

돈 키: 말뚝을 박고 동판에 이름을 박아도 소용없는 거여. 마음 씀씀이가 고와야지. 심청이 풍덩해도 전해오잖아. 춘향이도 그랬고 말이지.

호 새: 실버맨이 그러드만요. 경찰서 가는 길에 재첩수제비집이 맛난다구요.

돈 키: 시간이 어쩔라나?

호　새: 금강산도 식후경이라잖소? 내도 먹어보고 나중에 예쁜 색시데리고 나도 폼나게 섬진강 매화꽃 보러 올 것인데.

돈　키: 그래, 나도 다시 와볼거여. 지리산 종주해야지.

호　새: 강자락 보니 섬진강 줄기따라 "화개장터" 구경오라던 가수양반 생각나네요. 어른들 말씀 안듣고 화투갖고 그림 그리다 혼난 분이 있담요? 왜 젊을 때 웃통벗고 "딜라일라"불러 온 사방을 뒤집어 놓았담서요? 있을 것 다있다고 그라던데…. 삼도봉도 들렸겠다. 강줄기 따라 들러 보자구요.

돈　키: 근데, 그 양반 '선구자' 부를 땐 해란강을 찾드만.

호　새: 해란강에 일송정은 꿋꿋하게 찬바람 버티니 선구자 기상이고 섬진강은 매화.벚꽃피니 손잡고 웃으며 어깨동무해야지요. 윗동네 아랫동네 모이는 한마당 장터라네요.

돈　키: 탁배기 두어 대접 마시고 꽹과리 한번 두드려 봐야 쓰겠어.

호　새: 날좀 보소, 날 좀 보소. 내좀 쪼깐 보시요잉 꽃보듯 보시요잉~

지리산 운해

한반도 소나타

제주편

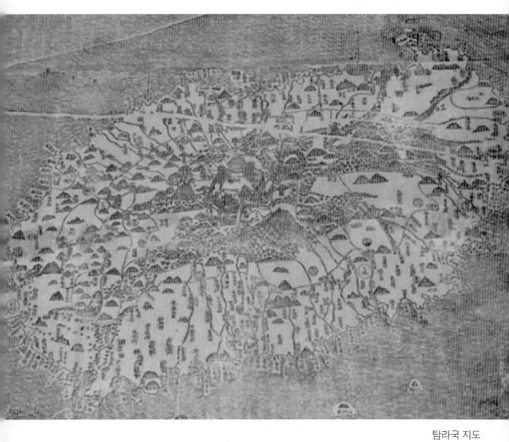

탐라국 지도

혼저옵서예 – 바다건너 탐라국

호 새: 뭔바람이 불어서 바다 건너요? 철인삼종대회 준비하려면 헤엄쳐 가
　　　야지 날트리 타나요?

돈 키: 아예 드론타고 가랴?

호 새: 마라톤 삼총사가 한라산에서 뛸거에요?

돈 키: 등산만할까? 바다를 건너 보물섬에 가니 두근두근 하네.

호 새: 남한에서 제일 큰산이라 해양국 코리아에 뚜껑이요 휴양지네요.

돈 키: 높은 기상과 장엄함이 어우른 곳이야. 바람불어야 제맛이라는데.

호 새: "내 이름은 바람이란다….", "바람아 멈추어다오…." "…. 바람이려
　　　오." "바람이 분다. 연평바다에…." 여러 사람이 바람에 목매드만요.

돈 키: 바람이 불어야 사는거야. 인생길이 수승하려면 제때 제바람 맞아야
　　　지 잘못되면 입이 돌아가 사는게 힘들어. 바람이 많은 섬나라, 탐라
　　　국에 뭔바람이 부는지 궁금하거든.

호 새: 돌이 많아 하르방이 곳곳에서 인사할걸요.

돈 키: "바람부는 제주에는 돌도 많지만 …. 마음씨 고운 아가씨도 많지요"
　　　그 노래소리에 끌려 가는거야. 감귤만큼이나 감미롭거든. 한라산에

눈이녹아 꽃이 피었는가 궁금해서 말이지.

호 새: 조심해요. 제주아가씨가 한가락 하드만요. 흑산도아가씨는 서울만
바라보다 검게 타버리고, 울산큰애기는 서울 간 삼돌이가 돌아올 때
만 그저 기다리던데….

돈 키: 그래, 제주아가씨가 "진짜진짜 좋아해" 속도 보여주고 "혼자옵서예"
애원해도 안되니까 서울에 올라와서 냅다 "제3한강교"를 흔들어대
서울총각들이 어찔어찔했었거든.

호 새: 벽계수를 놀래켜 말에서 떨어뜨린 황진이에도 비견되네요?

돈 키: '오오 뚜루뚜루뚜~하! 강물은 흘러갑니다 ~' 그때 대단했어. "하!" 소
리에 지진강도(?) 기록했다나봐. 당시 총각들이었을 지금 60~70대
분들이 정신없었을거구만….

호 새: 신발을 날리는 대신에 한소리를 한거네요.

돈 키: 제주는 지리적으로나 기후적으로도 특별한 곳이라, 사는 분들도 특
별할거야. 바닷바람이 부는 섬 가운데 한라산이 있는게 어디에 견
주어도 특별한 장소일거야. 옛적부터 지금에 이른 생활모습을 살피
려해.

호 새: 박물관에 가보랴. 황소, 바닷게 그림보러 가랴 바쁘네요?

돈 키: 그래, 불로초, 흙돼지, 삼별초, 식물원
이거저거 들어봐야해. 두어 곳 테마
공원도 둘러봐야할텐데….

호 새: 해녀(바다여자)도 만나야지요?

돈 키: 일출봉도 보고 백록담도 봐야하니 운
동화끈 조여야겠어. 세계자동차 박물

해녀박물관

관과 피아노박물관에 들러 기계문명의
변천과 천재 음악가들 활동도 볼거거든.

호　새: 유채꽃길이 삼삼할텐데요? 초코릿박물
　　　관에도 들를테고. 착시, 추억, 빛과 소리,
　　　공룡, 정원…. 테마파크 한바퀴 돌아보
　　　려면 달포는 머물러야겠어요. 바람이 셀
　　　테니 살살 다녀오자구요.

이중섭 추모비

돈　키: 절해고도는 아니나 뭍에서 떨어진 곳이
　　　라 늘 가고 싶은 마음이 일어나. 꼿꼿한
세한도를 그린 추사선생이 오랫동안 유배생활을 한 곳라지. 타히티
섬의 삶을 묘사한 고갱에 비견할까? 은지화에 영혼을 담았으니 피
카소에도 견줄꺼나? 이중섭 미술세계가 있는 그 미술관에도 가봐야
지. 어쩌면폴 발레리의 〈해변의 묘지〉가 연상되는 너븐숭이기념관
에도 들르게 될거야.

호　새: '사람은 서울로 보내고 말은 제주로 보낸다' 더니 저도 제자리에 오
　　　는 건가요?

돈　키: 그말은 시대의 아픔이 배인 말이야. 몽골 지배하에서 이곳 초지에
　　　몽골말을 키웠거든. 바다를 건너야 다른 세상을 만나게 돼. 바람이
　　　불면 실려 가는거야. 봄바람 불어 유채꽃, 벚꽃이 북상하잖아. 때론
　　　태풍과도 맞서나 실려도 가는게 삶이고 역사라고나 할까. 그런 세
　　　상 진법을 푸는 열쇠가 숨겨있는 신비의 보물섬이 바로 제주도야.

호　새: 바람불어 좋은 날인가요? 좋은 날이라 바람이 부나요?

돈　키: 글쎄, 가봐야 알지.

흰사슴 놀이터 – 한라산

호 새: 삼총사가 함께 오르나요?

돈 키: 제주일정이 한반도유람의 맺음지야. "One for all, All for one!" 13~4
년간 함께 마라톤을 해왔어. 한반도유람도 마라톤이야. Finish 라인
백록담에 함께 오르는 거지.

호 새: 하늘에서 내려봐도 땅에서 바라봐도 안기고 싶다면요.

돈 키: 마치 어머니 품같지. 옛적에는 영주산이라 불려 누구나 오고 싶은
영산이라 발길이 끊이지 않아.

뜀맨 1: 오르며 다양한 식물군을 만날 때마다 한 생각이 들어. 난대식물, 초
원, 활엽수, 침엽수, 관목, 고산식물들의 벨트가 마치 우리네 삶과
비슷하단 생각이야. 어머니 품속에서 옹알이하던 아가들이 아장
아장 걷다가 자라나서 풀밭을 뛰놀고 힘이 솟으니 세상이 다 내 것
인양 청년의 기상으로 어깨춤을 벌리다 이내 둥그런 중년의 모습
으로 변신하고 마침내는 품을 비우는 노년의 모습이랄까.

뜀맨 2: 솟아난 청년의 기상이 노년 들어 품을 비워 연못을 이룬 거네. 이승
과의 경계인 천계라서 흰사슴이 물마시고 은하수를 담은 못이래.
신선이 노닌 산이라니 우리 삼총사도 삼신산에 오르는 거지. 적벽

백록담

　　강상위 취흥해 날개돋워 소동파가 신선이 되었다지. 우리도 산향
　　기에 취해 맘날개가 돋았으니 신선인거여.

돈 키: 기를 말하건대 큰바다에 솟았으니 얼마나 고매할까나.

호 새: 고매한 품의 불로초라 진시황때 서복이 서해건너 이곳에 들렀겠지요.

돈 키: 불로초라? 우리네가 희구하는 세상을 그린게 신선사상이라 하드만.
　　　선계에 의례 등장하는게 장수 무명초요 동자와 동녀거든. 고사리,
　　　버섯, 전복, 해초를 불로초라 생각하면 어때?.

호 새: 거기에 자리돔, 옥돔, 흑돼지 감귤과 한라봉을 더하면 좋겠네요. 이
　　　즘에도 중국인들이 불로초 구하려고 제주도에 다녀가나 보죠?

뜀맨 2: 마음에 상을 그리면 다 그게 불로초지. 뭐 별거야.

뜀맨 1: 서복이 일본까지 갔다니 부풀리면 탐라국이 중국과 일본을 잇는 해상벨트였어.

돈 키: 고대에 탐라(섬나라)는 교역의 경유지 일거야. 유구, 안남, 일본, 중국을 잇는 해상거점으로도 개방된 곳이라 국제촌인셈이지. 21세기 불로초는 제주특산품이려나?

호 새: 물목을 싣고가다 쉬어가고, 경관이 좋아서 들리고, 태풍이 불어 표착하니 징검다리 섬나라네요.

돈 키: 한라산이 말없이 굽어볼 거야. 탐라왕국에 서린 애환과 기쁨을 말이지. 불로초 바이어의 도래, 신라와의 다툼, 고려에로 편입, 삼별초의 최후 항전지, 1세기에 걸친 몽골지배, 공물진상의 고달픔, 일제치하의 식민생활, 해방후 이념 갈등 산물인 4·3 사태….

뜀맨 1: 하늘도 애달어 눈물을 흘리나 봐. 봄바람에 흰눈이 녹아내려 유채꽃 왕벚꽃을 피워내 뭍에로 봄소식을 알리니 말이지.

뜀맨 2: 방울방울 감귤에 벙울벙울 한라봉이라 "설른사람 보냄시매 가거들랑 혼자옵서예"보다 이제는 "둘이옵서예"가 낫겠어.

호 새: 눈으로 보고 귀열어 들었어요. 폼나는 "뛰뛰빵빵"도 봤겠다, 베토벤 피아노소나타 23번 "열정"도 들었겠다, 제주맛보러 가야지요.

뜀맨 1: 물질해서 아이들 교육을 위해 학교건립에 헌신한 해녀들의 얘기가 해녀박물관에 있던데, 그런 희생정신이 제주의 품새를 지키는 든든한 버팀목일거야.

뜀맨 2: 정상에 오르는 기쁨에 백록담에도 퍼런 큰 물결을 상상하게 되드만.

돈 키: 한발 한발 정상을 향하는 그 마음, "지구의 종말이 오더라도 한그루 사과나무를 심겠다."는 철인의 마음에 닿을까 싶으이.

호　새: 지구촌 집단지능 플랫폼에 푸른 물결 하늘호수 백록담 시제^{時題}를 얹으면 어떨까요?

돈　키: 지구촌에 불로수 '백록수'가 뜨겠네. 삼다수는 어쩌지?

대양이 부른다 ─ 성산일출봉

호　새: 비바람 부는데 비행기 운행하나요?

돈　키: 한라산이 있잖아.

호　새: ???

돈　키: 제주도에 왜 왔어 물으면?

호　새: 새아씨들처럼 주인님 따라서요.

뜀맨 1: 도심을 떠나 바다에 솟은 섬이라 마음이 뉘여…. 생각도 정돈되고….

뜀맨 2: 한 생각 덜어내서 좋구만

돈　키: 매인 일정 때문에 마음이 분주했어. 특산물, 방언, 무속, 해녀, 사찰
　　　 을 비롯한 유학자들의 유배지, 추사관 옆에 제주출신 1호 이종도목
　　　 사 순교지, 김대건신부 표착 용수성지, 천재화가 이중섭의 거주지,
　　　 여러 유적지, 최근 설치된 여러 테마파크들이 한라산 곶자왈, 오름
　　　 에 보태져 제주향을 피워내드만.

호　새: 내일을 썰해봐요.

돈　키: 학자들 연구자료를 살펴야 해. 뻥튀기면 한반도 1기는 고고학 연구
　　　 대상기고 2기는 고대에서 이조시대까지 3기는 대한제국에서 최근
　　　 까지 뭍을 중심으로 한 역사야. 4기는 다가올 시대로 특히 바다를
　　　 중심으로 한 해양사니 그 중심은 제주도가 되어야지. 싱가포르의

두 배반이나 넓잖아.

뜀맨 1: 러시아·중국·일본의 이해관계가 맞물린 동남아 해로 상에 제주도가
　　　　위치하니 기대되네.

뜀맨 2: 중국, 유럽, 일본 등 여러 나라의 상선이 제주도를 경유하거나 표착
　　　　한 근세 사실이 그 가능성을 방증하는 셈이네.

호　새: 벚꽃이나 유채꽃 소식이 북상하고 태풍도 북상하니 제주 품새가 뭍
　　　　발전에 징검다리네요.

돈　키: 동백길과 돌오름길, 천아숲길, 사려니숲길…. 숲길이 있드만서도.
　　　　미래학자 얘기를 빌면 과학기술의 발전은 범부들의 상상을 뛰어넘
　　　　어. 곧 제주 바다문 드나는 동북아 U뱃길, 동남아 .태평양 바닷길,
　　　　북경/상해-도쿄 하늘길에 제주가 센터가 될거야.

호　새: 지도를 돌려보니 그러네요. 한·일, 한·중, 한·러 통상 길에 제주도가
　　　　축이에요.

뜀맨 1: 탐라국 상아탑 제주대가 크게 변신하겠어.

뜀맨 2: 국토개발에 근간은 인력의 인프라야.

돈　키: 제주는 지질학적, 기후학적, 식물생태학적으로 국제적 연구지야. 역
　　　　사적인 아픔도 수용성과 개방성으로 승화해야 할거야. 제주만의 문
　　　　제가 아닌 코리아 경제의 미래일 수 있어. 휴양지에 국제적 교류센
　　　　터가 한라산 기상에 걸맞는 셈이지. 국토의 끝자락에 솟아 있으니
　　　　드넓은 바다를 봐야지.

호　새: 〈눈물 젖은 두만강〉에 노젓던 뱃사공이 동해로 〈고래사냥〉을 가드
　　　　만요. 어서 5대양 넘어서 남.북극해로 나가야 한단 거네요.

돈　키: 이미 옛날에 고려청자, 활자가 동남아를 쓸었어. 근세에는 자동차,
　　　　반도체로 날리는데….

호 새: 어느 기업 총수께서 기업은 2류, 관료는 3류, 정치는 4류라고 했다믄요.

돈 키: 이즘 신문만평에 그러드만 이즘은 권력이 부동산에서 나와 타짜들이 사고파느라 신발 탄내 난다고. 옛말에 어른말 들으면 자다가도 떡을 얻는다 했거든. 지도자의 말은 돋우는 품이나 꾼들은 얼굴 찌푸리게 표리부동 하다네. 스스로 정신을 곧추 세우든지 어른 말씀에 귀기울여야 하는데….

호 새: 엉터리 스피치 경연대회 한라산에서 어때요?

돈 키: 그보다는 국내.외 섬페스티벌이 낫지 않을까? 독도, 울릉도, 고군산도, 흑산도, 완도, 백령도, 영종도, 거제도, 하와이, 괌, 피지, 에바 등 그 옛적 섬나라 왕들의 무대를 펼치는 거야.

호 새: 투발루의 푸나푸티섬도요? 야아, 지구촌 섬나라 페스티벌이네요?

띰맨 1: 제주는 섬이라 삶에 가르침을 일러주는 명품지야. 높이 이르되 그에 어울린 품을 지니고 넓은 안목과 기상도 지녀야 한다고 말이지.

띰맨 2: 제철에 제 품새 이루는 한라산도 정수리를 비웠드만.

호 새: 도둑, 거지, 대문이 없다는 삼무의 제주도가 정낭으로 지구촌에 첨단 휴먼 이모티콘을 선사했네요.

돈 키: 해양국 코리아의 아이콘, 제주여!

성산일출봉

한반도 소나타

북한편

날개가 돋아 날다
─가고픈 북한땅

망배단

갈 수 있는 땅!

"피어린 600리" 울 너머 이북지역이다. 본능, 경험, 상상이 세상을 열어간 다. 염력念力을 보태 상상 열차를 타련다.

임진각이나 강화도, 백령도에 들러 망원경을 빌면 시야에 들어는 철을 넘 어 북녘이다. 대한민국 전도를 펼쳐 대략 위도 38도 넘어선 이북지역이다. 당초 영.호남으로 이어질 발길이 코로나 덕택(?)에 인근을 서성이다 뜬금없 는 이 공상을 한다. 수년전 부산에서 화성, 화성에서 강릉까지 도보여행을 한 터라 날개를 돋워 날았다. 많은 분들이 오갈테지만, 공상이라해도 설렌 다.

고대로의 여행인가? 미래로 여행인가?

그 옛적엔 압록강 너머는 선인들이 말달리고 눈물 쏟은 곳이다. 사극에서 나 등장하는 요하나 용정, 북간도에 이르는 잃어버린 땅은 옛적 고조선, 부 여, 고구려, 발해가 드리운 터다. 그 아득한 고대에서 근세에 이르는 진중한 역사의 발자취는 학자들이 길을 잇고 있을 테니 서너 곳만 데생하련다.

늘상 엄숙히 부르는 애국가에 동해물과 백두산이다.

압록강, 두만강, 묘향산, 금강산, 평양, 함흥, 박연폭포, 영변약산…. 오늘도 이산가족 분들과 그 후손들은 망향가를 부를테다. 이어가면 먹거리나 관광, 명승고적, 예술문화, 대중가요, 속담에 이르도록 눈.귀에 익은 말들이 주위에 즐비하다. 남북을 오가는 발길도 느나보다. 철새도 소떼도 열지어 넘고 통치자들이 만나는 퍼포먼스도 생중계하니 개성공단은 기적소리였을라나. 오래전 애드벌룬 띄운 부산발 유럽행 오리엔탈 특급열차는 언제 달리려나?

70년 세월동안 문 닫혀 있으나 열면 갈 수 있는 땅이다. 한반도와 그 부속도서로 명시하고 있는 대한민국 영토에 허리띠 맨지 오래다. 일시천금一矢千金 하려는지 오랫동안 팽팽한 활시위다. 최근에 망명한 황장엽, 태영호씨는 얼어붙은 대동강에 금가는 소리를 전하니 머지않아 제철에 우수.경칩을 맞을까 싶다.

6·25 동란을 비롯해 장구한 역사에 어린 아픔과 자존감을 토막글로 어루런다. '통일'은 전문가들의 영역이니 주섬주섬 주워담은 얘기를 얼섞어 유람길을 가련다. 때 이르면 이어질 비행기, 기차, 자동차, 사람 발길에 한 줌 보태지길 기대한다.

신이 준 최대의 선물이 상상력이다. 고려중기 문인 정지상이 노래한 "봄이면 해마다 눈물 보태는 대동강"변도 걸어 보련다. 꽃피고 새우는 〈그리운 금강산〉(작사 한상억, 작곡 최영섭)에 올라 휘파람을 불어보자. 가고자 하니 길이 있다던가. 날개 돋운 호새飛馬와 길을 떠나련다.

돈 키: 독자들께선 어디로 가시려오? 행여 영변약산에 꽃소식을 전하시려오.

호 새: 방북 허가도 없이 뭔 일이래요? 상상이라도 얼른 서너 곳만 훑고 오자구요.

고려왕도 - 개성

돈 키: 개성, 반천 년에 이른 긴 세월의 고구려를 계승한 고려시대 왕도였어.

호 새: 서울에서 불과 시간 거리네요.

돈 키: 한순간 애울음을 긋게하던 호랑이, 에비, 순사보다 무서운 건 인간의 욕심이란 거야. 자연을 잃은 채 70년 세월이 흘렀으니 말이지.

호 새: 개경은 고려시대 왕도(송도)로서 서경(평양), 남경(서울), 동경(경주)과의 영토 내 어울림이겠네요?

돈 키: 고려시대 474년과 조선시대 518년으로 이은 약 천년 역사에 중심을 이룬 한 축이나 그 모습이 채 드러나지 않았어.

호 새: 후삼국시대를 이어 조선 시대를 잇는 10세기 초에서 14세기 말까지 깊은 연구가 필요하겠어요.

돈 키: 종이, 활자, 천문, 금, 은, 화약, 나전칠기….바닷길 무역으로 국제사회에 알려진 고려왕조야. 특히, 서구보다 앞선 활자 인쇄술이나 예술성 뛰어난 상감청자 도예기술이은 요즘으로 말하면 첨단 하이테크라고나 할까?

호 새: 그런 융성이 어디에 연원할까요?

돈 키: 부풀리면 고려시대는 사농공상의 조선시대와는 달리 상공업이 발달
했어. 송, 거란, 서남아시아, 유구 등과의 해상교류나 내륙, 남도의
조운 물길을 잇는 예성강 하구 국제무역항인 벽란도의 개방성에 주
목해야겠지. 악기, 상아, 서적, 향료…. 수입품목이나 종이, 세공품,
금, 은…. 수출품목이 당시를 헤아릴 수 있거든. 천년이 지난 현대의
반도체, 자동차, 화장품…등. 품목과 비교해보면 흥미로울거야.

호 새: 항구는 폼나는 로맨스 무대 아네요?

돈 키: 16세기 말 이태리 북부 아드리아해에 베네치아만 '베니스 상인'이
유세하듯 벽란도도 번성했을 터, 13세기 말 고려속요 〈쌍화점〉은
원조일지도 모르지. "회회아비 내 손목을 쥐여이다" 그 아랍 무역
상인이 증인일 테고 회회아비 글들이 아랍권 어디엔가 남아 있을거
야. 요즘 복고풍이 부는지 항구들이 번성하고 〈남자는 배 여자는 항
구〉도 불리우고 〈쌍화점〉이 개봉된 게 엊그제야.

호 새: 송도삼절이라 황진이를 건너뛸 수 있겠어요?

돈 키: 권문세가의 양반들을 맘껏 밀고댕겨 어절씨구 돌아간다…. 서화담, 이사종, 벽계수, 지족선사, 소세양…. 치마폭에 세상을 담으니 이즘이라면 어떻게 분할려나? 왜 그리 세상에 나섰는지 한허리 베어 꿈길에 만나 시 한 수 놓아 볼까나. 시대를 앞서 일도창해를 체읍할지니 벽란도 물길에 명월이나 밝히시구려.

호 새: 누구처럼 수이가다 낙마하시니 꿈 깨세요.

호 새: 수년 전 '왕건' 드라마는 보았어요?

돈 키: 보았지.

호 새: 어땠어요?

돈 키: 재미있었지. 궁예(김영철분)가 쏜 화살을 부하 왕건(최수종분)이 뽑는 장면이 클로즈업 되드만. 궁예는 쏴대고 왕건은 뽑으니 흥망의 메타포란 생각이 드네. 조선왕조 세종은 펼치고 대원군이 닫았으니 역사가 주는 교훈이려나.

돈 키: 한 토막 썰할게. 개성 만두가 유명세를 지녔거든. 터져야 제맛나는 게 만두야. 제속 채우는 데 꽤 오래 걸리나봐. 옛적엔 개성상인이 한이름 했거든. 지구촌이 꽤나 넓은 시장일텐데….

호 새: 만두국 드시려면 똑바로 앉아요. 선죽교 건너다 괜히 뒤통수 맞지 말구요.

돈 키: '단심가', '하여가'에 만두속만 터지나 봐!

장산곶 마루 — 황해도

돈 키: "장산곶 마루에 북소리 나구요, 금일도 상봉에 님을 만나 보겠네….”

호 새: 몽금포타령이네요?

돈 키: 국악 한마당 노래 소리야. 흥이 솟드만….

호 새: 남도민요, 서도민요, 경기민요…. 차이가 있나 봐요?

돈 키: 어찌 알겠어. 그저 아는 게 황해도와 평안지방에 불리는 노래를 서
　　　 도민요라 하는 정도지. 이즘 민요 소리가 차츰 줄어드는 것 같아. 지
　　　 방마다의 소리결이 민요야. '아리랑' 가락이 우리네 정서이듯 이어
　　　 가야 해. 내도 민요 18번이 있어야겠어.

호 새: 황해도 바다뜰 장산곶과 백령도 사이에 인당수는 심청이가 풍덩한 “
　　　 효행” 콘테스트 해상 다이빙 장소로 유명한 곳이잖아요?

돈 키: 시쳇말로 드라마틱한 인생역전이라 해야겠지.

호 새: 요즘에도 그런 일이 가능할까요?

돈 키: 사람사는 세상에 그보다 더한 일이 없을까? 소설에 등장하는 캐릭터
　　　 를 살펴봐. 심봉사, 곽씨부인, 뺑덕어멈, 안씨부인, 선주, 용왕, 그리
　　　 고 주인공 심청이가 끌어가는 스토리 말이야. 세상살이야 예나 지

금이나 같지 않아. 세상일은 행하는 자, 박수치는 자, 평가하는 자가 잘 어울려야 그 울림이 자연스레 후세에 전해지는 거야.

호　새: 발효된 김장맛이란 거네요. 허지만 심봉사가 뭘 그리 구질구질하게 살았대요? 확 끝내야지요?

돈　키: 뭘 끝내! 인명재천이야 그리할 순 없지.

호　새: 이즘에 가당키나 한 일이에요? 제 애비에미가 쩐 없어봐요, 거들떠 보기나 하나….

돈　키: 지성이면 감천이라고 신분 상승마저 가져왔어. 이즘도 연구해 볼 만 한 대목이야.

호　새: 신분 사회였던 조선시대에 '풍덩'으로 세상을 놀래켰으니 물질만능 인 이즘과 비교하면 어떨라나요?

돈　키: 의미있는 건 누군가와의 만남이지. 망가지고 일어서는 만남이니 사 랑이고 창조의 세계야. 위대한 발자취엔 대개 만남이 필연이었거든.

호　새: 날개를 돋워 장산곶에 왔으니 장산곶 매처럼 날아 만나볼까요? 봉산 에 가서 사자춤추며 만날까요.

돈　키: 빙빙돌다 먹이를 낚아채는 매의 눈을 따를 수 있겠어? 백수의 제왕 사자의 호기를 부릴 수 있겠어? '장길산' 무대인 재인마을이나 들러 보자구.

호　새: 황해도! 바다에 연한 지리적 위치에다 고려시대 역사적 의미도 있고 신의주로 이은 요충지네요.

돈　키: 황주, 해주, 사리원, 연백, 장단, 재령, 구월산…. 귀에 익은 지명이 야. 고려시대 470여년 가까이 도성인 개성을 에워싼 역사지인 만큼 엊그제 일처럼 영화를 드리운 지역이야.

호 새: 경기지역에 어울린 황해도 천년의 역사를 담은 지방이네요.

돈 키: 6·25동란이 1950년 일어났으니 그 이전 출생한 분들이 아직 생존하셔. 아마 어린시절 기억이 생생해 철울너머 이야기가 낯설지 않은 거야. 동란후 내 사는 화성지역 인근에도 황해도분들이 모여 사셨어. 그분들에겐 개울건너 웃동네 얘기일거야.

돈 키: 한때 개성공단 가동이 그 추억을 돋웠어.

호 새: 개성공단에 투자한 분들은 어때요?

돈 키: 글쎄다….

호 새: '하여가'나 '단심가'나 흘러간 노래인데…. 살다보니 뒷통수를 조심해야 하는지 칡넝쿨을 얽어야 하는지 도통 알 수 없네요.

돈 키: 천리 길이야. 소의 해잖아. 한 걸음만 하면 되는거야. 세상은 알게 모르게 변하고 있거든. 시나브로 밝아진다고나 할까.

황해도 지도

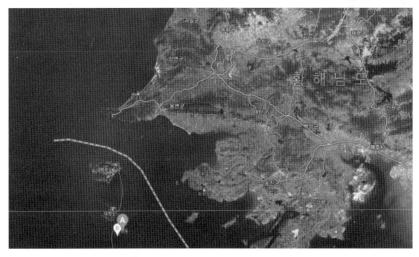

대동강아 내가 왔다 — 평양

호　새: "대동강아 내가 왔다 을밀대야 내가 왔다" 나훈아 가수가 목이 메어
　　　부르대요.

돈　키: 그래, 봉이 김선달이 팔아 잡순 줄 알았는지 울면서 700리 고향길을
　　　찾아왔다고 부르는데 반겨주려나.

호　새: 저 물줄기가 대동강이에요?

돈　키: 남포시, 황해도를 경유하는데 압록강, 두만강, 낙동강, 한강에 이어
　　　5번째 장강이래. 낭림산맥 한태령에서 발원해 서해바다에 이르는
　　　439키로라니 천리 물길이야.

호　새: 강바람에 치마폭이 날리는 건 아닐테고 뭘 생각해요?

돈　키: 대동강변에서 뜀박질이 어떨까 싶어. 북한 강변에서 뛰던 춘천마라
　　　톤이 생각나. 천리 길이니 국제 울트라 마라톤코스로 딱이거든. 강
　　　변 달리기는 그 자체가 힐링이야. 내가 쌩쌩하게 달리니 스치는 풍
　　　경이 어울린 한편 영화야.

호　새: 시인이 시를 써야지 달리면 시상이 떠 오르겠어요?

돈　키: 큰 강엔 큰 문인들이 시화를 남기지. 대동강을 소재로 한 시화나 노
　　　래도 많잖아.

호 새: 고려 인종 때, 서경 출신 문인 정지상(~1135)이 읊은 "우헐장제초색다雨歇長堤草色多 송군남포동비가送君南浦動悲歌 대동강수하시진大同江水何時盡 별루년년첨록파別淚年年添綠波"가 그리 절시라면요?

돈 키: 이별의 정운이 흐르는 고향뜰이야. "남포"란 시어는 단테의 '신곡'에 비견하는 '이소'를 쓴, 굴원의 싯구에서 연원한다고 해. '송인送人'은 시어가 일상어이나 발효되었다고 할까. 절조를 이룬 탓에 당시나 요즘의 고전 연구자들에게도 높이 평가받는 시야.

호 새: 서경별곡에도 대동강이 등장하대요. "…. 질삼 뵈 ㅂ 리시고 괴시란ㄷᆡ 아즐가 괴시란ㄷᆡ 우러곰 좃니노이다…." 뭔말이래요?

돈 키: 하던 일 다 팽개치고 님을 세상끝까지 따르겠다는 뜻이야.

호 새: 옛 여인들이 순정이 많았나 봐요? 이즘에는 씨나락 까먹는 소리거든요. 글구 사랑은 변하는거 아네요?

돈 키: 옛 대감이나 도령이 문제였지 곱분이나 삼돌이 순정이 변하겠어? '갑돌이와 갑순이'도 "…. 뿐이래요" 그랬다잖아.

호 새: 대동강 부벽루가 그리 절경인가요?

돈 키: 목은 이색, 매월당 김시습을 비롯해 많은 문인들이 다녀갔어. 단원 김홍도가 화폭에 담았다네. 꾸른 절벽위 정자를 상상해봐.

호 새: "이수일과 심순애" 신파극 대사가 멋드러지나봐요? 바짓가랑이 붙드는 순애에게 "놓아라", "그래, 김중배의 다이아몬드 반지가 그리 좋았단 말이냐" 수일의 목소리가 능라도에 둥둥 떠가네요.

돈 키: 이즘엔 뭐라 말할까? "잘 있어요 잘 있어요", "잘 가세요 잘 가세요" 할라나?

호　새: "빠이빠이야" 응! 그리 쿨할 겁니다. 정치외교학을 전공했다면요? '심순애와 이수일'을 시대극으로 한번 해보죠? 남.북을 주인공으로 분하고 김중배와 다이아몬드를 대치해 썰해봐요.

돈　키: 고향 용수형 성대모사 개그가 제격이겠네. 유람도 페이스가 생명이야. 초반에 오버하면 후반엔 '핵핵'거려 알간?

호　새: '핵'이요?

호　새: 강변 풍광이 그만인데 눈물들을 흘리네요?

돈　키: 대동강만 그렇겠어? 강을 건너 그런 거야. "눈물젖은 두만강"도 뱃사공을 원망하드만. 흐르는 강만 의미로울까? 세월의 강도 있으니 '고향의 강'도 노래하고 "남제장류"라고 강가 버들과 어울린 풍경에 스멀거릴테니 상상해보렴. 서경은 지방이잖아. 상경(개성, 한성)하느라 이별이 시제로 뜨는 거야. 아파야 시가 나오지. 그 정이 향우회를 만드는 거고. 단재 신채호선생께서 '조선역사상1천래朝鮮歷史上 一千年來 대사건'이라 칭한 '서경천도'를 묘청을 중심으로 서경파가 주장하니 개경파와 한바탕 싸움이 일었잖아.

호　새: 천도遷都는 세싸움이네요? 이즘은 서경파와 누가 손잡고 누가 싸우는 거죠? 지구촌에 소문난 잔치판인데 먹을 건 있는거죠?

돈　키: 한눈팔다 시비걸리면 안돼. "야인시대" 평양박치기 알지. 한가락 하는 평양박치기야. 레슬러 김일 선수만 박치기 잘하는게 아니야. 휘이 둘러보고 가는거야.

호　새: 평양스토리도 '천일야화'네요.

돈　키: 생각해봐. 옛 고조선.고구려 수도였어. 나.당연합군과의 일전을 치룬 평양성이 소재한 평양은 묘청이 천도를 주장할 만큼 위세도 있잖아. 임란시는 조선과 명나라 연합군이 왜군과 4차에 걸쳐 전투를 치뤄 전쟁상황이 바뀐 곳이야. 해방 후엔 남북대표 회의로 최근엔 이

산가족 상봉, 연예인 평양공연, 정상회담 등 많이 오가잖아. "평양
(평안)감사도 저 하기 싫으면 그만"이란 말처럼 생활에 스민 말과
글이 많으니 정서를 잇는 거야. 평양공연에서 용필이 형이 '홀로아
리랑'을 부르던데 대동강물에 눈물 보탰으려나….

호 새: 대동강물과 한강물이 서해 만남처럼 휴전선의 녹슬은 기찻길도 언
        젠가는 달리겠네요.

돈 키: 용불용설이야. 말도 오랫동안 안 하면 실어를 하니 한 생각 드는 큰
        일이지.

호 새: 평양냉면 한 그릇 들고 가죠?

돈 키: 냉면먹고서 박치기 막을 수 있겠어?

호 새: 뒷발차기가 특기에요. 하면 할수록 는다면요….

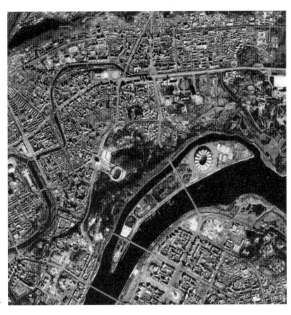

평양 위성지도

루비콘강을 건너다
― 압록강 위화도

돈 키: 레테의 강물이려나? 압록강에 가볼까.

호 새: 임진강, 예성강, 대동강, 청천강…. 건너왔는데….

돈 키: 중국과의 경계를 가르는 강이야. 맑은 물이라 부르는 압록강을 보고 싶었어. 두만강은 푸른 물, 예성강 모진 바람, 낙동강 강바람, 백마 강 달밤…. 모두 노랫말인데 귀에 부드럽게 들려. 특히 이곳에서 천 리 남쪽에 100년 역사를 지닌 수원고등학교 교가에 "압록강 맑은 물 흐르고 흘러…." 가사로 등장하니 얼마나 반갑겠어.

호 새: 코리아 내 제일 장강인가요?

돈 키: 백두산에서 발원해 옛 고구려 영토를 가로질러 황해에 이르는 긴 물 길이야. 청.일간 1909년 간도협약으로 잃어버린 간도 땅을 곁에 두 고 흐르지. 조지훈 시인은 칠백리 물길에 술 익어 가는 강마을을 노 래하건만 이천리 물길 이 땅에 서린 뜻은 얼마나 익어가려나?

호 새: 저 강내에 저 곳이 섬이 위화도인가 봐요?

돈 키: 섬 도島자를 설문해자로 살피면 위치가 어디냐 설이 분분해. 고려왕 조뿐 아니라 한반도의 운명이 바뀐 장소야. 요동정벌을 떠난 이성

계 무장이 그곳에서 회군해 고려조의 470여년 대하 역사를 닫고 조선을 창업했거든. 청나라의 봉금정책과 식민사관으로 위치마저 불분명하나 정밀한 고증이 필요한 대목이야.

호　새: 말머리 돌려서 세상을 바꾸니 이참에 주인공인 섬島의 의미를 찾아야겠네요.

돈　키: 그래 섬이 그런 건지 회군한 장수의 품성인지 모르지. 섬은 인간의 의지를 꺾기도 하지만 돋우기도 하지. 학술적 접근이 아니라도 우연만은 아닐 거야. 운명을 바꾼 엘바섬의 주인공 나폴레옹이나 위화도의 이성계, 거제도의 YS, 하의도의 DJ 모두 출발지가 섬이라잖아. 스티브 매퀸과 더스틴 호프먼이 주연한 '빠삐용'의 악마 섬은 인간이 추구하는 가치인 '자유'를 푸른 바다에 펼치게 한 절해고도였어. 섬은 갈라파고스 제도처럼 외부환경과 단절돼 진화가 정체되기도 하나 인간의 경우는 그곳에서 의지를 크게 돋우지. 섬이 바다를 연상하는 건 아니지. 한반도는 동서양의 경계로 섬인 셈이야. 한류 물결을 지구촌에 이루니 한반도韓半島는 큰 반도체半導體 섬이라 볼 수 있어.

호　새: "그 섬에 가고 싶다."는 싯귀처럼 세상과 소통하고 싶은게 자연일 것 같아요.

돈　키: 꿈을 이루는 모태랄까. 이웃 섬나라 타짜인 토요토미 히데요시나 히로히토인 경우는 우리에게 병란의 아픔과 능욕을 주었어. 어떤 꿈을 꾸느냐에 삶도 세상도 바뀌는 거야.

호　새: 우리 타짜들은 여의도 좁은 섬에 닫혀 있어서 그 아우성인가요?

돈　키: 글쎄….

호 새: 회군을 하지 않고 요동정벌을 시도했다면 어땠을까요? 임란도 6·25
동란도 없지 않았을까요?

돈 키: 역사에 가정은 없다네. 삼전도 굴욕 후 북벌계획이 그랬고 왕의 큰
뜻도 주변의 찌질이들로 인해 번번이 무너진 게 안타깝지.

호 새: 주인님이라면 어떻게 하실 거죠?

돈 키: "만약에 내가 너라면….” 가수 거북이와 태연이 벌써 노래로 불렀
어. 고려의 우왕이나 조선 효종이 희나리 더미에 앉아 홀로 의지를
불태운 것처럼 안타까운 일이지. 좀 부풀려 볼까. 높은 백두산에 국
제패러글라이딩 페스티벌을 상상해보렴.

호 새: 압록강 뗏목타기 페스티벌이 낫지 않아요? 동란시 수통에 물담던 '
초산용사상' 보셨죠? 물은 생명이라구요. 그 생명수가 2,000리에 이
른다면서요?

돈 키: 강물은 생명수야. 한반도의 생명수라 옛적부터 큰 싸움이 일어난 거
야. 가뭄에 개울물 트느라 논머리에서 삽자루 날아가던 일도 그 때
문이거든.

호 새: 봉이 김선달께서 팔아 잡
수신 대동강물은 앞으론 어찌되
나요?

돈 키: 70년간 남.북이 풀이하는
고난도 과제야….

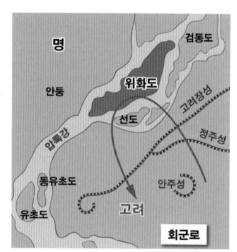

위화도 회군

백두산에 푸른정기
─ 백두산천지

호 새: 하늘연못, 천지에 가봤어요?

돈 키: 주변 분들이 많이 다녀왔어. 동창들 중 천지를 배경으로 찰칵 사진
으로 카톡에 보내곤 해. 민족의 영산 백두산이니 가고픈 마음 높이
가 2,744m에 이르고 깊이가 384m야. 가고자 하니 갈 수 있겠지.

호 새: 하늘과 땅天地, 하늘 연못天池, 하늘 근원天元, 하늘의 명天命…. 큰 말
이 오가는 곳이네요.

돈 키: 그래 하늘과 땅사이에 터전이 한반도란 거야. 큰산인 백두산이 그
표상이지.

호 새: 1990년 백두산에서 조훈현 9단과 유창혁 4단도 기성전 바둑대회 이
벤트 당시에 한복을 입고 벌였더군요.

돈 키: 세상을 향한 흑백의 메타포야. 바둑판의 중앙 화점이 천원天元이거
든. 기원에서 행마를 할 때 듣는 얘기가 "아생연후살타我生然後殺他"
나 "대마불사大馬不死"야. 알파고와 이세돌과의 대국 이후론 어떨지

모르지만….

호 새: 이즘엔 대마가 아니라 대호大虎도 간답니다. 귀퉁이라도 제모습 피우며 살아야죠.

돈 키: 그렇지. 백두산 호랑이도 사라졌어. 우리네 삶 속에 영원히 생생할 거야. 내도 맹호부대 출신이야. 할머니가 말씀하시대, 알렉산드르 푸쉬킨의 "삶이 그대를 속일지라도…." 그 싯귀는 "호랑이에 물려가도 정신차리면 산다"는 뜻이라고.

호 새: 뭔 말씀이래요? 제모습을 피우며 사는게 그리 쉬워요? 교실에서 아이들 가르칠 때나 쓰는 말이지.

돈 키: 바둑은 수싸움이지만 상대와의 어울림이야. 그러니 살타殺他가 아니라 이타利他, 사랑하고 베풀어 상생하는 거야. 천하장사 씨름대회장에 가봤어? 선수가 어우러져야 관중의 눈길이 모아져. 명승부는 기술이 가르거든.

호 새: 천하, 백두, 금강, 태백, 한라…. 이름만 들어도 힘이 솟거든요.

돈 키: 손.발.허리에 기술을 넣어 으라차차…. 한판 승부에 박수를 치잖어. 씨름장에서 기를 담아오는 거야. 세상사도 매한가지라 샅바를 잘 잡아야지.

호 새: 우리는 시대흐름에 맞게 샅바를 제대로 잡은 거예요?

돈 키: 가서 타짜들에게 물어보렴?

호 새: 타짜들이 사무실에 백두산 천지나 큰 산, 큰 바다 그림을 왜 걸어 놓는지를…. 한번 물어봐야겠어요.

돈 키: 심상에 펼치려는 세상 뜻을 담은 거야. 물의 효능도 마시는 주체에 따라 달라지듯 인성이 매우 중요해. 비니스로 탄생하든 분묘석이든

조각가의 심상인 거야.

호 새: 그럼 주인님은 어때요?

돈 키: 몇번을 설명해야지. Now & Here라고 말이야. 유람왔으니 보고 듣고 느끼고 어울려 생각할 뿐이야. 백두산이 휴화산이라잖아. 고조선 이래 숱한 흥망성쇠를 바라보며 간헐적인 트림을 한다드만.

호 새: 날개를 돋울까요?

돈 키: 백두산 천지의 품 좀 보자구. 좌로 이천리 우로 천여 리 흐르니 감상해야지.

호 새: 장자우화에 등장한 대붕이네요. 구만리 상공에 3천 리 날개짓 하더만…
.

돈 키: 중요한 건 상상력이야. 날아보자구.

호 새: 간도. 연해주로 가볼까요?

돈 키: 간도. 연해주엔 날 풀리면 가야지. 산정상에 오르면 하늘에 닿은 마음인거야.

호 새: 쾌걸 남이장군의 싯구가 생각나네요.

돈 키: 젊은이들이 희망이야. "백두산이 높다하되 하늘 아래 뫼이로다" "한발 두발 걸어서 올라라". "가나다라마바사아 자차카타파하 에해에 해 으해으해 으허허 하고 싶은 말들은 너무 너무 많은데 이내 노래는 너무 짧고…."

눈물젖은 두만강 - 두만강

돈 키: "두만강 푸른 물에 노젓는 뱃사공…. 내 님을 싣고 떠나던 그 배는 어데로 갔소 그리운 내 님이여" 1938년 선보인 김정구 선생이 부른 "눈물젖은 두만강"이야. 여섯 마디를 넘은 분들은 귀에 익은 노래야.

호 새: 독립운동 하느라 두만강을 건너간 님을 그리는 마음을 담았네요.

돈 키: 살아가며 가장 힘든게 뭘 것 같아?

호 새: 먹고 사는게 제일 힘든 거 아니에요?

돈 키: 그리움도 그 가운데 하나 일거야. 내마음만으로 해소가 안되니 말이지. 고향이든 연인이든 갈 수 있거나 볼 수 있다면야 뭘 문제야. 상사병은 약이 없어. 님을 보내고 얼마나 그리움이 크겠어. 이승에서 해소 못하면 영혼도 떠돌거야.

호 새: 그 그리움이 삶의 버팀대 아닌가요?

돈 키: 경험한 분들이나 이해할 수 있는 말이지.

호 새: 백두산에 내린 빗방울이 한 방울은 압록강으로 다른 한 방울은 두만강으로 흐르니 남해에서 만날 수 있겠죠.

돈 키: 한 어미가 낳았으니 가능할 수 있을거야.

호 새: "엄마찾아 삼만리" 마르코 형제처럼 물방울 형제인가요? 시점을 고

조선 시대로 해볼까요? 상봉 시점을 언제로 하죠?

돈 키: 감상에 젖어서야 되겠어? 세상이 녹록치 않아. 훼방꾼이 많으니 길
을 조심해야지….

호 새: 하구에 녹둔도, 이제 잃어버린 땅 이라는데….

돈 키: 인기리 방영된 불멸의 이순신 장군이 그곳에 둔전관이었어. 여진
족과 큰 싸움이 있었던 곳인데, 아편전쟁 후 맺은 1860년 청과
영.러.프랑스 3국과의 북경조약으로 러시아로 넘겨졌어. 1430년
세종대왕이 6진을 설치하여 김종서 장군 주도로 개척된 조선땅 이
었거든. 가랑비에 옷이 젖듯, 그후로 1905년 제2차 한일협약의 외
교권 피탈, 1909년 간도협약에 의한 간도 상실, 결국 1910년 한일
합병 조약으로 나라를 송두리째 잃었어.

호 새: 언제 찾은 거예요?

돈 키: 1945년 자력이 아닌 연합국에 의해 되찾았으니…. 시대변화에 둔한
우물안 타짜들이 나라를 망친 거야. 다행히 반쪽 땅에서 반세기만
에 경제10대국에 랭크되었으니 한강의 기적이지. 압록강 맑은 물도
흐르고 두만강 푸른 물에 설움 띄워 지구촌에 나섰어. 향후 반세기
에도 큰변화를 맞을거야.

호 새: 동관진 구석기 유적지로 가보자구요. 사연이 있는 유적지 라면요?

돈 키: 일본이 만주공략을 위한 철도부설 공사중 일본학자들에 의해 발굴
되었어. 자국을 위해 일본 학자들이 양심을 저버린 사례야. 그후 미
국 스미소니언 박물관 아시아민족관 학예관 조창수, 고려대 박물관
장 김정학교수, 충북대 이융조교수 이분들의 노력으로 한반도에 구

석기 실존이 고증된 최초의 유적지야. 한반도에 인류역사의 물줄기
가 섬나라 일본보다 앞선다는 큰 얘기거든.

돈 키: 지난 20세기 한 세기 동안 한반도는 지옥과 천당을 오갔다 할까? 어
쩌면 1950년대 이후는 그 이전에 흐트린 얼룩을 지우려 지지고 볶
은 시기야. 반세기만에 차오른 꿋꿋한 에너지가 또 한 번 용트림으
로 21세기 후반을 달구어야 할텐데….

호 새: 종이배를 띄울까요 종이학을 날릴까요? 동해바다에서 만나겠지요.
그 옛적 두만강을 넘나들며 나라를 품었던 분들을 뵙자구요.

돈 키: 백성들이 일군 땅을 타짜들이 지키지 못해 발길들이 무거웠을거야.

호 새: 지난 추석특집 '대한민국 어게인'쇼에서 가수가 말하드만요. 백성이
깨어야 나라를 지킨다니 이러다간 코리아 땅덩이 누가 떼어가겠어요.

돈 키: 심장이 튼튼해야 질주하련만….

두만강

신고산이 우루루루
─함흥, 원산

돈 키: "구공산 큰애기 반복 짐만 싼다네…. 삼수갑산 머루, 다래는 얼크러
설크러졌는데/ 나는 언제 님을 만나 얼크러설크러지느냐…."

호 새: 신고산타령하시니 나진 선봉 경제특구는 지나치네요?

돈 키: 서너 곳만 훑고 가자며? 북청군에 들러 어여 월남하자구.

호 새: 물장수 하려구요?

돈 키: 북청물장수는 옛날 이야기여. 함경도엔 우리 귀에 익은 이야기들이
꽤 있어.

호 새: 파인 김동환 시인의 머리맡 깨우던 북청물장수의 서울시내 새벽 발
길은 오래전에 멎었다면요.

돈 키: 파인 시인이 함경도 출신이라 고향분 '삼청동 약수' 신사업을 감각
적으로 그린거야.

호 새: 이북분들이 재테크가 능한가봐요. 강물도 팔고 약수도 길어다 팔았
으니 말이에요. 이즘엔 '백두산' 생수도 팔드만요.

돈　키: 그래, 사업 수완이 있어. 수방도가로 발전했다니 생수회사의 원조인 셈이야. 시대를 앞서갔어.

호　새: 북청엔 사자놀이도 유명하잖아요? 한반도에도 사자가 살았나봐요?

돈　키: 아랍권에서 중국을 거쳐 우리네 생활에 '벽사진경'을 기원하는 탈춤놀이에 등장하지. 고려시대 '사자 뚜껑 향로'도 있을 정도니 화석이 채 발견되지 않았지만…. 사자가 살았을지도 모를 일이야. 사자 못지않은 용맹스럽고 추위에 강한 풍산개는 남도의 진도견과도 비견된다드만.

호　새: 세월이 흘렀으니 "함흥차사" 설화는 어떨라나요?

돈　키: 어느 관점으로 얘기해야 하나. 권력의 속성 형제의 난투극을 그릴까? 목숨 걸고 명령을 수행한 태종의 참모 박순을 그려볼까? 뿌린 대로 거둔 태조 이성계의 회환을 이야기할까?

그보다는 한여름 더위에 '함흥냉면'처럼 생활말이 되었어. "평안감사", 영변 약산처럼 우리네 생활에 어울려 갈 거야. 흔한 '원산폭격' 말이 생각나네. 학창시절에 얼차려로 "원산폭격"이라고 뒷짐진 채 머리를 땅에 대곤했어. 동란시 폭격기를 연상해 이름했다는데 얼을 차리기보다 실제론 정신이 얼얼했지. 이즘엔 가혹행위로 잊혀지나봐. "원산폭격" 얼차려없이 학창시절이나 군생활을 마쳤으면 모범생이라고 봐야지. 어쩌면 세상을 거꾸로 본 그때 경험이 이즘을 버틴다고 해야하나. 생생하거든.

머리박아, XX들아! 명사십리 해당화가 그냥 피는지 알아?

호　새: 흥남부두 눈보라 맞던 피난민들

원산폭격 얼차려

의 아픔에 비견하겠어요?

돈　키: 1950년 12월 한겨울에 흥남부두의 아픔은 지금도 흐른다 봐야지. 떠나지 못한 분들이나 월남한 분들도 그 고달픔이 이루 말할 수 없을 거야. 군함내에 무기를 버리면서까지 한사람이라도 더 태우려고 시간을 벌리다 많은 유엔군과 국군이 그곳에서 산화했다고 해. '눈보라가 휘날리는 바람찬 흥남부두에…' 아비규환의 상황이 그려지잖아. 현인선생이 부른 "굳세어라 금순아"가 그 아픔을 위무한 노래야. 현인선생의 창법이 더욱 가슴을 울렸어.

호　새: 부산에 들러 노랫말에 등장한 영도다리, 국제시장도 들러야겠어요.

돈　키: 가봐야지. 당시 필름을 흑백TV로 보니 선상에 빼곡한 난민들의 모습이 선해. 그때를 크리스마스 기적이라고 하니 상상해봐. 불과 70년 전의 일이야. 고조선, 부여, 백제, 고구려는 차치하더라도 식민, 6·25동란의 참상은 내 나라가 얼마나 소중한지 뼈저린 경험인 거야. 보트아닌 군함피플이었기에 그나마 다행이었던거지.

호　새: 기분이 꿀꿀한데 신고산타령이나 한번 불러볼까요?

돈　키: 얼크러 설크러져 불러볼까?

　　"신고산이 우루루루 함흥차 가는 소리에 / 구공산 큰애기 반복 짐만 싼다네 … 삼수갑산 머루 다래는 얼크러설크러졌는데 / 나는 언제 님을 만나 얼크러설크러지느냐…"

호　새: 그간 바람(바램)이 하늘에 닿지 않았는지 '함흥차사'요.

흥남철수

금강산

누구의 주제런가 ─ 금강산

돈 키: 호새야, 드뎌 금강산이야!

호 새: 지구촌에 남북교류 상징이라 들썩이던 곳이네요. 빵! 한방에 가던
길 멈췄다면요.

돈 키: 이노래 알아. "그저 바라만 보고 있지 그저 눈치만 보고 있지 늘 속
삭이면서도 사랑한다는 그말을 못해 그저 바라만 보고 있지 우리 만
남은 빙글빙글 돌고 여울져 가는 저 세월 속에 좋아하는 우리 사이
멀어질까 두려워…."

호 새: 그리 가고픈 산이 철따라 이름을 달리하는 천하제일 명산이라면요?

돈 키: 금수강산의 밝은 기운이 솟는 곳이야. 봄의 이름 금강산을 비롯해
여름엔 봉래산, 가을 풍악산, 겨울엔 개골산이라 부르거든.

호 새: 한 경치 하니 찾는 발길도 머문 발길도 많겠네요.

돈 키: 헤아릴 수 없을거야. 코로나로 사고에 이상이 없는지 지능지수 테스
트 해볼까? 3개 이상 맞추면 정상이야.

호 새: 시작해봐요. 바람소리, 물소리, 새소리 눈감고 상상할게요.

돈 키: 주봉은?

호 새: 비로봉이잖아요. "그리운 금강산" 가곡 2절에 나온대요. 퀴즈도 아
　　　니고 뭐에요?

돈 키: 일만이천봉이라는데 세어봤을까?

호 새: 차라리 단풍나무 몇 그루인지 맞춰 볼까요?

돈 키: 그럼, 값이 얼마나 될까? 영국은 극작가 셰익스피어를 인도와도 안
　　　바꾼다잖아.

호 새: 한봉우리도 꽤 나갈텐데 부동산시장에서 값을 정할 수 있겠어요?

돈 키: 신선봉에 오르면 신선이 될까?

호 새: 오르자는 마음에 신선이 된 거 아네요?

돈 키: 비로봉 오르면 몸에서 나는 첫 마디가 뭘까?

호 새: 제일 쉬운 문제네요. "아이구"가 첫마디고 두 마디는 "다 올라왔네"
　　　일 거예요. 싱거운 말씀 그만하고 진경산수의 새로운 화풍을 개척한
　　　겸재 정선의 '금강전도'와 단원 김홍도의 '금강산도'를 설명해봐요.

돈 키: 겸재 정선이 평가받는 이유 중 하나가 바로 진경을 그려냈다는 거
　　　야. 부풀리면 영·정조대 실학적 사상도 표현한다는 거지. 실제 가서
　　　봐야 화가의 눈에 가까이 닿을 수 있을거야. 허면 박물관에 가서 그
　　　림을 보며 설명을 듣거나 최소한 작품 캡션이라도 살펴야지. 안 그
　　　래? 유람은 호기심을 돋우는 거야. 호걸들이 명산대천을 찾는 이유
　　　중 하나야.

호 새: 호민한다며 호사스레 귀에 호호하던 타짜들이 좀 다녀가면 좋겠어요.

돈 키: 애국가만 제대로 불러도 충분해.

호 새: "누구의 주재련가 맑고 고운 산 그리운 만 이천봉 말은 없어도…."
　　　가사 말조차 금강산의 위엄을 담아 카리스마가 있네요.

돈 키: 절로 깊은 울림의 몸 소리를 듣게 돼. 가곡의 맛이랄까. 실제 피어나
　　　는 봄날의 초록 향연에 여름날의 계곡 물소리가 금강교향곡일테지.

호 새: 가을날엔 단풍이 온산에 타올라 눈에도 옮겨 붙겠어요.

돈 키: 그래, 한겨울엔 알몸으로 하늘을 이고 세상을 바라볼 테지.

호 새: 어쩌면 금강산 변화하는 모습이 인간 삶이네요. 깨어지지 않는 본연은 금강인가요?

돈 키: "동그라미(심봉석 작사, 신귀복 작곡)"따라 "그리운 금강산(작사 한상억 작곡 최영섭)"에 왔으니 불러봐야겠어

호 새: 비가 오나 눈이 오나 "돈키호테"가 아니구요?

돈 키: 금강산인데 무엇을 덧붙일 거야. 목청을 다듬어봐. 이곳엔 '야호~'는 어울리지 않아. '그리운 금강산….' 노래에 마음이 울어. 눈물나는 떨림이 바다건너에도 들리겠지!

누구의 주~재련가 맑고 고~운 산 그~리운 만이천봉

말은없~~어~~도 이~제야 ~자유만민 옷깃~ 여미며

그이름 다시 부를 ~우리~ 금~강~산

수수만년~~아름다운 산~ 못가본지 몇몇~해

오늘에 야 찾을날~왔나~금강산은 부른~다

비로봉 그 봉우~~리 예대 로인~~가 흰구~~름

솔 바~람~도 무심히~~가~~나 발~아래 ~산해만리

보이~ 지마라 우리다 맺힌 슬픔 ~풀릴~ 때~까~지

수수만년~~아름다운 산~ 못가본지 몇몇~해

고래 잡으러 — 동해

호 새: 정말 몇 곳만 훑고 가네요.

돈 키: 갈 수 없으니 여기서 끝내야지.

호 새: 영변약산에 꽃소식도 전한다면요?

돈 키: 애이불비哀而不悲하는 소월의 마음으로 떠나는 거야. 가고 싶은 곳이
한둘이야. 가장 추운 곳 중강진의 추위도 맞고 싶고 묘향산중의 휴
정대사도 뵙고 싶지. 깨달은 분이 입적하시며 남긴 노래야.

生也一片浮雲起

死也一片浮雲滅

浮雲自體本無實

生死去來亦如然

삶이란 한조각 구름이 일어 남이요

죽음이란 한조각 구름이 없어짐이오

구름은 본시 실체가 없는것

죽고 살고 오고감이 모두 그와 같도다

— 서산대사 "해탈시"에서

호 새: 그러니 젊을 때 열심히 살아야지요.

돈 키: 경험이 융해되어 시공간 범역을 벗어난 노래라고나 할까. 범부들이 야 젊은 날 채움을 노년에 비움으로 정신적 포만에 이르지.

호 새: 북한을 유람하니 어때요?

돈 키: 나에겐 미지의 세상이라 상상하니 한계가 있어. 들녘 말뚝에 매인 소라고나 할까? 지정된 공간에서 하늘을 날아 본들 얼마나 날겠어. 그 옛날 선인들이 남긴 발자국 가운데 이즘까지 두드러진 발길에 눈길을 준 것뿐이야. 가슴에 들어선 무엇은 두터운 벽에 가려 선인들이 가지 못한 길에 대한 의문이 남아. 도대체 무얼까? 개인의 욕심일까? 이념의 장벽인가? 관습적 형태인가? 무지인가? 우주원리인 음양의 조화인가? 끝없이 이는 물음이 과연 의미로운가?

호 새: 낙엽 떨어지는 소리에도 세상 물리가 트인다던데 어째 그런대요? 을지문덕 장군이 살수에서 신공을 펼쳤다 하드만요. 서희 특임장관이 거란과 담판 외교로 강동6주를 얻었구요. 이러저런 발자취에 눈물 고이고 빗물고여 내를 이뤄 강물되는 겁니다. 이즘에 학계나 유관기관의 교류로 많은 사료들이 알려지나 봅디다. 쭈욱 가시면 되요. 구도자와 다른 길을 걷는 상상유람입니다. 백두대간에 제때 진달래.개나리 꽃피고 뻐꾸기 울고 고라니 뛰어다녀요. 다 제 모습으로 제 공간에 살다가 가는 겁니다.

돈 키: 걷는 공부보다 세상공부했나 보네.

호 새: 어제 밤하늘 별자리를 보니 긴세월 어둠에 있던 천마총에 천마도 날아 오르대요. 페가수스 별자리에 빛날 겁니다. 세상 앞일 "새옹지마"로 표현하대요.

돈 키: 너와 역할을 바꿔야겠어.

호 새: 세상에 뒤바뀐 일 참 많아요. 그도 나름의 질서지요. 다만, 준비가 덜되어 문제네요.

돈 키: 역지사지로 생각해야 하는데…. 올해의 사자성어 아시타비我是他非 도 이를 걱정하는 거야.

호 새: 서산대사 뵈었으니 사명대사도 뵈러 가야죠?

돈 키: 세상을 담은 분들이라 큰걸음 남기셨어…. 답답하니 동해 바닷바람 쐬러 가자고.

호 새: 날개를 꽉 잡아요. 가슴이 울렁울렁 할 겁니다.

돈 키: 그래, 동해 울릉도로 가볼까?

호 새: 자, 떠나자 고래 잡으러~

동해고래

동해의 갈매기

한반도 소나타

특별편

부산·화성 도보여행

부산 - 화성 도보여행

정확히 10년 전 일이다. '화성소나타 4권(한반도 횡단 소나타)'와 "한반도 소나타"를 탄생시키는 데 큰 힘이 된 것은 부산에서 병점까지 한여름에 도전한 울트라 워킹이었다. 도상거리로도 500여 Km에 달하니 어림해 천리 길이 넘는 거리였다. 국도를 따라 걷다보니 주변 역사유적지까지 발길이 닿지 않는 도보여행이다. 이곳 저곳으로 눈길을 돌리기 보다는 그저 극한 상황으로 자신을 몰아가니 흐트러진 마음이 정리되고 극도록 지친 몸에는 밑바닥으로부터 그 무엇이 솟아나는 느낌이다. 가슴 한켠에 맑디 맑은 약수가 흐른다고나 할까? 어려움을 맞을 때마다 그때 모습을 떠올리곤 한다.

왜 무작정 걸어요? 주변에서 묻는다. 내가 왜 걷지? 내면에 고개드는 자문이다. 그냥 걷고 싶었나 보다. "왜 사냐고 묻거든 그냥 웃지요" 그말처럼 나또한 그냥 걸었다. 어느 의미에선 고된 담금질 기간이었나도 싶다. 그후에도 이곳저곳으로 1000여 Km를 걸었기 때문이다. 여정을 메모한 수첩을 잃어버려 다시 걸어볼까 하는 생각이 한해 한해 해를 미루다, 최근에 들어 전국토의 기행수필인 〈한반도 소나타〉 글제를 지방언론지에 연재하는 동안 '부산-화성 울트라 걷기' 그때의 감정 자락이 나불거려 펜을 들었다. 다시 걷기에는 어려움이 있어 자동차로 복행하기로 결정을 내린 후 곧 바로 후배와 함께 부산에 내려가 하루밤을 지냈다. 아침 일찍 일어나 부산역 광장에서 출발해 자동차 하루 여정에 10년 전의 도보길을 담았다.

"뚜르르~" 전화 벨소리에 수화기를 드니 "빼재로"의 저자이며 KT 총재를 모시던 유 회장님의 목소리가 쌩하니 달려온다.

빼재로: 뭐하노? 병점 지나가는 길인데 얼굴이나 함 보자.

돈　키: (약속을 정하고 병점역에서 만났다.) 웬 배낭입니까?

빼재로: 내캉 아래께부터 여의도에서 출발해가 한라산까지 걸어 볼라꼬 걸어가는 중이데이. 우선, 사천까지라도 걸어가 볼라꼬.

돈　키: 엥? 이게 뭔일이래요. 마침 저도 부산으로 내려가서 화성까지 걸어 올라올 계획인데⋯. 형님하고 저하고 뭐 좀 통하게 있는것 같네요.

빼재로: 진짜가? 내도 더 나이 들어 뒷방 전전하기 전에 한라산까지 걸어가볼 참이데이. 하늘이 허락하믄 내사마 백두산까지도 걸어 볼라칸다.

돈　키: 형님 대단하세요. 밀짚모자도 멋있구요. 형님 나이에 이르면 저도 그리할 수 있을까 싶으네요.

*****

신방구리: 아는 형님에게 힘을 얻으셨네요. 그런데 부산역에서부터 출발하셨다고요?

돈　키: 하오에 무궁화호 타고 내려와 역광장에 누워 밤하늘 별을 바라보다 새벽 2시경에 빗방울이 떨어져 바로 출발했지. 잠시 어디라도 들러 눈좀 부치려다가 마음을 정갈하고 인도를 따라 밤길을 걸었어. 아

참, 지금 몇시지? 오전 6시 40분이네. 자동차로 가면 저녁 7시경에 병점에 도착할 수 있을 거야. 가면서 더 이야기 하세.

신방구리: 그런데 며칠 일정으로 출발하신거예요?

돈　키: 열흘 정도 일정을 생각하고 떠났어.

신방구리: 열흘에 완주하시려면 부지런히 가셨겠네요. 그래도 출발을 새벽에 해서 마음은 한결 좋았겠어요. 기분은 어떠셨어요?

돈　키: 처음엔 담담했지. 새벽 2시경이라 주변이 어두워 앞만 보고 걷게 되드만. 자연스레 걷는 속도가 빨라지더라구. 마음이 앞서가서 그런지 1차 예정지 구포에 조금 빨리 닿았지. 군대에서 독도법을 익혀 그런지 길을 놓치지 않더라구. 뭐든 배움은 제 때에 소용이 되나 봐. 첫날이라서 그런지 발길이 가볍드만.

신방구리: "기억 앞에 겸손해야 한다"는 정치인들의 수사도 있습다. 앞을 잘보세요. 이 길이 맞긴 맞아요?

돈　키: 그래, 그때는 터널을 통과해 구포까지 가는 동안 열 번 정도는 물었을 거야. 오늘은 네비게이션을 쫓으니 길찾기가 아주 편하네. 여행은 그래도 주변에 이것저것 물어가며 걸어야 제맛이 나는데 차로 이동하니 재미가 덜해.

신방구리: 파스칼의 만유인력을 발견하려는 것도 아니고 무슨 생각을 하면서 걸었어요?

돈　키: 오직 걸어야 한다는 생각뿐이었어. 이즘 그때를 돌아보면 8박 9일간의 시간이거든. 북상하는 벚꽃소식이나 KTX의 소요시간, 비행기와 비교하면 옛스럽다고 느껴져. 시간이 흐를수록 발바닥에 닿는 촉감이 전신에 퍼져나는 울림이랄까. 그 감정은 경험할 가치가

있어. 시가지를 벗어나니 몸이 때맞춰 쉴 곳을 찾게 되드라구. 천리 길을 경험해서 웬만한 거리에는 버거움이 사라졌어. 지금은 자동차 안이다보니 주위 경관에 드는 감정이 그때와 좀

다른 것 같아. 코로나로 모두 어렵다는데 저 상가들은 어떨까 싶어. 그때 기억나는 장소라 덧칠을 하는 셈이지.

신방구리: 다리풍으로 건너는 것보다 차로 구포대교를 건너니 어때요?

돈　키: 그때도 오전 나절에 건넜어. 난간에 오르는 입구 찾느라고 좀 헤맸지. 다리에 오르니 트인 강물 위를 걷는 느낌이 드는구만. 늘 느끼지만 넓은 뜰이나 강을 만나면 자연스레 마음도 경건해지는 것 같아.

신방구리: 자, 구포대교 넘어 김해로 들어갑니다. 김해에 가면 시간이 좀 이를꺼 같은데 수로왕릉에 가보면 어때요?

돈　키: 달포 전에 김해박물관에 다녀갔지만 다시 들러 볼까? 저번에 방문했을때 봤던 쌍어문양이 인상적이었어. 가야와 인도와의 교류를 엿볼 수 있는 흔적이라 흥미로웠지. 수로왕과 왕비 허황옥은 스토리텔링은 훌륭한 우리나라 유산이야. 동남아시아 고속 해류를 타고 바닷길을 달려와 연을 맺었으니 가야의 실체에 대해 여러모로 연구해볼만하잖아.

신방구리: 그럼, 온김에 둘러보고 가죠.

돈　키: 그러세 신방구리 덕에 10년 전 걸었던 '한반도 종단' 천리 길을 복기하고 다시 돌아보니 고마운 일이야.

*****

신방구리: 자, 수로왕릉도 봤으니 삼랑진, 부산대 밀양캠퍼스도 지나 새마을운동의 발상지이고 소싸움장이 있는 청도로 가볼까요? 소싸움장도 한 번 들러보죠.

돈 키: 오랜만에 새마을 깃발을 보겠네.

신방구리: 청도에 들어섰네요 어릴적 새마을 운동을 많이 본것 같았는데.

돈　키: 새마을 운동은 농촌근대화 운동이었어. "새벽종이 울렸네. 새 아침이 밝았네~" 발걸음이 경쾌하던 때가 엊그제 같았는데 반세기가 휙 지났어. 저 황소는 덩치가 꽤나 우람해 힘을 쓰겠어. 마스코트도 이채로우니 언제 한번 구경 오자구.

신방구리: 그러게요.

돈　키: 시장할 시간 되가니 얼른 돌아보고 가자고.

신방구리: 삼성현로를 지나 동대구, 북대구, 칠곡 낙동강 철교에 온겁니다.

돈　키: 빠르네. 경산이 낳았다는 원효, 설총, 일연선사를 세 성현으로 칭한다던데 세분은 역사적인 의미가 크거든. 한국사상의 연원을 이루는 유명한 대승기신론소나 이두문자, 삼국유사등 우리 고대문화의 깊은 맥을 이루니 얼마나 값진 얘기야. 땅 기운과 연이 있으려나. 걷는데만 집중한 탓에 10년 전에는 낙동강 철교를 스쳐 지났어. 의미로운 곳이니 찰칵해야지. 6·25동란시 최후 방어선이었으니까 '자유수호다리'라 부르면 어떨까 싶어. 감수성이 뛰어난 신방구리 덕에 뜻하지 않은 걸음이야. "낙동강아 잘 있거라 우리는 전진한다~" 노래가 들리네. 한번 불러 볼까?

신방구리: 화물콘테이너가 즐비하니 김천.구미 KTX 역사가 인근이네요. 구미공단, 금오공대…. 길 따라 이어간 지방산업경제도 그려지네요.

추풍령에 다 왔어요. 저기 추풍령 노
래비가 보이죠. '기적도 숨이 차서 목
메어 울고 가는…' 노래는 멋스러운데
조용하네요.

돈　키: 너나 나나 있을법한 삶이 녹아든 가
　　　　사야. 부르는 가수의 음색이 한 몫 하
　　　　드만….

신방구리: 경부고속도로 건설 당시 희생한 분들을 기린 추풍령 추모비는 고
　　　　속도로변에 건립되어 있드만요.

돈　키: 경부고속도로 건설이 코리아 경제개발에 획기적 사건이었겠지.
　　　　구한말 단발령만큼이나 저항이 있었을 거야. 건설구간에 있는 조
　　　　상의 묘소도 이장해야 했으니 말이지. 정치인들은 어땠을까?

신방구리: 드러눕기까지 했다면서요? 희생이라고 해야겠죠. 기적을 이루는
　　　　데는 그만한 대가가 따르는 것 같아요.

돈　키: 이곳에 세 번째 오는건데 정이 들었나봐.

신방구리: 추풍령 지날적에 어머님의 팔순 잔치가 있었다면요?

돈　키: 그랬지. 지금 생각하면 아무것도 아닌데 그땐 워킹을 중단하고 올
　　　　라가는게 내키지가 않아 망설였어. 그런데 가만 생각해보면 자식
　　　　으로서 도리가 먼저지 않을까 하는 생각이 들었어. 주변에서도 어
　　　　머니께 효도하라며 친구가 조언하더라고 그래서 여기서 올라갔었
　　　　어. 가족들과 저녁 식사를 마친 후 내려오는데 울트라 워킹에 공
　　　　감한 두 사람이 귀한 경험이 될 것 같다며 참여했어. 그들과 이곳
　　　　에서 길을 이어 걸었는데 혼자 걸을 때 보다 마음이 여유롭더군.
　　　　우선을 길지리를 알게되어 지도를 보지 않아서 좋았지. 그건 그렇
　　　　고 점심때가 되었으니 지난 봄에 다녀간 식당에 가보자구. 올갱이

국이 시원했거든. 그때 추풍령의 세 가지 멋을 썰해주신 펀치 아주
머니도 있을라나 모르겠네. 간 김에 차도 한잔하고 가야지.

신방구리: 무더운 여름날 그것도 한낮에 아스팔트
를 걷는데 발은 괜찮았어요?

돈　키: 가볍게 걷는답시고 운동화를 신었으니
발바닥에 불이 났지. 복사열로 아스팔트가 후끈
달아올라 걷는 자체가 고통이었어. 팔순 잔치에
다녀오며 등산화로 바꿔 신으니 한결 낫드만. 그
후론 장거리 여정에 나서면 등산화를 신어. 소금
도 필수야. 빼재로 형님이 일러준 대로 챙겨온 소금 통을 도중에 잃어버려
서 물통을 비워대느라 혼났어. 소중한 경험이었지.

신방구리: 도중에 마주치는 분들은 없었어요?

돈　키: 지금이야 학생들 국토순례처럼 걷는 분들이 많지만 그때는 울트라
워킹이 좀 드물었지. 쉼터에서 뵙는 분들이 힘들게 왜 걷느냐고만
묻더군. 특별히 답할 일이 아니라 그냥 걷는다고 했어. 그냥 걷는
거지. 내야 흐트러진 심신을 다그치는 도보여행이라 몸이 힘들어
야 제맛이거든.

신방구리: 스스로 걸었으니 기분이 좋았겠어요?

돈　키: 어느 날은 밤새 걸었어. 새벽녘 동이 트면 길옆에 다리를 쭈욱 펴고
앉아 있으면 피어나는 물안개가 그만이야. 고요속에 풀벌레 소리만
들리거든. 뭐랄까? 이슬에 몸이 아니라 마음이 젖는 거지. 밤새 걸
어 온 지친 몸도 은은하다 해야하나…. 저녁노을도 그만이구. 산과

산이 겹치며 그 사이로 난 도로를 걷다 보면 황홀하다 할까. 붉게 타는 노을을 보노라면 얼굴이 벌겋게 달아오른 숯가마처럼 보인다고 해야하나. 붉은 기운이 잠자리에서도 짙은 여운이 있더만.

신방구리: 집 나서면 고생이라던데 잠자리는 어떻게 했어요?

돈　키: 피곤하면 다리밑에서도 자고 모텔이나 지인 신세도 졌어. 대전, 천안 큰 도시에서는 불가마에 들러 수면은 충분히 취했어. 일행이 늘어나 한낮 열기를 피해 새벽에 일어나 걸었지.

신방구리: 곧 추풍령을 내려서면 황간을 거쳐 영동역에 다다르겠어요.

돈　키: 저 다리 밑에서 박스를 깔고 눈을 부친게 생각나네. 눈에 길이 들어오니 다 온것 같아. 옥천서 1박하고 대전, 신탄진을 거쳐 천안에 이르러 10여 명으로 일행이 늘었어. 군대 행군시나 소백산, 설악산 등 산행하던 때를 제외하면 여럿이 밤길을 걸었으니 특별한 경험이었지.

신방구리: 사고나 다친 경우는 없구요?

돈　키: 심신을 다독이며 걸어가니 별 무리가 없었어. 초행이면 신발이나 발목, 무릎에 이상이 올 수 있거든. 신탄진에서 일행 중 1명만 발목이 불편해 열차편을 이용해 천안까지 갔어. 그곳까지 시간을 맞추느라 신탄진에서 천안까지 70여 킬로를 뛰었으니 역전 마라톤을 한 셈이야.

신방구리: 천안과 오산에서도 몇분이 합류했다면요?

돈　키: 참여한 분이 그러드만. 일상에 지친 심신을 풀고 싶은데 혼자 갈 수 없어 참여했다고 말이지. 누구나 때때로 자신을 혹독하게 담금질 해볼 필요가 있어. 지금 그곳이 기억이 희미한데 이따금 걷는 서너 명을 만났어. 남, 여를 구분하는 것은 아니나 여성분들이 대단하드만. 열이 늘어져 힘들었지만 그분들 덕택에 천리여정 마무리 구간이 재미있었지.

신방구리: 걷는게 취미인거예요? 장거리 도보 여행을 자주하네요?

돈　키: 습관일 수도 있고, 걸어봐야 그 맛을 알지. 설명으론 이해하기 어려워.

신방구리: 벌써 오산에 이르니 어때요?

돈　키: 부산을 시작으로 구포, 김해, 삼랑진, 밀양, 청도, 경산, 대구, 칠곡, 구미, 김천, 추풍령, 영동, 옥천, 대전, 신탄진, 조치원, 천안, 성환, 평택, 오산, 병점 구봉 공원에 도착하니까 귀거래사에 나오는 "내 첨형우 재혼재분乃瞻衡宇 載欣載奔"이 실감나드만. 집 근처에 왔다는 생각만으로도 마음이 가벼워지드만. 사무실 동료들이 반겨주어 극에 달한 피로가 일순 가시고 기분이 좋드만.

신방구리: 긴 여정을 마치니 어때요?

돈　키: 끝낸다는 건 기쁨이잖아. 천리 길의 여정을 해낸 성취감이랄까? 자신감이 생겨나 그후에도 수원광교산-평택호, 화성-강릉까지를 가벼운 마음으로 도보여행길을 떠났어.

신방구리: 부산-병점, 제부도-동탄, 수원광교산-평택호, 화성-강릉…. 상당한 거리를 걸었네요?

돈　키: 걸으면 살고 누우면 죽는다잖아. 걸어야지…. 차오르는 환희가 있거

든. 내일을 열어가는 힘이 되나봐.

신방구리: 앞으로도 얼마나 걸을라구요?

돈　키: 동네사람이 동네 한바퀴는 돌아야
　　　　지. 지구인이니 지구 한 바퀴정도는
　　　　돌아야겠지. 다같이 돌자 지구 한바
　　　　퀴! 어때? 건강 송으로 말이야

신방구리: 차를 타고 왔지만, 저도 큰경험
　　　　이네요.

돈　키: 몸이 걸은거야. 한반도종단인 도보이동은 일본열도에서 해저터널
　　　　이나 "선상레일"을 통해 부산에 닿아 런던, 리스본까지 이르는 지
　　　　구 반바퀴 길에서 한 구간이야. 뉴실크로드일까나? 지구촌 둘레길
　　　　일까나? 그 길이 10년 전 걸었던 길이요 오늘 달려온 길이지.

신방구리: 21세기 드림로드를 달렸네요.

돈　키: 유라시아 꿈길을 걸은 거야. "꿈은 이루어진다" 시작이 반이라지.

호　새: 그럼요. 젊은이들도 그 "지구촌소나타"길에 너도나도 나설 겁니다.

한반도소나타를 마치며

취미생활이 마라톤이고 걷기인지라 세월이 흘러 싹이 트고 잎새가 푸르더니 전국 이곳저곳으로 발자국에 소회를 메모하여 기행수필을 쓰면서 해가 바뀌었다. 그 길에는 삼총사를 비롯 여러 지인들이 동행하고 욕심도 보태져 나름 화장해 세상에 얼굴을 내민다.

이전에 부산-화성, 화성제부도-동탄, 화성-강릉, 수원광교산-평택호에 이르는 1,000여 Km를 발품 이야기 '화성소나타(1~4권)'를 출간한지 4년여의 시간이 흘렀다. 코로나19 덕택(?)이랄까. 몸을 크게 고친 탓에 인파가 많은 곳을 수년간 멀리하고 인적이 드문 전 국토의 문화유산을 탐방한지라 〈한반도 소나타〉란 표제를 달았다.

여행은 마음을 정화하는 방편이다. 깊은 물과 높은 산을 만나며 자연스레 생각이 깊어지고 웃자란 마음이 뉘인다. 오늘을 총총대는 인간은 대자연 속에 그저 작은 생물이란 생각이다.

사족을 달면 말많은 세상에 생각을 정돈하려고 큰길에 나섰다. 내 집에서 출발해 고향, 인근, 팔도로 길을 열어가니 시공간 범역과 어울려 생각하는 한 뼘 정도 컸나싶다. 그 머문 시간이 해를 넘기고 공간은 경기, 서울, 인천 수도권을 비롯해 강원, 충청, 영호남과 제주에 이르고 상상의 나래로 이북지역까지 유람한 터라 마음부자가 되었다.

디지털시대에 아날로그 발길로 팔도를 돌았으니 건달이라 해야하나? 돈키호태로 분해 애마 호새와의 동행 기록이다. 걷고 뛰고 건너고 오르기를 반복하는 동안 온갖 잡념을 재울수 있는 기회인 셈이다.

　부풀리면 생장터인 고향은 내 삶의 오선지라 일상의 발걸음은 리듬박자처럼 내 삶의 흥을 돋우웠다. 누구나 제 삶의 몸 시인이요, 드라마의 주인공이다. 나름의 박자로 팔도공간에 수놓아 제 향기 피우는 제 모습 이랄까. 1년여의 연재글이나 이전에 수차례 다녀온 터라 시간 범역은 수십년의 궤적을 스케치한 셈이다.

　독서는 마음의 양식이며 글쓰기는 내면의 정화이다. 그 감정이 무성해져 세상을 울리는 게 펜의 힘, 글이 갖는 매력이다. 첨단기술이 세상을 변모시키나 그와 어울린 인문적 바탕이 있어야 진정한 가치 창출이 될 것이다. 어두운 공간에서 쓴 안나의 일기는 세상에 감동을 남겼다. 이름모를 꽃들조차 길가에 피워내듯 제때의 모습을 피워내는데 좋은 방편이 글쓰기라 생각한다. 한반도유람을 마치려니 글을 쓰게 된 동기, 학술적 고증의 미흡, 재미난 에피소드, 여정의 어려움, 이미 출간된 아이 얼굴 〈화성소나타와〉 곧 태어날 〈한반도소나타〉와의 비교, 동행한 분들, 못다한 아쉬움 등 여러 생각이 머문다.

　유람하는 동안 많은 분들의 도움을 받았다. 문화해설사분들은 물론이요 동행해 사진 촬영 등 번거로움을 마다않은 분들이다. 여러분의 물심양면의 도움으로 얼굴을 내밀게 되었다.

　〈화성소나타〉에 이어 2년여 걸쳐 지면을 할애한 경기도민일보사에 감사드리고 번거로운 교정을 맡아온 아들에게도 고마움이 크다. 특히 서평을 해주신 고매한 문학박사 홍신선 교수님과 추천글을 주신 고명한 역사학자이신 최홍규 교수님 그리고 졸고를 기꺼이 출간을 맡은 〈국학자료원〉에도 깊은 감사를 드린다.

　바램으론 주변에 글동네 문화가 형성되어 가족문집 만들기나 내 고향 소나타 탄생에 촉매가 되길 기대한다. 다시 한번 돈키호태 유람에 동행하여 기운을 돋아준 모든 분들을 헤아리며 그 인연이 이어지길 소망하며 유람글을 맺는다.

2021년 사월에

해설

〈삶의 무늬와 방법론적 대화

삶의 무늬와 방법론적 대화
-한반도 소나타를 읽고

홍 신 선(시인·전 동국대 교수)

1.

대화란 무엇인가. 우리는 화행話行이 일방적이 아닌 경우 흔히 대화라고 한다. 곧 둘 혹은 서넛이 말을 주고받는 형식이 대화인 것이다. 이 경우 화제가 정해졌을 수도 혹은 일정하지 않을 수도 있다. 그런데 어떤 경우든 화행은 대체로 서로간 자유롭게 오갈 마련이다. 말하자면 열린 형식인 것이다. 그런가 하면 대화의 인원도 딱히 정해진 것은 없다.

그러면 왜 대화인가. 그것도 글에서의 대화형식이란 무엇인가. 대화는 일반적으로 현장의 컨텍스트가 생략된다. 그것은 현장을 대화자들이 공유하기 때문이다. 따라서 대화는 화자의 화행이 중심이 될 마련이다. 이는 달리 보자면 현장의 세밀한 세부(detail)가 생략될 수도 있는 것. 특히 세밀한 세부의 생략은 글의 경우 그 효율성을 높여준다. 곧 읽기의 속도를 높이거나 핵심화제를 향한 집중도가 응집되는 것이다. 이 점은 대화/대사 중심의 희곡 작품들을 생각하면 좋을 것이다. 이를테면 등장인물들간의 대화를 통해 장황한 지난날 스토리를 압축 제시하거나 현장의 정황 등을 단적으로 축약해 노정 하는 경우가 그것이다. 다르게는 소설의 장면화를 생각해도 좋을 터이다. 일정한 시공간 속에서 인물들 간의 대화는 대단히 효과적인 서술

방법이다. 한 사건의 경위나 인물의 내면 정황이 거침없이 화행을 통해 압축 제시되는 탓이다. 그런가 하면 대화는 소설 속 서사나 묘사의 여러 단위들을 생략 혹은 압축케 한다. 이는 근대소설작품들이 두루 보여준 사실이기도 하다.

그런가 하면 대화란 인류역사상 초기 저작의 핵심적 방법론이기도 했다. 공자의 어록인 『논어』가 그러했고 플라톤의 대화록들 또한 그러했다. 공자의 『논어』는 알려진 대로 그 제자들이 수집한 어록들을 뒷날에 논찬한 저작이다. 그런가 하면 플라톤의 대화록들 역시 당대 철학자들과의 대화를 집성하고 있다. 생각해보면 이들 대화가 그만큼 논지論旨의 핵심을 잘 표출하는 탓일 터이다. 이 같은 사실로 미루어 볼 때 대화란 인류의 전통적인 저작 방법론이라고 해도 무방할 터이다.

각설하고 말이 많이 에둘러졌다. 우호태 시인의 이번 『한반도소나타』는 주로 대화형식을 그 서술 방법론으로 선택하고 있다. 우선 한 대목을 인용해 보자.

사오정, 저팔계, 손오공이 삼장법사와 함께 구름 위성을 타고 코리아에 도착했다.

"오정아, 저기 가물가물 보이는 곳이 어디드냐?"

"네. 인터넷 자료를 살피니 여의도란 곳인데 행정구역상으로 대한민국 서울특별시 영등포구 여의도동이구요. 예전에는 땅콩밭, 비행장도 있었는데 전국의 타짜들이 모이는 센터가 들어선 후 금융기관, 방송기관 등 공적기관, 단체들이 운집되어 유명해진 복된 터전이 되었다네요. 한강에 형성된 작은 섬이라 여의도는 너도 섬이냐라는 뜻이래요."

"그래 타짜들이 모였다고? 재미있구나. 오늘은 이곳에 머물고
싶구나. 누가 더 자세히 살펴보고 오너라."

— 「여의도에서」 부분

윗글에서 보듯 돈키호테 유람1인 「여의도에서」의 서사는 중국 고전 『서유기』의 틀을 빌리고 있다. 삼장법사를 위시한 손오공 일행은 근두운 아닌 구름 위성을 타고 코리아 여의도에 도착한다. 그들은 이곳에 와 여러 풍물과 정보들을 공유한다. 곧 여의도는 어떤 내력의 공간인가, 또 그 공간을 누비는 타짜들은 누구인가를 서로 간의 문답을 통해서 제시하는 것이다.

필자가 이번 우호태 시인의 유람기에서 주목하는 것은 두 가지 점이다. 하나는 글 전반에서 나름 앞에 장황하게 설명한 대화형식을 도입한 일이다. 다른 하나는 우 시인의 자호自號에 관한 것이다. 먼저 자호로부터 말 머리를 풀어가 보자. 돈키호테는 널리 알려진 그대로 세르반테스 소설의 주인공이다. 그는 오늘날 특정 소설의 주인공에서 인간의 보편적인 한 캐릭터의 상징물로 전이된 존재이다. 현실보다는 이상을, 실제보다는 꿈을 좇는 인물의 대명사가 된 것이다. 그런가 하면 자신이 믿는 바를 좌고우면하지 않고 행동으로 옮긴다. 이 같은 인물의 됨됨이를 알고 나면 우 시인이 왜 그를 자호로 선택했을까를 이해하게 된다. 우 시인 자신 역시 "나란 존재가 참으로 능소능대할 수 있는 까닭에 세상을 향해 걷고 타고 때론 날라 빠르게 돌아가는 세상을 향해 돌진한다."라고 하지 않는가. 저 돈키호테적 성격을 스스로 가감 없이 드러내고 있는 것이다. 우 시인은 자신의 실명과 소설 주인공의 이름이 동일하게 겹치는 점에도 일단 착안했으리라. 그리고 여기에는 시인적 상상력도 작동했을 터이다. 곧 결합 된 두 이미지 간의 유사성, 친연성이 멀면 멀수록 그 충격이 극대화한다는 사실을. 말이 그렇지 그 누가 뜻했을 것인가. 서구 소설의 주인공이 이 땅의 한 시인의 별호로 사용될 수도 있다는 것을. 비록 성음聲音이 유사함에도 불구하고 이 같은 자호는 그 돌발적인 의외성 탓에 주목하지 않을 수 없는 것이다. 우 시인은 이러한 사실도 아마 감안했을 터이다.

한편 서사에서 방법론으로서의 대화란 어떤 무엇인가. 인용한 「여의도에서」의 경우는 『서유기』 등장인물들간의 대화를 보여준다. 그런가 하면 다른 편에서는 산초와 호새 등 여럿과의 대화를 보여주는 경우도 있다. 또 어느 경우엔 현지에서 만난 지기知己와 다수의 일행이 문답을 나누기도 한다. 이는 유람 공간의 특성이나 형편에 따라 달리한 틀이라고 할 것이다. 우 시인 자신의 언술처럼 "능소능대"한 서술전략을 구사하고 있는 것이다. 그러면 그 서술전략들은 어떤 후과를 보여주는가. 우선은 특정 지역이나 특정 시공간의 핵심들을 꼭 짚어 제시하는 효과를 발휘한다. 이는 장황한 서술이나 묘사를 생략할 수 있어 가능한 일이다.

2.

왜 유람인가. 사전적인 뜻대로 하자면 유람은 '여러 곳을 두루 다니며 구경한다.'라는 의미다. 이즘 말로는 관광여행일 터이다. 그러나 우 시인 돈키호테는 굳이 유람이란 한자 말을 사용한다. 이는 어떻게 해석하는 것이 옳을까. 그것은 일차적으로 상투적인 어휘를 피하고자 하는 시적 욕망이 아닐까. 말하자면 시인의 언어감각에 기인한 일인 것이다. 기본적으로 시인은 관습적인 표현이나 상투적인 언어를 기피 한다. 왜냐하면 그 같은 표현이나 언어로는 사물의 참모습을 드러낼 수 없는 탓이다.

그러면 관광이나 여행이란 어사語辭를 피해 선택한 우 시인의 유람은 어떤 궤적을 그리고 있는가. 범박하게 말해 그 궤적은 한반도 전역에 걸친 광범위한 것이라 할 수 있다. 「한반도소나타」란 글 제목 그대로인 셈이다. 이를 좀더 구체적으로 제시하자면 이렇다. 서울 여의도에서 출발한 돈키의 행정行程은 광화문, 강남, 인왕산, 한강 등을 거쳐 인천으로 이어진다. 그런가 하면 경기 북부지방, 곧 파주, 임진각, 가평 등지를 거쳐 강원도로 향하고 거기서 다시 충청지방에 이르고 있다. 이어 경기 동부지역을 누빈다. 뿐만인가. 영남과 호남을 거치고 더 행정을 확대해 이윽고 제주도에서 백두산 천지까지 한반도 전 지역에 다다르고 있다. 특히 북한의 여러 지역을- 비록 상상의 비마飛馬를 타고 하는 지역탐방이긴 하지만- 보여주어 이채롭다. 그러면 과연 한반도란 무엇인가. 더 나아가 오늘의 시점에서 북한이란 또 우리에게 무엇인가. 이들 문제는 뒤에 별도로 짚어보기로 하자.

  아무튼 이상과 같은 유람에서 우 시인은 자호한 돈키호테답게 때로는 호새를 몰고 때로는 도보로 목적지를 향해 돌진해 간다. 유람의 행정만으로 보자면 유랑에 가까운 발길이 아닌가 싶기도 하다. 그러나 유랑은 일정한 목적 없이 떠도는 길놀이가 아니던가. 그 점에서 시인의 행정은 유랑 아닌 유람이 더 적격일 마련인 것이다.

  그러면 우 시인이 유람을 통해 보고 들려주고자 하는 것은 무엇인가. 우선 그 유람의 한 현장을 인용해 보자.

> "거기 가지 않고 대충 얽어매면 안돼요?"
>
> "어허, 마음이 일면 발길을 해야 일이 수승해. 가보자꾸나"
>
> "저기 화석정 현판이 보이네요. 전망이 트여 저 멀리 솟은 산 봉우리와 감아 흐르는 강물이 어울리니 노을 지면 볼만하겠어요."
>
> "그래 오길 잘했지 않니? 누구라도 한 생각 들겠어, 거 강물처럼 율곡선생의 정치사상도 오래도록 흐를 거야."
>
> —「화석정에서」부분

  윗글은 돈키호테와 종자從者 호새가 파주 화석정을 찾는 대목이다. 이들은 화석정 현장에 도착해 주변 경관을 둘러본다. 앞의 인용한 글이 바로 그 대목이다. 이들은 현장의 경승에 취하기보다는 화석정에서 연상되는 역사적 사실에 주목한다. 곧 율곡의 성리학적 입장과 그 당대의 정치적 행보를 소환해 오는 것이다. 그러면서 역사는 과거와 현재의 대화란 말 그대로 오늘의 정치 현실을 율곡의 사적史蹟에 대비해 비판한다. 이는 동일공간에다 과거와 현재를 병치한 양상이기도 하다. 돈키호테의 유람은 이렇듯 공간이

동뿐만 아니라 시간 이동을 감행한다. 앞에서 언급한 그대로 율곡을 소환하는가 하면 현재의 타짜들을 거기 한 공간에다 출현시키는 일이 그 예일 터이다. 이는 기억과 현재, 예기豫期로서의 앞날이란 세 시제가 한 텍스트에 공존하는 양식인 셈이다.

이 같은 시공간 이동은 그러나 이 유람에서만 새삼스레 볼 일은 아닌 것. 그것은 가까이로는 지난 세기 초의 국토순례기나 19세기『열하일기』같은 견문록 등에서도 확인되기 때문이다. 이들 유람은 때로는 민족의 정체성을 탐구하기 위해. 때로는 새로운 세계의 신기한 문물들을 접하기 위해 행해진 것이다. 반면 더 멀리 서구의 경우로는 오딧세이의 모험, 신비한 대륙의 탐험 등도 그렇게 볼 수 있다. 또한, 세르반테스의『돈키호테』역시 방랑하는 기사의 유람기가 아니었던가.

아무려나 모험이든 유람이든 이 모두의 공통점은 새롭게 보고 새롭게 듣고자 하는 행위에 다름이 아니다. 말하자면 세계의 새로운 뜻과 모습을 찾는 일인 것이다. 곧 미지에서 기지既知로의 이동인 셈이다.

대저 인간의 '앎'이란 어떻게 생산되는가. 그것은 일차로 감각을 통해 보고 듣는 경험을 통해 시작된다. 그리고 이 경험이 반복 축적되면서 그 가운데의 공통요소를 간추려 인식할 마련인데 이는 일종의 추상화 과정인 동시에 개념화의 과정이기도 하다. 그렇게 생산된 개념들의 연쇄가 논리이고 더 나아가 앎의 세계였던 것이다. 이 같은 앎의 생산이야말로 인간의 문화이고 문명이 아닐 것인가. 이 같은 '앎'의 생산과정을 이해하고 나면 유람 또한 그 앎의 과정/구조와 너무 닮았음을 깨닫게 된다.

우리는 이미 앞에서 우 시인이 돈키호테가 되어 편력한 궤적을 살펴본 바 있다. 그리고 그곳 유람의 현장에서 관련된 여러 정보나 사실들을 소환하는 일도 살펴보았다. 더 나아가 시공간의 이동이 목적지 한 공간에 병치 되거나 오버랩되는 사실도 확인한 바 있다. 그러면 이들 일련의 유람 과정에서 우 시인이 생산코자 하는 '앎'이란 어떤 무엇인가. 그것은 단순 지리적 정보도 다양한 풍물이나 역사적 사실의 소환이나 해설도 아닐 터이다.

필자 나름으로 그 '앎'을 읽어내자면 이렇다. 유람을 통해 보고 듣는 일들은 누적될 것이고 그 과정에서 생산된 앎은 이런 게 아닐까 싶다. 곧 이 유람의 궁극적인 앎이란 결국 우리네 인간들 삶이 내장한 웅숭깊은 의미일 것이다. 더 나아가 지금의 인간들 삶을 둘러싸고 있는 현실을 성찰하자는 뜻이기도 할 것이다. 그런데 이즘 우리를 위요圍繞한 현실이란 대부분 문제적일 수밖에 없는 것. 우 시인이 유람 과정 곳곳에서 맞닥뜨리는 현실들이 바로 그랬고 이들 현실이 문제적인 만큼 비판 또한, 가해야 될 일이었던 것이다. 그렇게하다 보면 오늘의 우리가 지향해야 할 가치 또한 제시될 마련이 아닐까. 그렇다. 이 같은 일련의 앎과 지향해야 할 가치의 창출創出이 실은 유람의 진정한 깊은 뜻일 것이다.

3.

과연 호랑이 형상인가, 아니면 토끼 형상인가. 한반도의 지형적 형세를 이야기할 때 우리는 흔히 이 같은 물음 앞에 서기 마련이다. 이 물음은 그간 한반도 지도의 생김새를 빗대어 제기된 것이었다. 한반도의 지형에 빗댄 이 비유담론은 근대 이후 오랫동안 뭇사람들에게 회자 돼 왔다. 일본 지리학자의 토끼 형상론이 촉발한 이 담론은 지난 세기를 통과하며 많은 논란을 불렀다. 널리 알려진 대로 한반도는 극동에 자리한, 그러면서 삼면이 바다에 면한, 넓지 않은 공간이자 땅이었다.

그 땅에서 한국인들은 기록으로만 따져도 오천 년의 역사를 일궈왔고 또 일궈가고 있다. 주로 대륙으로부터 유입된 조선祖先들이 그간 삶을 꾸려온 숱한 자취들이 이를 증거 한다.

일반적으로 반도는 그 지리적 특성 탓에 어느 지역적 공간보다 일찍 문명을 일구고 가꿔온 것으로 일컬어진다. 고대 그리스가 그랬고 르네상스 시대 이탈리아가 그러했다. 그렇다면 한반도는 그 지리적 혜택을 누리고 이용한 것이 얼마나 되었는가. 논자에 따라 다르긴 하지만 본격적인 반도 다운 문명을 일군 것은 근대 이후에 이르러서가 아닐까. 특히 바다가 새로운 문명이 불어오는 통로이자 또 그곳이 해외 진출의 열린 길임을 인식한 것은 얼마 멀지 않은 지난날의 일이기 때문이다. 바로 근대 이후, 특히 해방과 6·25전쟁 뒤 우리나라는 산업화를 압축적으로 성취해 왔다. 인도의 한 시인이 노래한 저 시구詩句처럼 "동방의 등불"로 이즘의 한국은 글로벌 시대를 밝혀가며 추동해 나가고 있지 않은가.

여기서 말길을 다시 본류로 되돌려 보자. 지난 세기 초 최남선을 비롯한 이 땅의 민족주의자들은 한반도 지형을 호랑이 품새에 비견했었다. 그 지형적 생김새가 대륙을 향해 앞발을 치켜들고 선 호랑이 형세 그대로란 것이었다. 이는 조선말의 위기상황을 타개하기 위한 상징조작의 하나이기도 했다. 1903년 일본인 지리학자 고토분지로小藤文次郎는 한반도의 생김새가 토끼 형상이란 의견을 내놨다. 이에 최남선은 한반도가 대륙을 향해 앞발을 치켜든 포효하는 호랑이 품새임을 천명했다. 이 역사지리학적 담론은 그 후로 일제에 의한 일정한 왜곡과 훼손을 겪었고 많은 논란을 불러왔다. 곧 한반도는 토끼의 오종종한 모습에 불과하단 폄훼가 일정하게 지속됐고 이에 대한 우리 민족진영 인사들의 반발이 컸던 것이다. 토끼 형상론은 두말할 것도 없이 식민지배를 위한 일제의 상징조작이었다. 그러나 한 세기가 지난 오늘에 와 이 같은 한반도의 호랑이 형세 담론은 새삼스러울 것도 없는 일반화된 상식으로 통용되고 있지 않은가.

그렇다면 이번 우 시인의 『한반도소나타』의 담론들은 어떤가. 우 시인은 그의 고향인 화성을 중심으로 유람을 시작한다. 비유하자면 곧추선 호랑이의 복부로부터 진기를 힘껏 끌어올려 한반도 곳곳을 누비는 형국이라 할까. 달리 말하자면 화성을 반도 중심부에 놓고 마치 물의 파상波狀처럼 동심원을 그려나가는 공간이동을 하고있는 것. 그는 일찍이 고향 화성의 인문지리지 『화성소나타』를 출간한 바 있다. 이번 『한반도소나타』 역시 그 『화성소나타』에 뒤이은 큰 작업이다. 그는 남북한 각 지역의 역사와 인문들을 웅숭

깊게 들여다보고 성찰하고자 한다. 그리고 그 내용을 우 시인 나름의 방법론을 통해 우리에게 제시하고 있는 것. 나는 이 일련의 담론들이 보여주는 형식과 내용은 이미 앞에서 살펴본 바 있다. 구태여 여기서 다시 언급을 덧붙일 일은 아닌듯싶다.

그런데 이번 『한반도소나타』에서 나는 특히 북한편을 주목해 보았다. 그것은 지난 70여 년간의 분단상황에서 그 북한 유람이 어떻게 이뤄질까 궁금했던 탓이다. 그 유람은 일단 '상상의 비마飛馬', 호새와 함께 북녘 곳곳을 누비는 형식을 취한다. 그 궤적이란 임진각에서 황해도, 그리고 평양과 위화도를 거쳐 다시 백두산에서 금강산까지의 행정으로 돼 있다. 분단체제 하에서의 이 행정은 과연 가능할 것인가. 말 그대로 상상과 사실이 뒤섞인 허실법虛實法 차원의 궤적은 아닐까. 내게는 대략 이런 궁금증이 일 수밖에 없었다.

잘 알려졌듯 분단체제 1세대들은 북한과의 통일을 원상회복쯤으로 이해한다. 그 같은 인식의 대표적인 사례는 한국전쟁에서의 월남민들, 곧 이산가족들의 경우에서 찾아볼 수 있다. 그러나 이 원상회복의 통일담론은 시간의 경과와 함께 그 현실적 의미가 퇴색한다. 그래서 기능주의적 통일론이 등장한다. 이는 남북한의 상이한 체제에서 체육, 예술, 관광 등 가능한 부문만의 통일이라도 이뤄내야 한다는 것. 이 기능론의 연장선 위에서 연방제 통일담론이 출현한 것은 어쩌면 당연한 귀결일지 모른다. 그러나 막상 한 세기 가까이 굳어진 남북녘의 분단은 각자 그 나름의 독자적인 체제와 삶을 꾸리도록 만들었고 이 같은 현실은 얼마 동안 그대로 유지 계속할 수밖에 없다는 논의에까지 이르렀다. 이는 지난날 통일신라와 발해의 남북조시대처럼 분단 현실을 있는 그대로 각기 수용하고 나름대로 살아가자는 것. 최근의 젊은 세대들 중심의 분단 고착화론이 그것이다.

이 같은 남북조시대 담론이 지배적인 이즘의 현실에서 우 시인의 북한 유람은 자못 뜻깊은 것이라 하지 않을 수 없다. 그는 어느 날 애마 호새와 함께 임진각에 이른다. 여기서부터 그의 북한 유람은 시작된다. 바로 상상열차를 탄 기행을 시작하는 것이다. 이는 우 시인의 말 그대로 당국으로부터 방북 허가를 받을 만한 일도 아니다. 그것은 오로지 앞서 언급한 대로 상상의 영역에서 벌어지는 일이기 때문이다. 그러면 그 상상열차를 탄 유람은 구체적으로 어떤 양상인가. 임진각 '상상의 터'를 출발한 돈키호테와 호새는 먼저 개성에 다다른다. 그곳에서의 유람 한 대목을 읽어보자.

> 호새: 그런 융성이 어디에 연원할까요?
> 돈키: 부풀리면 고려시대는 사농공상의 조선시대와는 달리 상
> 공업이 발달했어. 송, 거란, 서남아시아, 유구와의 해상교류와
> 내륙과 남도의 조운 물길을 이은 예성강 하구 벽란도가 국제
> 무역항이니 개방성에 방점이 놓일테지. 악기, 상아, 서적, 향
> 료...수입품이나 종이, 세공품, 금, 은… 수출품이 당시를 헤아
> 릴 수 있거든. 천년이 지난 이즘에 반도체, 자동차, 선박, 화장
> 품,… 품목과 비교해 상상해 보자구.
>
> ―「고려 왕도- 개성」 부분

　인용한 부분에서 보듯 개성에서의 유람은 호새와의 대화를 통해 우리 앞에 제시된다. 특히 벽란도에서는 고려시절 활발했던 해외 진출과 그에 따라 성행한 무역을 소환해 들려준다. 이는 반도 나름의 지리적 강점을 인식한 언술일 터이다. 그런가 하면 개경을 둘러보는 곳곳의 역사적 사실 또한 소환해 제시한다.

　이렇듯 북한의 유람은 과거 역사적 사실에 주로 국한되고 있다. 실제 현지 답사가 불가능한 현실적 제약 탓일 터이다. 남녘의 유람이 과거, 현재를 넘나드는 등 시간과 공간이동이 자유로웠던 사실과 견주어보면 이 점은 더 자명해진다. 여기서 필자는 돈키의 북한 유람이 결국은 남북녘의 시급한 동질성 확인작업으로 읽어야 함을 깨닫는다. 더 나아가 자칫 퇴색되기 쉬운 통일의 당위성에 대한 확인과 그에 대한 각성으로 읽지 않을 수 없었다.

　이쯤에서 우리는 과연 한반도의 정체성은 무엇인가를 묻게 된다. 그것은

우선 한반도가 예나 이제나 이 민족의 진취적이며 강인한 삶의 내력/역사의 공간이란 사실이다. 이 같은 정체성 탐구와 성찰은 그다음으로 자연스럽게 미래비전으로 나아갈 마련이다. 그 비전이란 그러면 어떤 무엇인가. 호랑이란 지형적 형세가 상징하듯 한반도가 장차 만주를 아우르며 중국을 거쳐 유럽까지 유라시아대륙을 감싸 안는 것은 아닐까. 그런가 하면 환태평양을 앞마당 삼아 지구촌을 누비는 해양 강국으로서의 입국이 되기도 할 것이다.

<h2 style="text-align:center">4.</h2>

지난날 우리는 천天, 지地, 인人이 서로 조응 관계를 이루며 살아왔다고 여겼다. 이번 한반도소나타를 읽으며 필자는 이 같은 사실을 거듭 확인해야 했다. 곧 자연/천지와 인간 간의 일련의 조응 양상들이 여러 텍스트 속에 잘 내장돼 있었던 것이다. 시공간의 자연과 더불어 영위하는 인간의 삶이 마치 상감무늬처럼 드러난 것—수상은 이런 글이 아닐 수 없다. 결국 인문人文이란 거창한 무엇이 아니라 바로 인간이 이처럼 자연 위에 아로새긴 무늬들이고 그 무늬의 하나가 유람기나 수상록 같은 글들이, 곧 문학이 아닐 것인가 싶었다. 이 모두는 우 시인의 글이 주는 울림이자 특장特長이 아닐 수 없겠다.

책을 읽고서

'영감을 얻어 새로이 나아갈 길을
발견하는 사람들에게

'바람은 사라지는 것이 아니라
잠시 숨을돌리는 것이다

'댓글초록

영감을 얻어
새로이 나아갈 길을
발견하는 사람들에게

우수근(장남)

2년에 걸친 여정이 끝나나 싶다. 매주 1~2편 언론에 실던 유람글과 단상글에 교정을 맡은 시간이 멎게 되니 시원하다.

아버지는 서툰 손놀림으로 자판을 쳤다. 남들은 10분이면 끝날 것을 몇 시간을 걸려서 글을 썼다. 송고할 때나 사진을 붙여넣는 방법, 메일을 보내는 방법도 몇 번이나 알려드렸다. 이렇게 더딘데 언제 완성될 수 있을까 했다. 전작인 '화성 소나타'야 화성 출신으로서 지역에 대한 지식과 애정이 남달라 이뤄낼 수 있었다지만 하물며 한반도라는 큰 지역을 어떻게 다 다룰 수 있을까 하는 우려도 있었다. 어디를 갈 것인지 어떤 내용을 쓸 것인지 너무 많은 선택지가 있지 않은가?

그런데 아버지는 묵묵히 또 차근차근 써 내려갔다. 직접 발품을 팔아 지역을 둘러보고 현지 주민들과 이야기를 나누었다. 또 물리적으로 갈 수 없는 북한 지역을 쓸 때는 상상력을 보태서 글을 이어갔다. 그렇게 이번 '한반도 소나타'에 실릴 100여 편의 글이 탄생했다. 돈을 받는 것도 아니고 누가 시킨 것도 아닌데 어쩜 그렇게 꾸준히 할 수 있는지. 장년의 무게일까?

흥미로운 점은 단순히 마부작침의 결과일 것이라 생각했던 그간의 집필활동이 사실은 도랑을 파 강을 만드는 작업이었다는 사실이다. 건강회복차 아버지의 개인적인 일이라고만 생각했는데 시간이 지날수록 글발이 깊어지는가 싶더니 관심을 가지는 사람이 늘어났다. 단순한 동행으로 여행하는 기분을 느꼈을 사람부터 멀리서 찾아온 낯선 이에 의해 글의 주인공이 되는 기쁨을 얻는 사람들, 이 글에 영감을 얻어 새로이 나아갈 길을 발견하는 사람들까지... 어쩌면 이번 글모음은 소나타라기보다는 교향곡이 아닐까 싶다.

"한번 읽어보고 소감을 말해줘"라는 말에 마냥 귀찮기만 해 아유! 소리 절로 나던 그 시간들이 잦아들 무렵 이제는 거기에 새로운 무언가가 있음을 안다. 다음은 어디일까. 아시아, 세계 혹은 우주일까. 그 대상이 무엇이든 말없이 힘든 과정을 겪어야 성취감을 맛본다는 사실을 경험한 셈이다. 사족을 달면 마치 삽, 괭이, 낫으로 들판을 푸르게 가꾼 농부의 모습이랄까 싶다. 앞서 살아온 세대와 소통한 보람일까 이따금 흐트러지는 내 발길에 말없는 멘토가 되었음을 고백한다.

바람은 사라지는 것이 아니라
잠시 숨을 돌리는 것이다

- 연재글을 읽고서

시인 노영희

아카시아꽃 향기가 온 동네를 들뜨게 하고 있다. 푸른 바람에 묻어오는 향내는 저 먼 곳의 소식을 전하여 준다. 달콤하고 꿀 냄새가 나서 창문을 열면 울컥하고 들어오는 그 향기, 잊지 못하는 고향의 향기가 내 맘 어디엔가로 부르고 있다. 경기도민일보 '사람들'에 게재되는 <한반도소나타>를 읽고 또 고향의 향내를 맡았다. 꽃향내뿐만 아닌 진한 땀내음이다.

1집 <화성소나타>는 향토색 짙은 진한 흙냄새 가득한 인간미 넘치는 자연스러운 삶이 담겨 있다면 2집 <한반도 소나타>는 역사를 기억하기 위하여 유람을 떠나는 모습이 선하다. 가슴에 그려진 포부를 글로 옮기는 크나큰 기록의 위대함을 느끼게 해주었다. 손끝에 힘을 주고 써 내려가는 역사의 기록을 원고지에 한칸 한칸 옮겨 담기 위해서 맑은 기운을 봇짐 안에 지고 떠났을 것이다.

전국을 돌면서 역사를 해학으로 품어 대화체로 가볍게 글을 이어갔다. 그 글에 날개가 달려 이곳저곳의 역사를 멋지게 일깨워주었다. 역사의 소중함을 우리 민족의 흐름을 '호새'와 '돈키'라는 화자로 한 기발한 발상으로 지면을 생동감 있게 표현해 나갔다.

> 반만년의 생활터전, 단군조선을 시작으로 옛 나라 고조선, 부
> 여와 고구려, 백제, 가야, 신라가 형성한 4국 시대, 이어서 현
> 재에 이른 장엄한 역사의 숨결이 들리는가!
>
> – 한반도소나타 본문 중에서

눈을 감아도 보이는 듯한 우리나라 역사가 차례차례 순서대로 펼쳐졌다. 그곳들을 눈에 담고 가슴에 담아 놓고 다시 꺼내어 책 곳곳에 역사로 기록되어 있다. 긴 여정 끝에 마무리되어 읽는 이의 마음에 새롭게 각인 되는 것은 무엇 때문일까. 잊혔던 우리의 터전이 사라지지 않고 그대로 남아 있음을 우호태 시인님이 보여주었다.

다음 페이지가 궁금해진다. 우리나라 역사를 다시 되새기며 답사해 보아야겠다. 소중한 "한반도 소나타"가 많이 읽히기를 빈다.

오월의 가운데에서 꽃향기를 맡으며

깨어나라
한반도소나타여!

— 책을 읽고 응원 댓글

· 댓글초록 I

■ 아리랑에 관해서는 이야깃거리가 무궁무진 한데 바이칼 호수에 사는 소수 민족인 에벤키어족이 아리랑과 쓰리랑이라는 말을 쓰고 있어 그들의 언어인 에벤키어에서 '아리랑은 맞이하다 영접하다' 또는 '이별이나 슬픔을 참고 받아들인다'는 한의 정서에 가장 가까운 주장도 있어, 새로운 사실을 알게 되었습니다…..

■ 최초로 북경, 상해로 해외여행을 갔습니다. 놀라고 뿌듯한 것은 공항에서 시내 들어가는 초입에 삼성전자 간판에 너무 감동해 가슴이 뭉클했습니다. 상해.푸둥지구에 한국기업들의 간판 한국타이어 등, 홍콩에 갔을때도 선장에 LG명품 거리에 아모레퍼시픽의 설화수, 나는 후론티어의 잡스와 기업인들을 좋아하고 존경합니다. 그리고 고향과 내 동네를 아주좋아합니다. 글이 너무 내맘과 똑같네요.

■ 낙랑, 평강, 선화공주의 로맨스는 서양의 줄리엣, 로미오의 상대역과의 단순비교를 통해 그 우열이나 가치평가를 내리려는 시도는 그리 간단하지 않은 문제입니다. 허나 제 개인 소견으로는 적대관계에 있는 가문을 뛰어넘는 줄리엣의 사랑보다는 조국보다는 사랑을 택해 자명고를 찢은

낙랑공주의 순수한 단심에 더 방점을 찍고 싶습니다. 시장님의 아름답고 맛깔나는 글 솜씨가 보통이 아닌듯 싶습니다. 많은 활약 기대됩니다. 동봉한 레드우드의 웅자와 지혜와 비교할 때 우리 인간 존재의 하찮음, 가벼움을 깊이 되새기게 합니다.

■ 고대 중원의 숨결이 잔잔히 물 흐르듯 느껴지네요. 사진도 잘 간직하겠습니다. 時呼時來否在來　一生一死都在筵　平生丈夫報國心　三尺秋蓮磨十年 (때여 때는 다시오지 않나니, 한 번 태어나 한 번 죽는 것이 바로 여기 있도다. 장부가 한 평생 나라를 위한 마음에, 석자 추련도를 십년을 갈고 또 갈았도다)…. 오늘도 글을 읽으며 보람된 역사 공부가 되었습니다….

■ 지구 상에 존재했던 모든 인간들이 이제껏 제 할 도리를 다하며 살았을까? 아닌 것 같아. 그래서 구약에도 카인과 아벨의 죄를 논하지 않던가! 지구 상에 존재하는 모든 생명체가 조화롭게 삶을 영위해야 할 텐데. 이제 우리에게 남겨진 시간이 얼마 남지 않았어. 그때가 언제일지 모르지만 그래도 노력하는 모습은 보여야겠지. 이기이원론이든 이기일원론이든, 어리석은 인간이 가져야 할 기본적인 도를 깨우쳐주려 한 현인들께서, 긍휼의 마음을 표현한 높은 형이상학의 세계이지 않을까?

■ 돈키호태 유람을 읽으니 지역의 향기와 나 자신의 정서를 차분히 일깨워주네요. 새삼 내가 살고있는 주변지역의 역사와 지리적 탐구 등 많은 지식과 사랑을 느끼게 되며 자신이 그동안 지내온 인생을 뒤돌아보는 계기가 되기도 하네요….

■ 늘 그리운 정이 사립문을 열고 곡차 한잔으로 마주 앉고 싶습니다. 언텍트 시기에 이렇게 소통을 하니 위안을 삼을 따름이네요. "친구"라는 시로 정을 나누고자 합니다. "자네오면 마시려고 자네속 같은 누룩으로…. 행여나 삽작 너머 바라보네"

■ 한반도소나타의 대장정을 마감하심을 온 세상의 꽃을 다모아 축하드립니다. 정말 수고많으셨습니다. 읽는 독자도 즐거웠습니다. 매번 우호태 시장님의 발걸음이 궁금했고 기다려렸고 오늘은 어디에서 무엇을 보셨는

지 예측하고 싶어졌습니다. 존경하는 우호태 작가님! 말씀하신 대로 단군
조선에서 시작하여 대한제국에 이르기 까지 장엄한 역사의 숨결을 느끼
시면서 저희들에게 전달해주신 덕분에 저는 선인들의 노래에 심취한 기
간이었습니다….

· 댓글초록 II

■ 돈키 시인님! 태백산 천제단 장군봉에서 비바람 속에 추워서 손곱아 방
패연을 날리며 동심&미래 소원성취 인류를 위해~~~, 화창한 아침을 열
어 주서서 감사합니다….

■ 조오타~ 가련다 나도 가련다 모든 시름 다 내려노오코 이산저산 이강저
강 훌 훌 바람따라 잔뜩 찌든 묵은 때 벗기러 내도 갈란다

■ 글은 고니가 되고 싶은 절 감동케 하네요. 언제 파전에 동동주 기울여야
죠 ~~~

■ 이글을 '이기학의 세상사는이야기' 인터넷 신문에 실어도 되겠습니까?

■ 가장 멋지고 아름다운 시간을 보내고 계시네요….

■ 시인보다 역사학자가 맞을 정도이기도 하고 글을 이어가는 문장력도 대
단하십니다…. 새로운 그 무엇을 찾은 듯한 느낌이 이어집니다….

■ 우리의 돈키호태는 오늘도 찬바람 맞으며 인생의 길을 걷고 있습니다.

■ 아 예 역쉬 기대합니다. 호 태쓰형 (음표)(음표) 아프다 세상이 ~~눈물 많
은 나에게(음표)(음표)~~

■ 글에 공감하며 저 또한 유람하는 시원한 맛을 느낄수 있어 너무 좋습니
다. 화성시에 근간을 알려 주시며 새록새록 역사 공부 잘 하였습니다. 한
번 세마대에 올라 역사를 돌아보며 마음을 씻어내는 시간을 갖어야 하
겠습니다….

■ 화성사람 땀냄새와 화성땅의 흙냄새가 후각으로 느껴집니다~~ㅎㅎ 조용
히 눈감으면 라흐마니노프의 협주곡처럼 수원사람들의 애환과 삶의 서사

시들도 손에 잡힐 듯 하구요. 오늘도 삶의 애환과 질곡으로 가득 채운 수원천은 과거도 그러했듯 묵묵히 세월 속으로 흘러 가겠지요….

■ 팔도 유람 다니시느라 바쁘시네요. 많이 둘러 보시고, 시상에 도움됐으면 좋겠어요…. 안동에서 뵐수 있었으면 좋겠네요~

■ 선배님! 홧팅입니다. 건강 조심하시고 잘 유람 하시길 소망합니다

■ 충청도편일세 그려…. 같이 이야기하며…. 충청도를 걷는 기분일세…. 땡큐.

■ 역사공부 많이했어요.

■ 시인 우호태♡♡♡

■ 신선이 따로 없구나.. 건강이 최고다

■ 일상을 여행처럼….사는 돈키호태유람. 재미와 의미가 있습니다.

■ "호세야, 호세야 세상에서 젤 미운 인간은 뉘야?" "당근 돈키님입니다요." "그래. 짐작이간다. 지 신고 태백상 정상까정 갔다니 그게 짐승 아니것냐?" "그래두 잡아 먹지 않으니 땡큐님다." "잡아묵지 안트니?"

■ 강릉까지 가서서 오죽헌만 들르셨으면 50점. 초당에 있는 허난설헌 생가도 가보셨어야…. 신사임당과 허난설헌. 학문과 재능은 허난설헌이 뛰어났으나 시집 잘 못 가는 바람에 그만….

■ 강원도 아리랑 고개 잘 넘어가유.

■ 인간의이름값~!.ㅋ 오늘 밤새도록 고민해 봐야겠습니다. 집장만할 때 생각없이 장만한 도자기~ㅎㅎ그래도 이천하면 쌀밥 한상 잡숫고 오서요~ 좋은 사람과 쌀밥한상…. ㅎ

■ 세심대.세인대 필요하지요. 세마대 독성산성 돌며 화성과 오산을 두루 보았어요. 광교산 자락을 중심으로 경기대와 원천천 수원천 서호천 합쳐지는 황구지천을 따라 서해로 훨훨 날아가는 모습입니다

■ 조선朝鮮 아침에 고울선 고려高麗 최고의 고울려. 금수강산에 아침은 아름다운 나라인가요.

■ 옥천에 당도하셨군요 소담스런 정지용 생가가 고향같았어요 올갱이국

한그릇 먹고싶은 아침입니다 향수를 흥얼거리며 아침 기지개를 켭니다

■ 천의무봉입니다. 하여 다시 올렸습니다. 낚시를 모티브로 동서양을 넘나들며 시원하게 글발을 엮어가는 …. ··

■ 아직도 저는 에버랜드 보다 자연농원이 더 낯익는 모습으로 다가옵니다. 아이들이 어렸을 때 자주 갔었는데…. 튜율입 축제도 생각나고 장미 축제도 생각납니다. 아이들이 모두 곁을 떠나 이제 자연농원도 추억이 되었습니다. 추억여행으로 다시 가보고 싶네요···

■ 테스형이 그랬다네요. 잘모르겠다고 난세에 영웅이 난다했는데 한반도엔 가왕이 영웅입니다요~·· 한반도 소나타의 웅장한 울림을 읽게되어~♡

■ 새 아침을 상기시켜줘서 감사합니다 ~!··

■ 바람도 자고 가고 구름도 쉬어가는 추풍령고개 사연 많은고개 충청북도 이쪽은 이몸이 향수가 어려있는 고향인지라 정감이 더가네~

■ 드뎌 정감이 가는 나와바리에 오셨네ㅋㅋ 우리는 세마대를 맴도는 다람쥐들.

■ 좋은 글솜씨에 감탄…. 많은 생각을 하게 하는글이네요. 잘읽고 갑니다 ~~♡♡♡

■ 처음에는 다소 쉽지 않은 듯한 유랑기이구나 했는데 읽어가면서 대화체 형식의 글을 통해 잊었던 사실과 역사에 대한 소소한 이야기를 들어가는 재미가 있습니다….

■ 오래도록 깨끗한 심성 간직하여 좋은 글 남겨주시게…. 전국을 다니느라 수고많습니다. 환절기 건강관리 잘하시고, 책완성하시어, 신축년출판기념, 축하드립니다….

■ 의지의 한국인일세!! 집념을 갖고 끈기와 투지로 일궈낸 값진 결실 일굼에 축하해~ 앞으로도 그 기운으로 더욱 보람찬 나날되길

■ 대단한 열정과 노고에 갈채를…. 짝! 짝! 짝!

국토기행

한반도 소나타

초판 1쇄 인쇄일	2021년 11월 25일
초판 1쇄 발행일	2021년 12월 10일

지은이	우호태
펴낸이	한선희
교정/교열	우수근
편집/디자인	우정민 우민지 김보선
마케팅	정찬용 임고은
영업관리	정진이 정구형
책임편집	정구형
인쇄처	신도인쇄
펴낸곳	국학자료원 새미(주)
	등록일 2005 03 15 제251002005000008호
	경기도 고양시 일산동구 중앙로 1261번길 79 하이베라스 405호
	Tel 02 442 4623 Fax 02 6499 3082
	www.kookhak.co.kr
	kookhak2001@hanmail.net

ISBN	979-11-6797-026-8 *03900
가격	28,000원